国家社科基金特别委托项目
西夏文献文物研究（批准号：11@ZH001）

中国社会科学院创新工程学术出版资助项目

西夏文献文物研究丛书

史金波 主编

西夏姓名研究

A Study on Xixia Names

佟建荣◎著

社会科学文献出版社
SOCIAL SCIENCES ACADEMIC PRESS (CHINA)

总　序

近些年来，西夏学发生了两项重大变化。

一是大量原始资料影印出版。20世纪90年代以来，在西夏学界的不懈努力下，我国相继出版了俄、中、英、法、日等国收藏的西夏文献。特别是《俄藏黑水城文献》刊布了20世纪初黑水城遗址出土的大量文献，其中包括涵盖8000多个编号、近20万面的西夏文文献，以及很多汉文及其他民族文字资料，实现了几代学人的梦想，使研究者能十分方便地获得过去难以见到的、内容极为丰富的西夏资料，大大改变了西夏资料匮乏的状况，使西夏研究充满了勃勃生机，为西夏学的发展开辟了广阔的前景。此外，宁夏、甘肃、内蒙古等西夏故地的考古工作者不断发现大量西夏文物、文献，使西夏研究资料更加丰富。近年西夏研究新资料的激增，引起学术界的重视。

二是西夏文文献解读进展很快。自20世纪70年代以来，经过国内外专家们的努力钻研，已经基本可以解读西夏文文献。不仅可以翻译有汉文文献参照的文献，也可以翻译没有汉文资料参照的、西夏人自己撰述的文献；不仅可以翻译清晰的西夏文楷书文献，也可以翻译很多难度更大的西夏文草书文献。翻译西夏文文献的专家，由过去国内外屈指可数的几位，现在已发展成一支包含老、中、青在内的数十人的专业队伍。国内外已有一些有识之士陆续投身到西夏研究行列。近几年中国西夏研究人才的快速成长，令学术界瞩目。

以上两点为当代的西夏研究增添了新的活力，带来了难得的发展机遇。西夏文献、文物研究蕴藏着巨大的学术潜力，是一片待开发的学术沃土，成为基础学科中一个醒目的新学术增长点。

基于上述认识，我于 2011 年初向中国社会科学院科研局和陈奎元院长呈交了"西夏文献文物研究"重大项目报告书，期望利用新资料，抓住新的机遇，营造西夏研究创新平台，推动西夏学稳健、快速发展，在西夏历史、社会、语言、宗教、文物等领域实现新的突破。这一报告得到奎元院长和院科研局的大力支持，奎元院长批示"这个项目应该上，还可以考虑进一步作大，作为国家项目申请立项"。后经院科研局上报国家社会科学基金办公室，被国家社会科学基金领导小组批准为国家社会科学基金特别委托项目，责任单位为中国社会科学院科研局，我忝为首席专家。

此项目作为我国西夏学重大创新工程，搭建起了西夏学科学研究、人才培养、学术交流、资料建设的大平台。

项目批准后，我们立即按照国家社科规划办"根据项目申请报告内容，认真组织项目实施，整合全国相关学术力量和资源集体攻关，确保取得高质量研究成果"的要求，以中国社会科学院西夏文化研究中心和宁夏大学西夏研究院为基础，联合国内其他相关部门专家实施项目各项内容。宁夏大学西夏学研究院院长、中国社会科学院西夏文化研究中心副主任杜建录为第二负责人。为提高学术水平，加强集体领导，成立了以资深学者为成员的专家委员会，制定了项目管理办法、项目学术要求、子课题中期检查和结题验收办法等制度，以"利用新资料，提出新问题，凝练新观点，获得新成果"为项目的灵魂，是子课题立项和结项的标准。

本项目子课题负责人都是西夏学专家，他们承担的研究任务大多数都有较好的资料积累和前期研究，立项后又集中精力认真钻研，注入新资料，开拓新思路，获得新见解，以提高创新水平，保障成果质量。

这套"西夏文献文物研究丛书"将发布本项目陆续完成的专著成果。

社会科学文献出版社社长谢寿光、人文分社社长宋月华了解了本项目进展情况后，慨然将本研究丛书纳入该社的出版计划，中国社会科学院创新成果出版计划给予出版经费支持，国家社会科学基金办公室批准使用新公布的国家社会科学基金徽标。这些将激励着我们做好每一项研究，努力将这套大型研究丛书打造成学术精品。

　　衷心希望通过国家社会科学基金特别委托项目的开展和研究丛书的出版，能够进一步推动西夏学研究，为方兴未艾的西夏学开创新局面贡献力量。

史金波

2012 年 8 月 11 日

目　　录

绪　论

　　姓名是社会结构中的一种反映血缘关系和区别个体的符号。在我国古代，由于宗法制度的长期存在，姓名研究颇受治史者关注。几千年的中华文明史中，不但产生了大量的以某一家族为主旨的家谱族牒，更有众多姓氏考证典籍，著名者如唐代的《元和姓纂》、宋代的《通志·氏族略》《古今姓氏考辨》《姓解》、明代的《古今万姓统谱》、清代的《姓氏解纷》。随着新理论和新方法的发展，当代的研究重点由追根认祖的纵向考证转向了揭示内涵的姓名文化、姓名制度的横向研究，其中以《中国人的姓名》①《中华姓氏大辞典》② 最具代表性。

　　经久不衰的姓名研究，不但呈现了丰富多彩的中华文化，也为理解诸多社会政治、历史文化问题提供了重要的素材。不过，现有成果主要集中在汉族姓名方面，而作为中华民族大家庭重要组成部分的少数民族，其姓名却被忽视。现所见最早的有关少数民族姓名的专门论述可能就是《魏书·官氏考》，其中记载了建立北魏政权的代北诸姓。除此之外，主要集中在清代的《续通志·氏族略》和《清朝通志·氏族略》中。实际上，姓名研究在少数民族社会历史、文化研究中更应当占有重要的地位。姓名作为历史文化的产物，必然受到政治、经济、历史、生存环境等因素的影响，所以，通过姓名研究可以观察少数民族独特的社会历史文化及价值取向。同时，由于少数民族聚居地区大都比较偏远，加上语言文字等因素，留下来的史料有限，姓名

---

　　①　张联芳：《中国人的姓名》，中国社会科学出版社，1992。
　　②　袁义达、杜若甫：《中华姓氏大辞典》，教育科学出版社，1996。

研究无疑能为研究少数民族历史提供可靠的资料。另外，作为血缘与个体符号，姓名又能为研究民族传承及各民族群体间的相互融合提供遗传学的证据。近人姚薇元《北朝胡姓考》①、陈连庆《中国古代少数民族姓氏研究》②无疑具有开近现代中国古代少数民族姓名研究先河之意义。本书研究的西夏姓名，也是中国古代少数民族姓名的有机组成部分。

西夏姓名保存在两类资料当中。第一类为宋、辽、金、元等王朝的记录；第二类为出土的西夏辞书、社会文书、题记、碑刻，这是西夏人自己撰写的文献。

第一类史料为传世文献，以汉文资料为主。主要有《续资治通鉴长编》《宋史》《金史》《辽史》《宋会要辑稿》《东都事略》《隆平集》及宋人文集、笔记小说等。

《续资治通鉴长编》（正文简称《长编》）是宋人李焘私撰的一部北宋王朝的编年史。该书采用了许多今天已不存在的宋朝国史、日历、实录、会要、敕令、宝训、御集等官修史书和文书档案，以及宋人文集、笔记、墓志、行状等私家撰述。其中涉及西夏的资料约 200 万字，也是记载西夏人物最多的史料。本书中所说的《长编》，若无特殊说明，均指通行的标点本，考虑到通行的标点本中多有回改不尽之误，在辑录时参照了《宋史》等其他资料。

《宋史》，元代脱脱等修撰，共 496 卷，其中卷 491《党项传》、卷 485、卷 486《夏国传》是关于党项、西夏历史比较系统、详细的记载，其中保留了大部分的党项、西夏姓氏。另外，该书其他部分也有关于个别党项、西夏人物的记载。

《金史》，元代脱脱等修撰。其卷 60、61、62《交聘表》记载了金政权与包括西夏在内的其他政权通使朝聘的情况及使臣的姓名，是记载西夏人物最为集中的文献。从时间上看，开始于天辅元年（1117）。其中卷 134《西夏传》所涉人物多见于宋代史料。

《辽史》，元代脱脱等修撰。其卷 115《西夏外纪》，"起自李继迁，至

---

① 姚薇元：《北朝胡姓考》（修订本），中华书局，2007。

② 陈连庆：《中国古代少数民族姓氏研究》，吉林文史出版社，1993。

辽亡之时夏崇宗乾顺之世，按年系月举其大要，内容颇为简略”，其中的人物亦多见于宋代史料当中，不过“兵卫志、地理志、百官志、礼志、食货志、部族表、属国表及40个人物传中”① 的人物，则为与辽有密切关系的人物，不见于其他史料当中。

另外，《宋会要辑稿》《东都事略》《隆平集》以及宋人文集、笔记小说中都记载了大量的西夏人物，这些人物对《长编》《宋史》的记载或可补或可校，亦为辑录对象。

第二类史料为出土文献，包括西夏文与汉文两类文字资料。其主体部分收录于《俄藏黑水城文献》《中国藏西夏文献》《中国藏黑水城汉文文献》《法藏敦煌西夏文文献》《英藏黑水城文献》《斯坦因第三次中亚考古所获汉文文献》（非佛经部分）《俄藏敦煌文献》《日本藏西夏文献》《西夏陵墓出土残碑粹编》《西夏官印汇考》等集成图书，以及 Е. И. Кычанов 先生的 *Каталог тангутских буддийских памятников*、史金波先生的《西夏经济文书研究》（书稿）当中。下面对其中几种集中收录西夏姓氏的文献进行简单介绍。

西夏汉文《杂字》是西夏时期编定的一部蒙学类词汇总集，发现于内蒙古自治区额济纳旗黑水城遗址，现藏于俄罗斯科学院东方文献研究所，本书依据的是《俄藏黑水城文献》第 6 册中的图片，编号为俄 Дх2822。其中的《杂字·番姓名》记载了西夏双字番姓 60 个，《杂字·汉姓名》记载了汉姓138个。

西夏文《杂字》，即西夏文《三才杂字》，是 12 世纪面向普通大众的识字读本，其页数“仅过二十，字数仅过四千”。本书依据的版本为《俄藏黑水城文献》第 10 册中的图片，编号为俄 Инв. No. 210、6340。其中《番姓名》共收录姓氏 244 个，全部为“双音节”②，收录番人名 46 个；《汉姓名》收录汉姓 84 个。

《新集碎金置掌文》，也是西夏的一种启蒙读本，成书时间大致在金灭辽的 12 世纪初期以前，收录了生活中的常用字 1000 个，巧妙地编成了长达

① 李锡厚、白滨、周峰：《辽西夏金史研究》，福建人民出版社，2005，第 20 页。
② 聂鸿音、史金波：《西夏文〈三才杂字〉考》，《中央民族大学学报》1995 年第 6 期。

200 句、100 联的五言诗，其中第 26 联至第 38 联由番姓、人名或番姓中用字缀合而成，可以确定为番姓的有 44 个双音节，加上卷首编者名、第一段中的西夏帝君姓及写本尾题中的写者名，共有 47 个番姓①。第 42 联至第 53 联由 120 个具有双关含义的汉姓组成。② 本书依据的版本为《俄藏黑水城文献》第 10 册中的图片，编号为俄 Инв. No. 741。

《文海》，迄今所见最全面、最系统的西夏文辞书。它把所有的西夏字以声、韵为经纬进行归类，对每一个字的形、义、音都进行了详备的注释。其中明确标为姓氏的辞目 196 个，人名辞目 20 个。经仔细辨认，这 196 个辞目中有部分可能不是单字姓而是姓氏用字，由于缺少相关材料支持，暂不进行统计，现可以肯定的姓氏有 76 个，其中三音节姓氏 1 个，余 75 个为双音节姓氏③，人名基本上只能说是人名中用字。本书依据的版本为《俄藏黑水城文献》第 7 册中的图片，编号为俄 Инв. No. 211、212、213。

《音同》，西夏编撰的一部韵书，是研究西夏语言文字尤其是语音系统的重要资料。笔者参考《同音研究》，从中整理出辞目 299 条，其中可以确定的番姓有 62 个，其中单姓 3 个，双音节姓氏 59 个④。本书依据的版本主要为《俄藏黑水城文献》第 7 册中的乙种本，编号为俄 Инв. No. 208、209、4775，个别甲种本，书中单独列出。

《义同》，西夏编撰的一部辞书，其中第一卷第六篇《尊敬》的前部分内容为宗族姓，大致上按先党项姓，次羌、藏姓，再汉姓的顺序编排，但存在一个双音节姓氏被分别置于两处、汉番姓互相穿插等现象，故在此不进行统计，只将其作为验证资料，来验证其他文献中的姓氏。本书依据的版本为《俄藏黑水城文献》第 10 册中的图片，编号为俄 Инв. No. 2539。

除韵书、辞书外，西夏文佛经题记、官印、碑刻、社会文书及辞书诗歌序等处亦保留了大量的姓氏、人名，尤其是其中的户籍、军抄、买卖等社会

---

① 聂鸿音、史金波：《西夏文本〈碎金〉研究》，《宁夏大学学报》1995 年第 2 期。

② 聂鸿音、史金波：《西夏文本〈碎金〉研究》，《宁夏大学学报》1995 年第 2 期。

③ 史金波、白滨、黄振华：《文海研究》，中国社会科学出版社，1983。

④ 李范文：《同音研究》，宁夏人民出版社，1986。

文书中记载了大量的西夏姓名，是研究西夏姓名及姓名文化的重要资料。这部分资料中的姓名主要参阅了史金波先生的《西夏经济文书研究》书稿，这些文献的编号及出处随文标出。

汉文资料中的西夏姓名，尤其是其中的姓氏，早在清代已为学者所注意。清代武威学者张澍从《金史·交聘表》及《宋史·夏国传》等史籍中析出姓氏 166 个（其中三个重复），著成《西夏姓氏录》，每条姓氏后附史料出处，并摘录原文，疑者则加按语。另外，《西夏书·官氏考》中记载唐五代党项姓氏 9 个、西夏姓氏 59 个、元代西夏姓氏 1 个，共 69 个。乾隆官修《续通志·氏族略》收录西夏姓氏 68 个。其中《西夏书·官氏考》除在个别姓氏后以小字列一人名外，无其他史料。《续通志·氏族略》在文前与文中分别有"因西夏起于唐末，与辽金相为终始，故以《交聘表》所载附录于辽后"；"臣等谨案：卫慕氏以下皆从《宋史·夏国传》补入"两句按语，以说明其姓氏资料的出处，每条姓氏之下列出若干人名。这里需要说明的是，《续通志·氏族略》中的姓氏及相关资料皆为清四库馆臣改译之版本，其可靠性远不及宋元史料。

20 世纪 80~90 年代，在订正清人研究成果的基础上，西夏姓氏研究得到了进一步的推进。汤开建先生的《张澍〈西夏姓氏录〉订误》① 一文，利用传统史料对《西夏姓氏录》中的讹误进行订正，指出其讹误有四种，即"同一姓氏异者重复罗列""将官职名当姓氏""将人名当姓氏""将吐蕃族名误作姓氏"。李范文先生在《张澍〈西夏姓氏录〉订误》一文的基础上，增加了"西夏文《杂字》'番族姓'译释""汉文《杂字》西夏姓氏"以及新、旧"《唐书》所载的党项姓氏考辨"等三部分，形成了《西夏姓氏新录》② 。汤开建先生的《党项篇·党项姓氏丛录》③ 对传世文献与考古资料中出现的党项姓氏进行了一次全面的辑录。

在考订辨正的基础上，作为宗族部落的符号，姓氏在族源、族属等问题

---

① 汤开建：《张澍〈西夏姓氏录〉订误》，《兰州大学学报》1982 年第 4 期。
② 李范文：《西夏姓氏新录》，《宁夏文史》第 7 辑，宁夏人民出版社，第 18~52 页。
③ 汤开建：《党项西夏史探微》上篇，允晨文化实业股份有限公司，2005，第 208~215 页。

上的意义开始显现。汤开建先生在《党项源流新证》① 一文中，从数百个党项姓氏中，找到了三十几个语音与鲜卑相通的姓氏，为党项源出鲜卑说提供了有力的证据。汤开建先生的另外两篇文章《隋唐时期党项部落迁徙考》②《五代宋辽时期党项部落的分布》③，其中的论述也在很大程度上依据了姓氏与族名提供的线索。

与此同时，随着西夏文文献资料的公布，西夏文番姓也逐渐受到关注，得以释读。

史金波先生的《西夏官印姓氏考》一文，对56颗官印中的姓氏进行了释译，并对其反映的西夏社会问题进行了论述。④ 孙伯君的《西夏番姓译正》一文，以西夏汉文《杂字·番姓名》中所载姓氏为标准，对史料中44个西夏文番姓的译法进行了订正，并提出了西夏姓氏的夏汉关联问题和西夏文番姓译法的规范问题。⑤ 另外，如李范文先生的《西夏文〈杂字〉研究》《同音研究》，史金波等的《文海研究》《西夏文本〈碎金〉研究》等西夏文献的整理研究著作也对涉及的西夏姓氏进行了释读。

境外的相关研究成果，主要是聂历山的《西夏语文学》，该著作对保留在《杂字·番姓名》中的番姓进行了翻译。

前辈们开拓性的工作，已取得了很多成就。不过，随着新资料的面世，有必要在继承的基础上继续深入研究。

总体上看，现有研究成果主要集中在姓氏上，人名则一直是块待开发之地。

与姓氏相比，人名更为丰富多样。多样的西夏人名是西夏语言资料的组合，这种组合必然受当时社会文化、习俗等诸多因素的影响，是西夏社会历史文化、价值取向的直接反映。

汉文史料中的西夏人名有两类，一类如"旺荣""保忠"等有具体含义

---

① 汤开建：《党项源流新证》，《宁夏社会科学》1996 年第 1 期。
② 汤开建：《隋唐时期党项部落迁徙考》，《暨南学报》1994 年第 1 期。
③ 汤开建：《五代宋辽时期党项部落的分布》，《西北民族研究》1993 年第 1 期。
④ 史金波：《西夏官印姓氏考》，《中国民族古文字研究》第 2 辑，天津古籍出版社，1993。
⑤ 孙伯君：《西夏番姓译正》，《民族研究》2009 年第 5 期。

的人名。这类人名从西夏语意译而来，我们大体上可以从字面了解其取名的意向。另一类如含有"讹""屈""皆"等字的人名，皆从西夏语音译而来，含义无从解释。大量西夏文人名的出现，则为我们解决这一问题提供了可能。我们可以直接从西夏文出发来分析其本身意义，同时，也可以反过来利用西夏文人名的发音理解汉文史料中的音译人名。

同样，姓氏研究也有诸多可补充的空间。

第一，汉文资料中的同名异译考证。

前文已提到，汉文文献中的番姓多由西夏语音译而来，同一姓氏，会因作者、时代不同，而采用不同的对音汉字，加上传抄、刻印过程中的脱、衍、倒、讹等因素，使得同名异字现象很严重，即同一姓氏在不同资料或同一资料的不同出处、不同版本中存在多种写法。

如西夏大姓"野利"，《长编》中记为"野利"，《宋史》中记为"野利""野力"，有的笔记小说中记作"拽利"，西夏文书中又记为"夜利"。"仁多"与"星多"，"谋宁"与"穆纳"等本为同一姓氏，而两种写法在标点本《长编》中同时存在。"令介"与"令分"本为同一姓氏，而在《宋史》中同时存在，误为两人。再如"补细吃多已"在不同的史料中又有"保细吃多已者""部曲嘉伊克"等记法，标点本《长编》还将"嘉伊克"标为人名，容易使人望文生义，将"部曲"理解为"嘉伊克"之身份。"冬至讹"中"冬至"为姓，"讹"为名，但在标点本《长编》中作"冬至，讹"，不但使原意歪曲，更使西夏姓氏所反映的文化内涵被掩盖了起来。如此种种，都影响着史料的阅读与利用。

汤开建先生已在上文提到的几篇文章中对涉及的西夏姓氏进行了细致的考辨。近年来，随着学术的发展，新资料的面世，发现了一些新的异写形式。同时，由于新资料特别是西夏文资料的引入，对原来的一些异译考证结果有了新的认识。因此，本文拟在此基础上，对西夏姓氏进行深入考证。形式上采用对姓氏异译词目进行集中对比、互校。内容上既要尽可能地穷尽异译词条，又要充分利用现有古籍整理成果，做到征引资料详尽，且所用版本精良。方法上，除了传统史料考据外，充分利用语音分析方法，对史料考证结果进行校证，确保考证结果可信。

如"野利""野力""拽利""易里"一组，先通过对比考证各种史料中的相关内容,确定"野利""野力""拽利""易里"四者为同一姓氏,再通过分析四者在中古西北方音中的音韵地位,从而判断四者在中古西北方音中是否可以用来与同一姓氏进行对音。这样,不但能对考证的结果起到验证作用,也可以对异译的类型进行初步的分类。

对史料考证结果与语音分析结果有异者,特别注明,留待进一步研究。

如"没藏""兀臧""密藏",先通过史料考证,确定三者为同姓异译,然后通过语音分析,发现中古西北方音中"没""密"同为明母臻摄字,而"兀"为疑母臻摄字,与"没""密"在语音上并不相通,所以"没藏"与"兀臧"虽为同姓异译,但不属同音,亦不属形近。对于出现这种异译的原因,本书提出了疑问。

在这里要特别说明的是,语音分析除了利用中古音知识外,更要注重借鉴中古西北方音的已有研究成果。一般方法是先分析某一字在中古音中的音韵地位,然后在此基础上结合西北方音的一些变化规律,分析其在西北方音中的具体情况。本书所参考的音韵学著作及论文有陈彭年的《钜宋广韵》、丁声树的《古今字音对照手册》、李范文的《宋代西北方音——〈番汉合时掌中珠〉对音研究》、龚煌城的《十二世纪末汉语的西北方音》《西夏语的浊塞音与浊塞擦音》《西夏韵书〈同音〉第九类声母的拟测》等。

第二,汉文姓氏与西夏文姓氏对应关系的建立。

西夏文姓氏的解读,扩充了西夏姓氏资料,拓展了西夏姓氏的研究范围,但现有成果大多是就西夏文而解读西夏文,西夏文资料与汉文资料互不关联,即不知道特定的西夏文姓氏和汉文中的哪一个姓氏相对应。出土文献中的西夏姓氏,虽弥足珍贵,但绝大多数以姓氏词目形式出现,相关信息较少,如果不与汉文史料对应,这些姓氏本身无法在社会历史研究中得到很好的应用。而且,没有汉文史料作为规范,译法也纷乱不一。这些都使这批资料的价值大打折扣。

所以,建立汉文姓氏与西夏文姓氏的对应关系,对进一步研究很有必要。孙伯君先生的《西夏番姓译正》将这种对应关系的建立称为"勘同",本文将继续采用这一提法,对其他番姓进行"勘同"。同时,利用汉文史料中的译法,来规范、统一学界已有的各种译法。

如𡢶𧤦、野利。𡢶𧤦,西夏文《杂字·番姓名》中第 139 个姓氏,亦常见于西夏官印、经济文书、碑刻中。𗣼𗏇，《西夏文〈杂字〉研究》中译为"夷利"，《中国藏西夏文献》中译为"野利"。本书根据𗣼、𗏇在夏汉对译资料、《番汉合时掌中珠》等文献中的对音资料，进行语音分析，确定其与汉文中的"野利"对音，建立两者的对应关系，利用这一对应关系将已有的译法统一为"野利"。

第三，提供西夏文释读语音资料。

已有的西夏文释读成果，都是对西夏文进行直接标音、拟音，不提供任何音译证据，导致语言学知识欠缺的历史学者在运用时顾虑重重，也限制了这批资料的使用范围。

语音分析所用的资料主要是《番汉合时掌中珠》及夏汉合璧、夏译汉文典籍等几类资料。具体分为以下几种情况：有夏汉合璧文献及夏译汉文典籍者，提供夏汉合璧文献及夏译汉文典籍中的注音材料；无此类者，提供《番汉合时掌中珠》中的注音；《番汉合时掌中珠》、夏汉合璧文献及夏译汉籍中皆无者，则提供《音同》《文海》中同音字或近音字的对音材料。

第四，完整姓氏研究的内容。

现有的研究成果集中在西夏番姓上，将西夏姓氏等同于西夏番姓。而完整的西夏姓氏是有其时空界定的。从空间上看，西夏姓氏是西夏政权所辖区域内所有民族的姓氏，包括番姓与汉姓；从时间上看，西夏姓氏是西夏立国期间其居民使用的姓氏以及国亡后延续下来的姓氏，包括西夏时期的西夏姓氏及蒙元明时期的西夏姓氏。所以，西夏姓氏研究的范围应当包括西夏时期的番姓、汉姓及西夏灭亡后由于记忆功能而被继续使用的西夏姓氏。

第一章　西夏姓氏考证

从族属类别上看，西夏姓氏有番姓与汉姓两类。

西夏番姓，是指西夏社会中除汉姓以外的其他姓氏，主要是党项姓氏，有汉文与西夏文两种资料。汉文文献中的番姓多由西夏语音译而来，同一姓氏，会因作者、时代不同，而采用不同的对音汉字，加上传抄、刻印过程中的脱、衍、倒、讹等因素，同名异字现象很严重，即同一姓氏在不同资料或同一资料的不同出处、不同版本中存在多种写法，导致利用起来困难重重。西夏文文献方面，史学界虽为大部分西夏文姓氏注过音，但由于没有和汉文史料中的姓氏建立对应关系，这类资料很难在社会历史、民族研究中得到应用。

西夏汉姓，在西夏社会中也存在多种情况。部分与汉名搭配，与汉地姓名无异；部分则与西夏番名搭配，出现汉姓番名的现象。这部分姓氏，可能源于汉地，也可能源于河西；可能是汉人的番化，也可能是番人的汉化。这些特殊的汉姓，对于研究西夏社会发展、民族融合等问题有着重要意义。

综上考虑，本书第一章分为西夏番姓同名异译考、西夏番姓夏汉勘同、西夏番姓订正、西夏汉姓考等几个部分。

一　西夏番姓同名异译考

嵬名　西夏王室姓，又作威明、乌密、吾密、於弥、嵬茗、嵬多、嵬咩、威名。

王静如在《西夏国名考》中指出,"於弥""乌密"与"嵬名"同音;①
吴天墀在《西夏史稿》中指出"'嵬名',《长编》中作'威明';《元史》
则作'於弥''乌密''吾密'等,都是西夏文㩳㿲的音译"。② 本书在此基
础上,结合近年来的研究成果进行一些补充。

嵬名:西夏王室姓,源自党项拓跋氏,贞观年间,拓跋赤辞与子"思
头并率众内属……赐姓李氏,自此职贡不绝。"③ "唐末,拓跋思恭镇夏州,
统银、夏、绥、宥、静五州之地,讨黄巢有功,复赐李姓"。④ 自此至宋初,
拓跋部均以李为姓。"(宋)端拱初……欲委继捧以边事,令图之。因召赴
阙,赐姓赵氏,更名保忠。"⑤ 拓跋部又有赵姓。宋明道元年,元昊继位后,
"自号嵬名吾祖"⑥,从此西夏王室常称"嵬名氏"。"嵬名"除见于《宋史》
外,亦见于《长编》及西夏汉文文献。

《长编》卷467哲宗元祐六年十月庚申:"秦凤路经略使吕大忠言:'夏
国自梁氏兄弟用事以来,虐用其民,壮者劳于征役,老弱困于资助,以至侥
幸非据,残害忠良,上下怨嗟,皆欲共食其肉,特未发尔。近闻乙逋、阿革
并就诛戮,嵬名族人欲预国事,又择种姓以为之主'……委是嵬名族人复
预国事,其所主立,众共推服,从今一心恭顺,更不敢别有邀求,速希回
报,以凭申奏朝廷,乞行封册。'"卷469哲宗元祐七年正月壬子:"夏国贼
臣梁乙逋,挟恃其妹梁氏之势,辅立非嵬名氏之种以为国主,诛逐嵬名亲
族,潜萌篡夺之计久矣。"

《西夏书事》卷11记载:"于是属族悉改嵬名,蕃部尊荣之,疏族不与
焉"。所以,《长编》卷467及卷469中被立为"国主"或被夺"国主"之
位的"嵬名",显然即《宋史》所记元昊"自号"之"嵬名"。此外,《长

---

① 王静如:《西夏国名考》,《西夏研究》1932年第1辑。

② 吴天墀:《西夏史稿》,广西师范大学出版社,2006,第26页。

③ (宋)欧阳修、宋祁:《新唐书》卷221上《党项传》,中华书局,1975,第
6215页。

④ (宋)欧阳修、宋祁:《新唐书》卷221上《党项传》,中华书局,1975,第
6218页。

⑤ (元)脱脱:《宋史》卷485《夏国传上》,中华书局,1985,第13984页。

⑥ (元)脱脱:《宋史》卷485《夏国传上》,中华书局,1985,第13993页。

编》中还有"嵬名布嘚聿""嵬名守全""嵬名乞遇""嵬名阿埋""嵬名济迺""嵬名聿则""嵬名怀普""嵬名妹精嵬""嵬名律令""嵬名科通""嵬名革常""嵬名特克济沙""嵬名密""嵬名麻胡""嵬名谟铎""嵬名寨"等。

俄 Дx2822《杂字·番姓名》中的第一个姓氏即为"嵬名"（俄 6·138）①，这与君王的独尊地位相匹配。此外，一些社会文书中也有"嵬名"。俄 TK49P《西夏天庆年间裴松寿典麦契》中有"嵬名圣由嵬，次男皆聂"（俄 2·38）；G11·031［B59：1］《嵬名法宝达卖地契》中有"嵬名法宝达、立账目文字人嵬名法、账目人长男嵬名嵬"（中 16·46）；俄 TK299《旧连袋等物账》中有"嵬名呱呱"（俄 4·387）；G12·005［M61（7）］莫高窟题记中有"嵬名智海"（中 18·209）等。蒙元时期的汉文文书中也有"嵬名"，F116：W186 号文书中有"邻众嵬名能□"（黑 4·832）。

威明：《长编》卷 516 元符二年九月壬辰条下注文有：（愍）"生擒伪钤辖嵬名乞遇，并夺到获绣旗等，贼兵寻已退散"，而《长编》卷 517 元符二年十月己酉条下注文及《宋史》卷 486《夏国传下》分别记载："愍等昼夜血战，杀贼约千余人，生擒伪钤辖威明伊特允凌，并夺到绣旗等。贼兵寻已退散。"（元符二年）"闰九月，古邈川部族叛，熙河将王愍率兵掩击，翌日，夏人马数万围愍等，力战败之，擒其钤辖嵬名乞遇"。

从元符二年九月、宋将王愍、钤辖、获绣旗等信息看，"威明伊特允凌"与"嵬名乞遇"为同一人，其中"威明"为"嵬名"之异译。

另，《长编》卷 407 哲宗元祐二年十二月丁未条："彼梁氏者，亦虽有窃据之渐，然犹须挟立威明氏之子以临其众者，盖知国人不附，而诸酋尚可畏也。彼心有所图，而事有未谐，旁有所畏，而众不为用。"此处所记与

---

① 文中此类文献的出处一律采用书名简称＋册数（卷数）＋页码的形式，册数（卷数）与页码以"·"隔开；不分卷或册者为书名简称＋页码形式。其中"俄"指《俄藏黑水城文献》；"中"指《中国藏西夏文献》；"黑"指《中国藏黑水城汉文文献》；"英"指《英藏黑水城文献》；"斯"指《斯坦因第三次中亚考古所获汉文文献》（非佛经部分）；"日"指《日本藏西夏文献》；"官"指《西夏官印汇考》；"КТБП"指 *Каталог тангутских буддийских памятников*；"俄敦"指《俄藏敦煌文献》。

《长编》卷 467、卷 469 相符，亦为同一事件之叙述，"威明"为"嵬名"之异译。与上录文类似，《宋史》中的"嵬名"在《长编》中多被记为"威明"，更有如"嵬名乞遇"者，同一姓名的两种写法在标点本《长编》中同时存在。所以，在利用史料时要注意辨认，以免误解。查影印本《长编》除个别外，大部分相应处都记为"威明"，所以，可推断"威明"为清四库馆臣所改译，现标点本中的"威明"为回改不尽之误。

乌密：《元史》卷 120《察罕传》记载："察罕，初名益德，唐兀乌密氏。"《蒙兀儿史记》卷 4《斡歌歹可汗本纪》记载："嵬名察罕围宋庐州"。

陈垣《元西域人华化考》卷 2《儒学篇》①及汤开建《张澍〈西夏姓氏录〉订误》②等文章，据《元史》等记载，已考证出"唐兀乌密氏"即"唐兀"之"乌密氏"，"乌密察罕"即"嵬名察罕"。乌密、嵬名为同姓异译。

吾密：《元史》卷 144《卜颜铁木儿传》："卜颜铁木儿字珍卿，唐兀吾密氏。"

《蒙兀儿史记》卷 154《色目氏族上》中记载："卜颜铁木儿，嵬名氏"。"唐兀吾密氏"语法与"唐兀乌密氏"相同，"吾密"与"嵬名"相对应。

於弥：《元史》卷 129《李恒传》："李恒字德卿，其先姓於弥氏，唐末赐姓李，世为西夏国主。太祖经略河西，有守兀纳剌城者，夏主之子，城陷不屈而死。子惟忠……惟忠生恒。"《吴文正公集》卷 42："公（李恒）西夏贺兰於弥部人也"。

唐末赐姓李且世为西夏国主的，当是宋代史料中的"嵬名"氏。所以，"於弥"即"嵬名"。

嵬峁：《金史》卷 61《交聘表中》记载："（世宗）大定十八年三月乙未朔，夏武功大夫嵬峁仁显、宣德郎赵崇道等贺万春节。……大定二十九年八月丙辰，夏嵬峁彦、刘文庆贺天寿节。"《金史》卷 62《交聘表下》记载："承安二年正月乙亥朔，夏武节大夫嵬峁世安、宣德郎李师广贺正旦。""嵬

---

① 陈垣：《元西域人华化考》，上海古籍出版社，2008。

② 汤开建：《张澍〈西夏姓氏录〉订误》，《兰州大学学报》1982 年第 4 期。

茗仁显""嵬茗世安"在《续通志·氏族略》"威明"条下分别被记作"夏武功大夫威明仁显、武节大夫威明世安"。"嵬茗",即"嵬名"。

据《广韵》①,"乌""吾""於""嵬"的音韵地位分别是:哀都遇合一平模影,五乎遇合一平模疑,羽俱遇合三平虞云,五灰蟹合一平灰疑。西北方音中影母合口一等、疑母合口一等、云母合口均合成一类＊w–,"乌""吾""於"读音皆与"嵬"相近。

"密""弥""名"的音韵地位分别是:美笔臻开三入质明,武移止开三平支明,武并梗开三平清明。西北方音中韵尾–t及–ŋ均脱落,所以,"密""弥""名"读音相近。

"嵬茗"之"茗"以"名"为该形声字的声符,故"嵬茗"与"嵬名"音同。

所以,"乌密""吾密""於弥""嵬茗"皆为"嵬名"之同音异译。

另外,个别史料中有"威名""嵬哶""嵬多"等写法。

威名:《长编》卷235乙未条下注文记司马光《日记》:熙宁四年十月十三日,吴积曰:"威名沙克弟亡在折继世所,继世以种谔夜引兵抵其居土窟中,使其弟叩门呼曰:'官军大集,兄速降,不则灭族。'沙克使内其手扪之,少一指,信之,遂率数千户二万余口降,已而见官军少,大悔之。"

而同一事件见于《宋史》时,"威名沙克"记为"嵬名山"。即《宋史》卷335《种世衡传》:"夏将嵬名山部落在故绥州,其弟夷山先降,谔使人因夷山以诱之,赂以金盂,名山小吏李文喜受而许降,而名山未之知也。""夷山呼曰:'兄已约降,何为如是?'"

嵬哶:《甘肃新通志》卷30《祠祀志·寺观·甘州府张掖县》:"李乾顺之时,有沙门族姓嵬哶,法名思能"。

"哶",《龙龛手鉴》解释为:"哶,俗;哶今"。"哶",《集韵》释为:"母婢切,上纸明"。在西北方音中韵尾–ŋ失落,"名"读音同"哶",所以,疑"嵬哶"与"嵬名"亦属同音异译。

嵬多:《宋史》卷486《夏国传下》:"嘉祐元年,母没藏氏薨,遣祖儒嵬多聿则、庆唐及徐舜卿来告哀"。

---

① 《广韵》中音韵地位依丁声树编著《古今字音对照手册》,科学出版社,1981。

同一事件又见于《长编》卷184仁宗嘉祐元年十二月甲子："夏国主谅祚遣祖儒嵬名聿则、庆唐及徐舜卿等来告其母没藏氏卒。"其中"嵬多聿则"记作"嵬名聿则"。

《长编》卷156仁宗庆历五年闰五月丙午条有："夏国主曩霄遣丁卢嵬名聿、营吕则依张延寿来谢册命"。"嵬名聿"与"嵬名聿则"相近，疑为同一人。《东原录》卷34下有："嘉祐七年，贺正旦，西人首领祖儒嵬名聿正、副首领枢铭靳允中"。"嵬名聿正"官职同于"嵬名聿则"，人名相近，疑为同一人。

所以，《宋史》中的"嵬多聿则"当为"嵬名聿则"，"嵬多"为"嵬名"之误。

综上所考，西夏帝君之姓"嵬名"在史料中的异译有"威明""乌密""吾密""於弥""嵬茗""威名""嵬咩""嵬多"等。《宋史》及《蒙兀儿史记》中多记为"嵬名"；标点本《长编》中"威明""嵬名"两种译法同时存在，"威明"源于清修《长编》，标点本中属回改不尽之误，"威名"亦当是清修《长编》中的另一写法；《元史》中有"嵬名""乌密""吾密""於弥"等四种写法。从音韵地位来看，与"嵬名"相比，"乌密""吾密""於弥"的读音更接近，这反映出宋元之间西北方音亦发生了一些变化。"嵬茗"见于《金史》。"嵬咩"出自《甘肃新通志》，且读音同"嵬名"，疑为"嵬名"之同音异译。"嵬多"当为"嵬名"之误。

《续通志·氏族略》分别收录"於弥""威明"两姓氏。其中"於弥"条下有按语："臣等谨案：辽金二史西夏传皆云夏主拓跋魏之后，名思恭，唐僖宗末年赐姓李，元史云其先姓於弥氏，岂拓跋其总称，而於弥其分姓耶？因时西夏氏族，故汇录于此"。此处将"於弥"识为"拓跋"之分姓，与"嵬名"并立而存，误。

《西夏姓氏录》中分别收录"於弥""嵬名""唐兀乌密"，其中"嵬名"下有按语："《表》'名'作'茗'"。汤开建先生在《张澍〈西夏姓氏录〉订误》一文中指出：嵬名、於弥、乌密、嵬茗为一姓，《西夏姓氏录》分为四条，误。《西夏书·官氏考》中录"嵬茗"，出自《金史·交聘表》。

卫慕　又作米母、母米、默穆。

卫慕：《宋史》卷485《夏国传上》记载："德明娶三姓，卫慕氏生元昊"。（元昊）"母曰惠慈敦爱皇后卫慕氏……母卫慕氏死，遣使来告哀，起复镇军大将军、左金吾卫上将军，员外置同正员。"

米母：《长编》卷111仁宗明道元年十一月壬辰条："夏王赵德明凡娶三姓，米母氏生元昊"。"卫慕"作"米母"。

米母，又见《长编》卷162仁宗庆历八年正月辛未条："曩霄凡七娶：一曰米母氏，舅女也"。《隆平集》卷20《夷狄传》中有："德明娶米母氏，生元昊。"内容同《宋史》。

母米：《东都事略》卷127《夏国传》中有："母米氏族人山喜，谋杀元昊。"①"元昊七娶，一曰母米氏。"

此内容与"米母氏"条下《长编》及《隆平集》内容同，"母米"为"米母"之讹。

默穆：影印本《长编》将"米母氏"统一改为"默穆氏"。

据《广韵》，"卫""米"的音韵地位分别为：于岁蟹合三去祭云，莫礼蟹开四上荠明。"卫""米"在语音上并不相同。又据彭向前考证："'米母氏'当为'未母氏'之误，'未母氏'乃'卫慕氏'的异写。"②这也许可以解释《宋史》中的"卫慕"为何在《长编》中异写为"米母"。

《续通志·氏族略》中记载："卫慕氏，夏主李继迁母卫慕氏，宋封魏国太夫人"。《西夏姓氏录》中收录"卫慕"，《西夏书·官氏考》中录为"慕卫"，疑为"卫慕"之误。

另，《长编》卷115仁宗景祐元年七月丁卯条有："母米氏族人山喜，谋杀元昊"。此处"母米"亦当为"米母"之误，现标点本中将其理解为母"米氏"，误，应依考证结果予以订正。

仁多 又作人多、星多。

---

① （宋）王称：《东都事略》卷127，见赵铁寒《宋史资料萃编》，文海出版社，1979，第1949页。

② 彭向前：《党项西夏专名汇考》（书稿），教育部人文社科重点研究基地重大项目。

仁多：史料中有西夏统军"仁多唛丁"、监军"仁多保忠"。

《宋史》卷486《夏国传下》记载："（元丰四年十月）（李）宪营于天都山下，焚夏之南牟内殿并其馆库，追袭其统军仁多唛丁，败之，擒百人，遂班师。……崇宁三年，蔡京秉政，使熙河王厚招夏国卓罗右厢监军仁多保忠，厚云：'保忠虽有归意，而下无附者。'章数上，不听。京愈责厚急，乃遣弟诣保忠许，还为夏之逻者所获，遂追保忠赴牙帐。厚以保忠纵不为所杀，亦不能复领军政，使得之，一匹夫耳，何益于事。京怒，必令金帛招致之。"

《长编》卷516元符二年九月壬辰，"夏国遣仁多保忠、白岢牟等三监军，率众助之，合十余万人。"此内容亦见于《宋朝诸臣奏议》卷141《任伯雨上徽宗论湟鄯》①，译法一致。

史料中还有"仁多楚清""仁多唛丁"。

其中，"仁多楚清"见于《长编》卷503哲宗元符元年十月丙戌条，熙河奏："仁多楚清归汉，携家四十余口。所携冠服、器玩、鞍鞯，与羌不同。云为西界御史中丞，官在宰相、枢密之下。父唛丁死，侄保宗代为统军，楚清官虽高，不得统人马，故来归。""诏熙河差兵官使臣，押仁多楚清赴阙。"此"仁多楚清"当出自"仁多唛丁"，其与"仁多保忠"的关系，有待进一步考证。

"仁多唛丁"见于《长编》卷319哲宗元丰四年十一月乙酉条："（刘）昌祚令中军射神臂弓，又自出阵射之，凡数百发，射中首领仁多唛丁，贼稍北。"

人多：《宋会要》兵14之19记载："（元丰四年十一月）熙河路都大经制司言：军行至天都山下营，西贼僭称南牟，内有七殿，其府库、馆舍皆已焚之。又至罗逋川，追袭酋嵬名、统军人多唛丁，人马斩获千余，生擒百余人，掳牛羊孳畜万计。"

《宋会要》所记"熙河路都大经制司"上言之事在"天都山""南牟""统军"及"追袭"方面与《宋史》卷486《夏国传下》中李宪追袭西夏统军事件相符；再者，从时间上看，《宋会要》上言时间为"元丰四年十一

---

① 赵汝愚：《宋朝诸臣奏议》卷141，北京大学出版社，1998，第4901页。

月"，而《宋史》所记之事发生在"元丰四年十月"，"十月"发生，"十一月"上奏，时间上亦符合逻辑，所以，两者所记当为同一事件，"仁多唛丁"与"人多唛丁"当为同一人，"人多"与"仁多"为同一姓氏。

又《长编》卷349神宗元丰七年十月乙未条，泾原路经略使卢秉言："西贼入静边寨，攻第十六堡，彭孙等并兵败贼，无所伤折，杀其首领人多唛丁，乞加倍赏。彭孙、郭振总领将兵，出塞遇贼，邀逐有序，措置精审；姚麟等虽不见贼，总兵张大声援；杂功将副十五人、部将等三百七十九人。"

《宋史》卷486《夏国传下》记载："（元丰七年）九月，围定西城，烧宪谷族帐，遂以十月至静边，钤辖彭孙败之，杀其首领仁多唛丁。"《长编》卷350元丰七年十一月戊戌条记载："贼遣黠酋仁多唛丁将举国入寇，秉团兵瓦亭，分遣彭孙、姚雄率师驻静边。……彭孙等邀击之，众大溃，斩获甚众，仁多唛丁死于阵。……既而谍者言，所杀真仁多唛丁也。"

《宋史》及《长编》卷350所记，败杀"仁多唛丁"的地点为"静边"，宋将为"彭孙"，时间《宋史》记为"元丰七年十月"，《长编》卷350为十一月条下的追述，所以，两处所记皆与《长编》卷349元丰七年十月乙未下的彭孙于静边寨败杀"人多唛丁"一致，只是"仁多"记为"人多"。《宋史》卷331《卢秉传》中对此事件亦有记载："夏酋仁多尪丁举国入寇，犯熙河定西城，秉治兵瓦亭，分两将驻静边砦。""仁多尪丁"即"仁多唛丁""人多唛丁"。

又有"人多零丁"。《铁围山丛谈》卷2："西羌喁氏久盗有古凉州地，号青唐，传子董毡，死，其子弱而群下争强，遂大患边。一曰人多零丁，一曰青宜结鬼章，而人多零丁最黠，鬼章其亚也。"此处"人多零丁最黠，鬼章其亚也"与《长编》卷341神宗元丰六年十二月癸酉"西贼首领最为凶黠者惟人多唛丁"及"多于本国西南边出入"等相符，且"人多零丁"与"人多唛丁"读音一致，当为同一人。

"人多唛丁"又见于以下诸处。

《长编》卷342神宗元丰七年正月甲寅，手诏李宪："西贼虽已伤败散去，然凶酋人多唛丁者倔强任气，深虑耿于伤残。"《长编》卷342神宗元丰七年正月乙卯："兼凶酋人多唛丁残忍，虐用其人，今既不能如欲，上则必得罪于其国中，下须逞其躁心。"《长编》卷 349 神宗元丰七年十月癸巳："其人多唛丁若委如所谋，从中而起，外以汉兵，如今月二十一日所谕，合势而东，则大事成矣。"

"人多唛丁"有子"人多保忠"。《长编》卷 467 哲宗元祐六年十月甲戌条枢密院上言："夏国首领人多保忠，乃昔日唛丁之子，久据西南部落，素为桀黠，与邈川首领温溪心邻境相善，已令温溪心委曲开谕招致，许除节度使，令保守旧土，自为一蕃。后以梁乙逋擅权用事，猜忌保忠，自此中辍，不复议及。近据诸路奏报，多称梁乙逋身死，保忠屡来边上，虑夏国首领各怀携贰，可以乘此招致。"此"人多保忠"即"仁多保忠"。苏辙《栾城集》卷 41《论西事状》记载与此相同。

"人多保忠"又见于《长编》卷 404 哲宗元祐二年八月戊申条："复诱胁人多保忠，令于泾原窃发"。卷 447 哲宗元祐五年八月庚申条下注文："明年，人多保忠以兵袭泾原，杀掠弓箭手数千人而去。"

综上所考，"仁多"与"人多"为同一姓氏的不同译法。

星多：《长编》卷 319 神宗元丰四年十一月己丑条，熙河路都大经制司言："军行至天都山下营，西贼僭称南牟，内有七殿，其府库、馆舍皆已焚之。又至啰通州捕获间谍，审问得酋首威明、统军星多哩鼎人马辎重，与本司行营不远，寻勒将兵追袭，斩级千余，生擒百余人，掳牛羊孳畜万计。"

此内容与《宋会要》兵 14 之 19 所记内容完全一致，"星多哩鼎"为"仁多唛丁""人多唛丁"之异译。

对照一下标点本与四库本《长编》：标点本《长编》卷 341 神宗元丰六年十二月癸酉、卷 342 神宗元丰七年正月甲寅、卷 349 神宗元丰七年十月癸巳、卷 350 神宗元丰七年十一月戊戌、卷 503 哲宗元符元年十月丙戌、卷 404 哲宗元祐二年八月丁未、卷 405 哲宗元祐二年九月丁巳、卷 447 哲宗元祐五年八月庚申、卷 503 哲宗元符元年十月丙戌、卷 503 哲宗元符元年十月丁亥等处的"人多"与卷 516 哲宗元符二年九月壬午下的"仁多"以及上文提到卷 319、卷 331 中的"星多"，在四库本中都相应地被记为"星多"。所以，"星多"为清四库馆臣改译，标点本中的"星多"属回改不尽之误。

"星多"还见于《长编》卷 331 神宗元丰五年十一月乙巳条"闻贼豪星多哩鼎者，用兵颇凶忍。"

"星多哩鼎"即"仁多唛丁""人多唛丁"。

另，《长编》卷407哲宗元祐二年十一月丁未条有："今夏国酋豪……许其管勾人马者，不过如威明特克济沙克、星多贝中、彻辰之类三数人而已"。标点本句读为"威明特克济、沙克星多、贝中彻辰之类三数人"，误。其中"星多贝中"当即"夏国卓罗右厢监军仁多保忠"，为"仁多保忠"在影印本《长编》中的译法。

综上所考，"仁多""人多""星多"为同名异译，其中，"仁多"与"人多"为同音而译，"星多"为影印本《长编》改译所致。

《续通志·氏族略》记载："星多氏，夏右厢监军星多保忠"。

《西夏姓氏录》中收录"星多"，《西夏书·官印考》中收录"仁多"。

令介　又作令分、凌吉、陵结、凌结。

汤开建在《五代辽宋时期党项部落的分布》中已证明《凉州重修护国寺感通塔碑》（令介成庞）、《宋史·夏国传》（令介讹遇）中的姓氏"令介"与"凌吉""凌结"为同一姓氏的不同译音，下面在此基础上加以补充。

令介：G32·001《凉州重修护国寺感通塔碑》（中18·87）的汉文碑文中有"塔寺小监崇圣寺僧正赐绯僧令介成庞"。

其中"成庞"字号较小，居"令介"之后。该碑文的汉姓人名亦用此格式，如"刘屈栗崖"，其中后三字"屈栗崖"字号较小，置于"刘"之后，以表姓、名之别。据此推断，"令介"为西夏番姓。

令分：《宋史》卷486《夏国传下》记载："（谔）克米脂，降守将令分讹遇"。

此内容又见于《宋史》卷335《种世衡传》："夏兵八万来援，谔御之无定川，伏兵发，断其首尾，大破之，降守将令介讹遇"。"令分讹遇"与"令介讹遇"为同一人。

另，《宋史》卷334《高永能传》记载："永能为前锋，围米脂城。……酋令介讹遇乃出降"。又《长编》卷317神宗元丰四年十月丁巳也记载："种谔既破米脂援军，退复攻城，凡五日距闉城，其守将都钤辖令介讹遇率酋长五十余人请降，谔下令：'入城敢杀人及盗者斩。'乃降之。收城中老小万四百二十一口，给以衣巾。仍命讹遇等各统所部以御贼。"

《宋史》卷334《高永能传》及《长编》均记载种谔破米脂城时，西夏守将为"令介讹遇"，故《宋史》卷335《种世衡传》中的"令分讹遇"即"令介讹遇"，"分""介"为形近之误。

凌吉：《长编》卷490哲宗绍圣四年八月丙戌条记述鄜延路经略使吕惠卿上言王愍破荡宥州事件下的注文有："惠卿家传云：……愍据淖河，贺浪啰率其众来袭，而首领移卜淖、凌吉讹遇以数千骑出，半入鸡川，将邀官军。"

从"荡宥州……半入鸡川"来看，此"凌吉讹遇"与米脂守将"令介讹遇"皆为米脂一带或附近地区的部族首领。

另外，《长编》卷506哲宗元符二年二月甲申条记载："即令自来有主谋献计作过之人，如珪布默玛、凌吉讹遇等，先次拘执进献与朝廷谢罪，本路有可凭信，即敢具事理奏闻，候得朝廷允许，方可商量"。《长编》卷508哲宗元符二年四月己卯条记载："审会昨夏国差到嵬名布嚛聿介到来，已降朝旨令进献作过蕃酋珪布默玛、凌吉讹裕等，即许收接告哀谢罪表章，回报去讫。"该条下注文有："（西人）部族离散来归者日益多，凌吉讹裕率众营险以镇之，欲归者不得至。"

从北宋将"营险以镇之"使归者不得至视为"生事作过"的情形来看，此"凌吉讹遇"当为北宋蕃部。再结合地理位置，可以肯定凌吉讹遇、凌吉讹裕即为种世衡破米脂时的守将"令介讹遇"。北宋政府招降后"仍命讹遇等各统所部以御贼"，但事实上，"讹遇"非但未"御贼"，反而"率众营险以镇"，使归宋者不得至。若非此，则"生事""作过"无从谈起，北宋也不能无端出兵或以拘执入送作为议和条件。且中古音中"令""凌"皆为米母字，"介""吉"皆为见母字，两者在语音上相近，可以用来音译同一姓氏。所以，"令介讹遇"即"凌吉讹遇"，"令介"与"凌吉"为同音异译。

陵结：《长编》卷494哲宗元符元年正月乙丑条下注文中有："惠卿复遣王愍护诸将自塞门出，七日至达克鄂对，陵结鄂裕合两州监军迎战，愍督诸将击之，自寅至未，大破贼众，追奔十余里，斩首千余级"。

"陵结鄂裕"即"凌吉讹遇"，影印本《长编》卷490、卷506、卷508

相应条目下的"凌吉"均作"陵结"。

凌结：《长编》卷 329 神宗元丰五年九月乙未条记载："时贼游骑犯米脂，括退保绥德……方命济师于延州，羌领凌结阿约勒以八万人南袭绥德，属羌三百人欲翻城应之，阿约勒之弟兴嫩以告括。"

"凌结""凌吉""陵结"读音相近，且同出横山地区，当属同一部族。

综上所考，"凌吉""陵结""凌结""令介"为同音异译，"凌吉""陵结""凌结"应当是清修《长编》之改译，而"令分"为"令介"之形近讹误。

《西夏姓氏录》依《宋史》"（谔）克米脂，降守将令分讹遇"收录姓氏"令"，误。

杂谋 又作杂母。

杂谋：G12·005 莫高窟第 61 洞甬道北壁供养比丘第十一身旁有题记"助缘僧杂谋惠月"（中 18·207）。

杂母：《榆林府志》卷 47《折武恭克行神道碑阴》有："本族巡检杂母买"及"下府杂母族"，可知"杂母"出自族名"杂母"，以族名为姓氏。

汤开建在《五代辽宋时期党项部落的分布》中指出："杂谋"与"杂母"属译音之异。中古音中，"谋"，莫浮流开三平尤明，"母"，莫厚流开一上厚明，"谋"与"母"声同韵近，可以用来音译同一姓氏，"杂谋"与"杂母"为同音异译，不误。

图 1 敦煌莫高窟第 61 窟西夏文题记 G12·005 [M61（3）]

西壁 又作鲜卑。

汤开建先生《党项源流新证》一文已指出《新元史·太祖纪》中有西夏太傅"西壁讹答"，又作"鲜卑讹答"。

"西壁讹答""鲜卑讹答"又分别见于《元史》及《蒙兀儿史记》。

《元史》卷 1《太祖纪》："克兀剌海城，俘其太傅西壁氏。……遣太傅讹答入中兴，招谕夏主，夏主纳女请和"。

鲜卑：《蒙兀儿史记》卷3《成吉思可汗本纪下》："克兀剌孩城，获其太傅鲜卑讹答"。

"兀剌海"与"兀剌孩"为同城异译，所俘"讹答"，职名皆为"太傅"，两处所记为同一事件，"西壁讹答"与"鲜卑讹答"为同一人，"西壁"与"鲜卑"为同姓异译。

此外，西夏出土文献中也有鲜卑姓氏人物。

《大方广佛华严经海印道场十重行愿常遍礼忏仪》卷42有："讲经律论，重译诸经正趣净戒鲜卑真义国师"①。

《尊胜经》《大悲心经》的译经题款中有："诠教法师、番汉三学院兼偏袒提点、嘎卧耶沙门鲜卑宝源"②。

《广韵》中，"西""鲜"均为心母字，"壁""卑"为帮母字，"西壁"与"鲜卑"音近，为同音异译。"鲜卑"为西夏原有写法，"西壁"为其汉语音译。

《西夏姓氏录》中收录"西壁氏"。

讹啰　又作讹罗、卧落、勒阿拉。

汤开建先生在《张澍〈西夏姓氏录〉订误》一文中提出："讹罗""讹留""卧落"为一音之转，故应同列一目。其中"讹罗""卧落"为同一姓氏，当不误，而"讹罗"与"讹留"则需借助西夏文资料进行深入的考辨，详见下文。

讹啰：《长编》卷382哲宗元祐元年七月癸亥条记载："夏国以疆事遣使春约讹啰聿、副使吕则田怀荣见于延和殿。"《宋史》卷486《夏国传下》：（元祐元年六月）"复遣讹啰聿来求所侵兰州、米脂等五砦。"《宋会要》蕃夷7之38："元祐元年六月十六日（壬寅），夏国遣使创祐讹啰聿寨进贡。"

---

① 白滨：《元代西夏一行慧觉法师辑汉文〈华严忏仪〉补释》，《西夏学》第1辑，宁夏人民出版社，2006，第78页。

② 罗炤：《藏汉〈圣胜慧到彼岸功德宝集偈〉考略》，《世界宗教》1983年第4期。

"春约讹啰聿"，"春约"为西夏官名蕃号①，"创祐讹啰聿"中"创祐"音与"春约"近，为同一官名的不同音译，"讹啰"为西夏姓氏。

讹罗：《长编》卷380哲宗元祐元年六月壬寅条记载："夏国遣间使春约讹罗聿进贡，以刑部郎中杜纮押伴。"

《长编》卷380所记时间为元祐元年六月壬寅，事件为"进贡"，进贡人官职名为"春约"，皆同于《宋会要》蕃夷7之38中的"创祐讹啰聿寨"，故两者为同一人，只是"讹啰"写作"讹罗"。

《金史》卷61《交聘表中》记载："夏武功大夫讹罗世……贺正旦。……殿前马步军太尉讹罗绍甫……贺加上尊号。……夏遣中兴尹讹罗绍甫……等谢横赐……夏殿前太尉讹罗绍先……谢横赐。"

卧落：《金史》卷61《交聘表中》记载："（世宗）大定十三年正月乙丑朔，夏武功大夫卧落绍昌、宣德郎张希道等贺正旦。"

据《广韵》，"卧""讹"的音韵地位分别为：吾货果合一去过疑，五禾果合一平戈疑。两者声母相同，韵母同属果摄，相近。"落""罗"同为来母字，所以，"讹罗"与"卧落"在读音上亦相通。另外，"讹罗绍甫""讹罗绍先""卧落绍昌"三人名中皆有"绍"字，当有密切关系。

故"卧落"与"讹啰"当为同姓异译。

勒阿拉：影印本《长编》作"勒阿拉"。

《续通志·氏族略》："额鲁氏，武功大夫额鲁世"。

讹藏屈怀氏　又作讹藏屈嗖氏、勒额藏渠怀。

《宋史》卷485《夏国传上》记载："德明娶三姓，卫慕氏生元昊，咩迷氏生成遇，讹藏屈怀氏生成嵬。"《长编》卷111仁宗明道元年十一月壬辰亦记载："夏王赵德明凡娶三姓……咩迷氏生成遇，讹藏屈怀氏生成嵬。"

讹藏屈嗖氏：《长编》卷115仁宗景祐元年十月丁卯记载："元昊复立讹藏屈嗖氏为兀泥。兀泥者，太后也。"

元昊立为太后者，当为赵德明妻，"讹藏屈嗖氏"即"讹藏屈怀氏"。

标点本《长编》将"讹藏屈嗖氏"句读为"讹藏、屈怀氏"即"夏王

①　龚世俊等：《西夏书事校证》卷20，甘肃文化出版社，1995，第237页。

赵德明凡娶三姓，米母氏生元昊，咩迷氏生成遇讹藏，屈怀氏生成嵬"，是
将一姓分为两人，误。

勒额藏渠怀：影印本《长编》卷111及卷115相应处均记作"勒额藏
渠怀氏"。

《续通志·氏族略》记载："屈怀氏，夏主德明妃屈怀氏"，误。

《西夏姓氏录》中亦将"屈怀氏"作为姓氏。《西夏书·官氏考》中收
录"讹藏屈怀氏"。

吴嘚　又作乌嘚、兀嘚。

吴嘚：俄Дx2822《杂字·番姓名》中第5个姓氏
（俄6·138）。《金史》卷62《交聘表下》记载：
"（章宗）明昌四年正月乙巳朔，夏武节大吴嘚遂良、
宣德郎高崇德贺正旦。"

乌嘚：《宋会要》兵8之33记载："西夏起甘州、
右厢、卓啰、韦州、中寨、天都六监军人马屯立扁江
州白草原，又遣首领妹勒都逋、乌嘚革嘚领兵并塞"。

兀嘚：英藏Or. 8212/727K. K. Ⅱ. 0253［a］《西
夏天庆十一年典麦契》中有"同典人兀嘚□□□"
（斯1·200）；英藏Or. 12380—3291［K. K. Ⅱ. 0238.
1. iv］《汉文杂物账》中有"兀嘚吃怛"（斯1·200）；
N42·021［P8：141］西夏碑陵中有"兀嘚□马都
尉"（中19·325）；《宋史》卷364《韩世忠传》记
有（夏）"监军驸马兀嘚"。

图 2　英藏
Or. 8212/727K. K. Ⅱ.
0253［a］《西夏
天庆十一年典麦契》

据《广韵》，"吴""乌""兀"三者的音韵地位分别为：五乎遇合一平
模疑，哀都遇合一平模影，五忽臻合一没入疑。

12世纪中国西北方音中"喉塞音消失"，"疑母也在合口一等中丢失其
声母"，出现"影合口一等及疑合口一等合成一类＊w－"①。

---

① 龚煌城：《十二世纪末汉语的西北方音（声母部分）》，载李范文主编《西夏研
究》第8辑，中国社会科学出版社，2008，第512～514页。

图3 N42·021
[P8：141] 西夏碑陵

所以，"乌㘚""兀㘚""吴㘚"，三者同音，疑为同姓异译。

《续通志·氏族略》记载："乌伊氏，夏武节大夫乌伊遂良"。此处的"伊"，显然是"㘚"脱口字旁后的改译。

《西夏姓氏录》和《西夏书·官氏考》中收录姓氏"吴㘚"。

没㘚 又作没移、摩移克。

没㘚：《宋史》卷485《夏国传上》记载："（元昊）凡五娶……四曰妃没㘚氏。"此"没㘚氏"《东都事略》卷127中记其号"新皇后"，"曩霄凡七娶……曩霄复纳没㘚氏女，野利之族有怨语……七曰没㘚氏，初欲纳为宁令哥妻，曩霄见其嬺而自取之，号'新皇后'"。又《隆平集》卷20《夷狄传》记载："（元昊）又纳没㘚女，营天都山居之"。

以上三处"没㘚氏"为一人，即元昊妻，号"新皇后"。

没移：《长编》卷162仁宗庆历八年正月辛未："曩霄凡七娶……后复纳没移皆山女，营天都山以居之。……七曰没移氏，初，欲纳为宁令哥妻，曩霄见其美，自取之，号为新皇后。"

《长编》卷162内容与"没㘚氏"下《东都事略》内容一致，亦与《宋史·夏国传》相应，"没移"与"没㘚"为同姓异写。

在夏汉对音中"㘚"为喉音喻母"移"加口字旁，为西夏邪母z－注音①，所以，《长编》中"没移"当为"没㘚"脱口字旁而成。

摩移克：影印本《长编》卷162相应处记为"摩移克氏"。

《续通志·氏族略》中将"㘚"脱口字旁后改译成"摩益"即："摩益氏，夏主元昊妃摩益氏"。

《西夏姓氏录》中同时收录"没移氏"及"摩益氏"，《西夏书·官氏考》中收录"没㘚"。

---

① 龚煌城：《西夏韵书〈同音〉第九类声母中的拟测》，载李范文主编《西夏研究》第8辑，中国社会科学出版社，2008，第24页。

没细　又作穆齐。

没细：《松漠纪闻》："大使武功郎没细好德、副使宣德郎季膺等齐表诣阙以闻。"

穆齐：《建炎以来系年要录》卷118："夏国主乾顺遣武功郎穆齐好德、高丽国王楷遣卫尉少卿李仲衍奉表贺正。"

《松漠纪闻》中的"没细好德"与《建炎以来系年要录》中的"穆齐好德"官职皆为"武功郎"，《松漠纪闻》中的"没细好德"出自夏国上金《贺正表》之落款处，使金任务为"贺正"。由此可见，两者皆为"贺正旦使"，且名皆为"好德"，故两者当为同一人。"没细"与"穆齐"为同姓异译。

《广韵》中，"没""穆"皆为明母字，两者音近。"细"为心母字，"齐"为从母字，两者为同一西夏字注音，可能反映了西北方音中浊音清化的一些规律。

《西夏姓氏录》中收录"没细氏"。

没啰　又作没罗。

没啰：《宋史》卷16《神宗纪》："乙丑，泾原兵至磨哆隘……斩大首领没啰卧沙、监军使梁格嵬等十五级，获首领统军佲讫多埋等二十二人。"《长编》卷327神宗元丰四年十月乙丑、《宋会要》兵8之25、《宋会要》兵14之19所记内容与此相同。

没罗：《儒林公议》上："（元昊）常选部下骁勇自卫，分为十队，队各有长……十没罗埋布。"

"没罗"当为"没啰"中的"啰"脱口字旁而成。

没藏　又作没藏、兀藏、密藏。

没藏：俄 Дx2822《杂字·番姓名》中第2个姓氏（俄6·138）。

史料中有元昊皇后"没藏氏"及其兄"没藏讹庞"。

《宋史》卷485《夏国传上》："（元昊）凡五娶……二曰宣穆惠文皇后没藏氏，生谅祚。……嘉祐元年，母没藏氏薨，遣祖儒嵬多聿则及庆唐徐舜卿来告哀。"

《长编》卷 162 仁宗庆历八年正月辛未条记载:"会有告遇乞兄弟谋以宁令哥娶妇之夕作乱,曩霄遂族遇乞、刚浪凌、城逋等三家。既而野利氏诉,我兄弟无罪见杀,曩霄悔恨,下令访遗口,得遇乞妻阁于三香家。后与之私通,野利氏觉之,不忍诛,遇乞妻乃出为尼,号没藏大师。……没藏氏初为尼,寓于伪兴州之戒坛院,既娠而曩霄死。……没藏,大族也,讹庞为之长。……遂立没藏尼伪号太后。……曩霄既死三月,谅祚生。"《长编》卷 185 仁宗嘉祐二年正月甲戌条记载:"甲戌,经略使庞籍言:'西人侵耕屈野河地,本没藏讹庞之谋,若非禁绝市易,窃恐内侵不已。请权停陕西缘边和市,使其国归罪讹庞,则年岁间可与定议。'诏禁陕西四路私与西人贸易者"。

毅宗谅祚母"没藏氏"及"没藏氏"兄"没藏讹庞"亦见于《长编》卷 184 仁宗嘉祐元年十二月甲子条、《东都事略》、《元刊梦溪笔谈》卷 25、《欧阳文忠公全集》卷 127《归田录》、《陇右金石录》卷 4《承天寺碑考释》,译法一致。

兀臧:《宋史》卷 186《食货志下》记载:"嘉祐初,西人侵耕屈野河地。知并州庞籍谓:'非绝其互市,则内侵不已。且闻出兀臧讹庞之谋,若互市不通,其国必归罪讹庞。年岁间,然后可与计议。'"

《长编》卷 185 嘉祐二年正月甲戌条与《宋史》卷 186《食货志下》两处都是对禁互市以制夏侵耕这一策略的记载,两处所记西夏侵耕屈野河的主谋分别为"没藏讹庞""兀臧讹庞",且都是对庞籍所言的转录,所以,"没藏讹庞"与"兀臧讹庞"当为同一人。

据《广韵》,"没"莫勃臻合一入没明,而"兀"五忽臻合一入没疑,韵母相近,声母不同,按现西北方音研究成果当不可能属同音,但史料显示亦为同音。

密藏:《涑水记闻》卷 10 记载:"拓跋谅祚之母密藏氏,本野利旺荣之妻,曩霄通焉,有娠矣"。

《涑水记闻》中记载"密藏氏"与"曩霄通,有娠",生谅祚,《长编》记载"没藏氏"与曩霄"私通"生谅祚,"密藏"与"没藏"为同一人。

《广韵》中,"密"美笔臻开一入质明,"没"莫勃臻合一入没明。母同韵近,为近音字,"密藏"与"没藏"为同音异译。

影印本《长编》在卷 162、卷 184、卷 185 等相应位置都改写为"密藏"。

《西夏姓氏录》中收录"默藏氏",其下有按语"按即没藏氏";《西夏书·官氏考》收录"没藏";《续通志·氏族略》作"默藏氏",即"默藏氏,夏主元昊妃默藏氏生谅祚"。

芭里 又作把里、把利。

芭里:俄 Дx2822《杂字·番姓名》中第 40 个姓氏(俄 6·138)。俄 Инв. No. 2208《西夏乾祐十四年安推官文书》记载:"右札付三司芭里你令布"(俄 6·300)。

《金史》卷 61《交聘表中》记载:"大定十年十一月癸巳,夏以诛任得敬,遣其殿前太尉芭里昌祖、枢密直学士高岳等上表陈谢。……大定二年十二月辛未朔,夏武功大夫芭里昌祖、宣德郎扬彦敬等贺正旦。……大定十二年三月,押进瓯匣使芭里直信等贺加上尊号。……大定十三年三月癸巳朔,夏武功大夫芭里安仁、宣德郎焦蹈等贺万春节。……大定十七年三月辛丑朔,夏武功大夫芭里庆祖贺万春节"。

把里:《金史》卷 134《西夏传》、卷 60《交聘表上》均记载:"(天会二年三月)把里公亮等来上誓表。"

据汤开建《党项源流新证》考证,《金史》中的"芭里"与"把里"为一音之转,出自《新唐书》中的"把利族"。

《续通志·氏族略》记载:"巴哩氏,《金史·交聘表》夏巴哩公亮、又殿前太尉巴哩昌祖、押进瓯匣使巴哩直信、武功大夫巴哩安仁、巴哩庆祖。""巴哩"当为"芭里"之改译。

《西夏姓氏录》中收录"把里氏",《西夏书·官氏考》有"芭里",其中"芭"下注"一作把"。

补细 又作保细、部曲、部细、拜锡。

补细:西夏有"补细"相公。《长编》卷 184 仁宗嘉祐元年十二月甲子条记载:"初,李守贵者尝为遇乞掌出纳,补细吃多巳者,尝侍曩霄及没藏氏于戒坛院,故出入没藏氏所无所间。没藏氏既通守贵,又通吃多巳。守贵愤怒，于是杀吃多巳及没藏氏。"

文中"补细吃多巳"后注："补细相公，即吃多巳也"，可知"补细"为姓氏。

保细：《东都事略》卷128记载"李守贵者，尝与遇乞掌出纳宝；保细吃多巳者，尝侍曩霄及没藏氏于佛舍，故出入无所间；没藏尼既通守贵，又通吃多巳，李守贵杀吃多巳及没藏尼。"

《东都事略》所记与《长编》卷184所记为同一事件，其中与没藏氏通且为李守贵所杀者，《长编》中记为"补细吃多巳"，《东都事略》中记为"保细吃多巳"，两者为同一人。"补细""保细"异译。

部曲：《长编》卷185仁宗嘉祐二年二月壬戌条记载："讹庞之妹使其亲信部曲嘉伊克来视之，还白所耕皆汉土，乃召还讹庞，欲还所侵地。会嘉伊克作乱诛而国母死，讹庞益得自恣。"

部细：《宋会要》兵27之41记载："讹庞之姊使其亲信部细皆移者来视之，还白所耕皆汉土，乃召还讹庞，欲还所侵地。会皆移作乱诛而国母死，讹庞益自得，正月领兵至境上，比及三月，稍益至数万人。"

《宋朝事实类苑》卷75记载："始数岁，其母专制国事，兄子没藏猢庞为相，母私幸。胡人部细皆移恣横，大臣屡请诛之，母不听。嘉祐元年九月，部细皆移谋乱，杀国母，没藏猢庞引兵入宫诛之，其父与左厢军马副使就杀之。"

"亲信部曲嘉伊克"及"胡人部细皆移恣横，大臣屡请诛之，母不听"，与"补细吃多巳者，尝侍曩霄及没藏氏于戒坛院，故出入没藏氏所无所间"情形相符；"嘉伊克作乱诛而国母死"及"部细皆移谋乱，杀国母"，当即"守贵愤怒，于是杀吃多巳及没藏氏"之事，只是故事细节略有差别，且《长编》卷184中仁宗嘉祐元年十二月使臣来告"没藏氏卒"，与"嘉祐元年九月，部细皆移谋乱，杀国母"之时间亦相符。再者，《宋会要》兵27之43中内容亦与《长编》卷185相同，只是"部曲"作"部细"。故"补细吃多巳""保细吃多巳"与"部曲嘉伊克""部细皆移"为同一人，"补细""保细""部细"为同一姓氏。其中"补细""保细""部细"为同音异译，而"部曲"之"曲"当为"细"之讹误。

标点本《长编》卷185将"嘉伊克"断为人名，误。

拜锡：影印本《长编》卷 184 作"拜锡"。

连奴　又作连都。

连奴，俄 Дx2822《杂字·番姓名》中第 19 个姓氏（俄 6·138）。

连都：《金史》卷 62《交聘表下》记载："（承安五年）正月戊子朔，夏武节大夫连都敦信、宣德郎丁师周贺正旦，附奏为母疾求医。"

据《广韵》，"都"当孤遇合一平模端，"奴"乃都遇合一模泥。中古西北方音中鼻音泥母读作 nd－，音同端母，所以，"连奴"与"连都"为同音异译。

《西夏姓氏录》《西夏书·官氏考》《续通志·氏族略》中均收录"连都"。

夜浪　又作拽浪、伊朗、异浪、易浪、叶朗。

据汤开建《五代辽宋时期党项部落的分布》及《〈西夏姓氏录〉订误》考证，"拽浪""异浪""夜浪""叶朗"为译音之异。

夜浪：俄 Дx2822《杂字·番姓名》中第 46 个姓氏（俄 6·138）。《宋史》中与其同音的姓氏有"拽浪""伊朗""异浪""易浪""叶朗"等。

拽浪：《长编》卷 193 仁宗嘉祐六年六月庚辰条记载："至是，安静与其国人辄移，吕宁拽浪獠黎始议定"。

"吕宁"又见于《长编》卷 226 神宗熙宁四年九月庚子条注文："秉常差大使昂聂嵬名嘤荣，副使吕宁焦文贵诣阙进奉"；《长编》卷 396 哲宗元祐二年三月戊辰条："夏国进奉使祝能野乌裕实克等见于延和殿。……差进奉大使祝能野乌裕实克、副使吕宁勒喀玛等进马、橐驼总二百七十头、匹，诣阙称谢"。

两条史料中"大使""进奉使"之后的"昂聂""祝能"皆为官名蕃号，① 由此可知，与其相对应的副使后的"吕宁"亦当分别为"焦文贵"与"勒喀玛"的官名蕃号。"吕宁拽浪獠黎"的格式与"吕宁焦文贵"相同，"吕宁"为官名，"拽浪"为姓氏。

①　龚世俊等：《西夏书事校证》卷 20，甘肃文化出版社，1995，第 237 页。

《宋史·夏国传》及《宋会要》兵 27 之 44 均记载以上"合议"疆界之内容，"拽浪撩黎"分别记为"拽浪獠黎""拽浪潦黎"，其中"拽浪"译法相同。

"拽浪"还见于其他史料。

《宋史》卷 6《真宗纪》记载："石、隰州部署言河西蕃族拽浪南山等四百余人来归。"

《长编》卷 52 真宗咸平五年八月丙戌条所记同于《宋史》。

伊朗：《长编》卷 479 哲宗元祐七年十二月庚戌条记载：河东经略司言："西界投来头首伊朗僧鄂及从人绥移，识认得伊朗僧鄂是西界正铃辖，乞特与一诸司副使名目，支与巡检请受。其从人绥移，曾差去探事，斗敌重伤。"诏："伊朗僧鄂与内殿承制，给驿券，差赴麟府路军马司使唤。候别立劳效，从军马司保明以闻，当便推恩。绥移为探事重伤，与副兵马使。"

异浪：《宋会要》兵 17 之 5 记载："十二月二日河东经略司言，西界投来头首异浪升崖是西界正铃辖，乞特与一诸司副使名目，其从人岁移曾差出探事，斗敌重伤。诏异浪升崖与内殿承制，给驿券，差赴麟府路军马司使唤，候别立劳效，保明以闻。岁移为探事重伤，与副兵马使"。

"伊朗""异浪"所涉事件一致，只是"伊朗僧鄂"译为"异浪升崖"，"绥移"译为"岁移"，"伊朗僧鄂"与"异浪升崖"为同一人，"伊朗"与"异浪"为同姓异译。

易浪：《潞公文集》卷 20《奏议六》上记载，河东经略司奏："捉到易浪升结，愿归夏国，已牒宥州去讫。"

疑此"易浪升结"即"伊朗僧鄂"。

叶朗：影印本《长编》卷 193 相应处作"叶朗"。

《广韵》中"拽浪""异浪""易浪"中"拽""异""易"均为以母字，"夜浪"中"夜"亦为以母字，故"拽浪""伊朗""异浪"为西夏汉文资料中"夜浪"之同音异译，且"拽浪南山""异浪升崖""易浪升结"均出自河东，分布上相对集中，与党项聚族而居的习俗相符，可知出自同一部族。其中"异浪""拽浪"为宋人笔记及《宋史》中的译法，《长编》卷 479 标点本与影印本中均译为"伊朗"，影印本《长编》卷 193 相应处作"叶朗"。

《西夏姓氏录》中收录"拽浪"。

妹勒　又作昧勒、穆赍。

妹勒：俄 Дx2822《杂字·番姓名》中第 30 个姓氏（俄 6·138）。《宋史》卷 486《夏国传下》记载："元符元年十二月，泾原折可适掩夏西寿统军嵬名阿埋、监军妹勒都逋，获之。"

此西夏监军"妹勒都逋"亦见于《长编》卷 500 元符元年七月己酉条；卷 504 元符元年十二月壬辰条；卷 505 元符二年正月己酉条；卷 506 元符二年二月庚寅条；卷 507 元符二年三月己未条；《东都事略》卷 127、卷 128；《宋会要》兵 8 之 33、兵 17 之 6；《三朝北盟会编》卷 60 等。

昧勒：《宋史》卷 253《折可适传》记载："嵬名阿埋、昧勒都逋，皆夏人桀黠用事者，诏可适密图之。会二酋以畜牧为名会境上，可适谍知之，遣兵夜往袭，并俘其族属三千人，遂取天都山。"

《东都事略》卷 104《折可适传》内容与《宋史》卷 253《折可适传》相同。此外，"昧勒都逋"还见于《宋会要》蕃夷 6 之 37、《姑溪居士后集》卷 20《折渭州墓志铭》。

"昧勒都逋"与"嵬名阿埋"一起被"折可适"所获，"昧勒都逋"与《宋史·夏国传》中的"妹勒都逋"当为同一人。"妹勒"与"昧勒"为同音异译。

《儒林公议》上卷中还记有元昊自卫队队长"妹勒"，即"元昊既志在恢拓，数侵诸蕃境土，邻敌怨之。常选部下骁勇自卫，分为十队，队各有长：一妹勒"①。

穆赍：《长编》影印本相应处均作：穆赍多卜。

《西夏姓氏录》收录"美勒氏"，其下有按语"一作妹勒氏"；《西夏书·官氏考》收录"妹勒"；《续通志·氏族略》记载"美勒氏，宋折可适获夏监军美勒都辅"。

---

① （宋）田况：《儒林公议》，《钦定四库全书》，上海古籍出版社，1987，第 1036 册，第 280 页。

咩布 又作哶布，疑又作咩保。

咩布：俄 Дx2822《杂字·番姓名》中第 7 个姓氏（俄 6·138）。G32·004《甘肃武威市西郊西夏墓汉文朱书木牍》中有西苑外卖土地人"咩布勒嵬"（中 18·267）。《金史》卷 61《交聘表中》记载："夏武功大夫咩布师道、宣德郎严立本等贺万春节。"《苏魏公文集》卷 34 有："咩布嗽挀"。

影印本《长编》中亦作"咩布"。

咩布：《长编》卷 155 仁宗庆历五年四月辛卯条记载："夏国主曩霄初遣素赍咩布移则、张文显来贺乾元节，自是岁以为常"。

《龙龛手鉴·口部》："咩，俗；哶今"。"咩"与"哶"为同一字。"咩布"即"哶布"。

汤开建在《五代辽宋时期党项部落的分布》中考证"咩保"与"咩布"为译音之异。"咩保"见于《宋史》卷 253《折克行传》："大酋咩保吴良以万骑来蹑，克行为后拒，度贼半度隘，纵击，大破之，杀咩保吴良。"《金石萃编》卷 147《折克行神道碑》记载："公（折克行）至俄枝盘堆，度贼半度隘，纵兵击，大败之，杀咩保吴良。"

"保""布"在中古音中同为帮母字，"咩布"与"咩保"疑为同音异译。

《续通志·氏族略》记载："蔑布氏，夏武功大夫蔑布师道"。

《西夏姓氏录》收录"咩布"。

咩迷 又作咩朱、密克默特、蔑密。

咩迷：《长编》卷 111 仁宗明道元年十一月壬辰条记载："夏王赵德明凡娶三姓……咩迷氏生成遇"。《宋史》卷 486《夏国传下》记载："德明娶三姓……咩迷氏生成遇"。

咩朱：《隆平集》卷 20《夷狄传》记载："德明娶三姓……咩朱氏生成魂。"

"咩朱"中的"朱"当为"迷"之同音字"米"，因形近而误。

史料中还有其他含"咩迷"的人名。

《长编》卷 162 仁宗庆历八年正月辛未条记载："曩霄凡七娶……四曰咩迷氏，生子阿理，谋杀曩霄，为卧香乞所告，沉于河，杀咩迷氏于王亭镇。"《东都事略》卷 127 内容与此一致。《长编》卷 350 元丰七年十一月甲辰条记载："夏国主秉常遣谟固咩迷乞遇赍表入贡。"①此内容亦见于《宋史》卷 486《夏国传下》："遣使谟箇咩迷乞遇来贡"。

密克默特：影印本《长编》卷 111、卷 162 均将"咩迷氏"改译为"密克默特氏"。

蔑密：影印本《长编》卷 350 将夏国主秉常使"咩迷遇乞"改译为"摩格蔑密裕齐"。

《续通志·氏族略》记载："密密氏，夏主德明妃密密氏、又贡宋史密密乞遇"。②

《续通志·氏族略》记载："蔑莽氏，夏殿前太尉蔑莽友直"。

《西夏姓氏录》中收录"咩迷"，《西夏书·官氏考》收录"咩迷氏"。另外，《西夏姓氏录》"密密氏"条下内容与"咩迷"相同。

药乜　又作耀密。

药乜：俄 Дx2822《杂字·番姓名》中第 3 个姓氏（俄 6·138）。G32·001《凉州重修护国寺感通塔碑》（中 18·91）记载："庆寺监修都大勾当行宫三司正兼圣容寺感通塔两众提举律晶赐绯僧药乜永诠"。

塔碑铭文中"永诠"字号较小，以示"药乜"为姓氏。此书写格式说明见"令介"条。

耀密：《长编》卷 273 神宗熙宁九年二月癸丑条记载："权知鄜州王文郁、通判麻元伯言，西界右厢把边头首耀密楚美以下三十余人乞纳土归顺。"《长编》卷 506 哲宗元符二年二月辛卯条记载："枢密院言，河东经略司奏：'投来西界伪钤辖耀密㳌等，虽无文凭，缘有旧管蕃官指证不虚'。诏河东经略司依伪钤辖例补官及支赐。"

《广韵》中，"药""耀"皆为以母字，音近。"乜"，《广韵》中释为"弥也切，上马明"，"密"，美笔臻开三入质明，"乜""密"音近。另外，

---

① "谟固"当为"谟箇"之误。"谟箇"为西夏官职名号，详见《西夏书事校证》卷 20，第 237 页。

② "贡宋史"当为"贡宋使"之误。

在宋代史料中，"乜""密"经常互为异译，如族名"乜臼"即译为"密觉"①，所以，"耀密"与"药乜"当为同姓异译。

轻宁 又作轻泥。

轻宁：俄 Дx2822《杂字·番姓名》中第 57 个姓氏（俄 6·138）。

轻泥：《司马文正公集》卷 25《章奏》："赵谅祚部将轻泥嚷侧欲以横山之众攻取谅祚，归命圣德，朝廷已有指挥，许令招纳。"

《广韵》中"宁"为青韵泥母字，"泥"为齐韵泥母，西北方音中韵尾 –ŋ 脱落后，"宁"读音同"泥"，"轻宁"与"轻泥"语音上相通，疑为同音异译。

迺来 又作迺来、迺令。

迺来：俄 Дx2822《杂字·番姓名》中第 12 个姓氏（俄 6·138）。

俄 Дx. 19076 号《直多昌磨彩代还钱契》中有"迺来赏没米"（俄敦 17·326）。乜小红、陈国灿在《黑水城所出西夏至元的几件契约研究》② 一文中考证出该文书为黑水城所出西夏时期契约。所以，契约中的"迺来"当为汉文《杂字·番姓名》中的"迺来"。

迺来：《金史》卷 62《交聘表下》记载："（泰和五年）闰八月辛巳，殿前太尉迺来思聪、知中兴府通判刘俊德来谢横赐。"

故"迺来"即"迺来"。

迺令：《金史》卷 62《交聘表下》记载：承安四年八月，"殿前太尉迺令思聪与枢密直学士杨德先谢横赐"。《金史》卷 62《交聘表下》及卷 134《夏国传》均记载："（章宗）明昌四年八月辛酉，夏武节大夫庞静师德、宣德郎张崇师贺天寿节，御史中丞迺令思聪谢横赐。"

汤开建在《张澍〈西夏姓氏录〉订误》中据"迺来思聪"与"迺令思

---

① 佟建荣：《汉文史料中党项与西夏族名异译考》，《西夏学》第 6 辑，上海古籍出版社，2010。

② 乜小红、陈国灿：《黑水城所出西夏至元的几件契约研究》，黑水城文献研究回顾与展望学术研讨会论文集，2009。

聪"的官职，考证出"廼来"与"廼令"系译音之异，为同一姓氏。

《西夏书事》卷 39 将两处都记作"廼令思聪"，不误。

史料中还有"廼令思敬"。《金史》卷 61《交聘表中》记载："大定二十九年五月，夏知兴中府事廼令思敬、秘书少监梁介贺登位，知中兴府事田周臣押进使。"

《西夏姓氏录》与《西夏书·官氏考》同时收录"廼来"与"廼令"，《续通志·氏族略》中作"萧尔氏"，即"萧尔氏，夏殿前太尉萧尔思聪"。

骨婢　又作骨被。

骨婢：俄 Дx2822《杂字·番姓名》中第 53 个姓氏（俄 6·138）。

骨被：《长编》卷 131 仁宗庆历元年二月辛巳条记载："正月二十五日，都监桑怿与蕃官骨被四人相见，约二十八日设誓却要归顺朝廷。"

据《广韵》，"被"平义止开三去实并，"婢"便俾止开三上纸并，两者声同韵近，属同音字，所以，"骨婢"与"骨被"为同音异译。

桅厥　又作拽厥、叶结。

桅厥：《宋史》卷 332《赵卨传》记载："（元丰八年）其酋桅厥嵬名宿兵于贺兰原，时出攻边，卨遣将李照甫、蕃官归仁各将兵三千，左右分击……生擒嵬名，斩首领六，获战马七百，牛羊、老幼三万余。迁龙图阁直学士，复帅延安。"

《长编》卷 356 神宗元丰八年五月丙辰条记载："环庆路经略司蕃部巡检贝威等领兵入西界，至贺罗原与贼战，有蕃弓箭手岁尾、昌移，获西界宥州正监军、伪驸马桅厥嵬名，其人乃任事酋首，乞优赏之。诏岁尾、昌移各转三资，赐绢五十匹。"

又，《长编》卷 382 哲宗元祐元年七月壬戌条下注："元丰八年四月二十二日获夏人桅厥嵬名，皆已自待制迁龙图直矣。"

《宋史》中称"桅厥嵬名宿兵于贺兰原"，《长编》中记"至贺罗原"获"桅厥嵬名"，"贺兰原"与"贺罗原"读音相近，当为同一地点，时间均为"元丰八年"，《长编》卷 382 哲宗元祐元年七月壬戌条的注文，内容也与《宋史》卷 332 中赵卨"迁龙图阁直学士"的记载一致，所以，三处

"梽厥嵬名"为一人。《长编》卷356记其身份为"驸马",既为"驸马","嵬名"当为妻姓,"梽厥"则为本姓。韩萌晟在《党项与西夏资料汇编》中将"梽厥"定为官职,误。

拽厥:《长编》卷354神宗元丰八年四月甲申条记载:环庆路经略司言:"蕃官贝威等讨西贼,获宥州正监军伪驸马拽厥嵬名。诏具功状以闻,拽厥嵬名仍押赴阙。"该条下注有:"《赵卨传》:元丰八年四月,夏人拽厥嵬名宿重兵于贺兰原,时出盗边,卨遣将李照用、蕃官归仁各领兵三千,左右分击……生擒嵬名,斩首领六,获战马七百,牛羊、老幼三万余。迁龙图直学士,朝奉大夫,复帅延安。"

此内容同于"梽厥"条下《长编》卷356所记,"梽厥"与"拽厥"音同形近,为同一姓氏。

影印本《长编》卷382相应处记为"拽厥嵬名乜皆"。

叶结:影印本《长编》卷354、卷356相应处均记为"叶结威明嘉勒"。

《长编》卷471哲宗元祐七年三月丙午条,环庆路经略司在上言中提到"叶结贝威野寨"。"叶结贝威野寨"出自"环庆路上言",疑与"叶结威明"有一定的关系。

都啰 又作都罗、都勒、多拉。

都啰:俄 Дx2822《杂字·番姓名》中第6个姓氏(俄6·138)。

《长编》卷219神宗熙宁四年正月己丑条记载:"敌帅都啰马尾与其将四人,聚兵啰兀城之北曰马户川,谋袭谔。谔谍知之,以轻兵三千潜出击破之。马尾脱身遁去,复与其将三人,驻兵立赏平"。

《宋大诏令集》卷235《赐夏国主不还绥州诏》记载:"向都啰重进等齐誓诏,遂令延州交割塞门、安远讫,却还绥州,并须合依旧界"。

此事件亦见于《宋大诏令集》卷214《赐陕西河东经略使司诏》和《范太史集》卷40《检校司空左武卫上将军郭公墓志铭》,西夏使臣都记作"都啰重进"。

都罗:《宋史》卷486《夏国传下》记载:"既而进誓表,乞班誓诏,及请以安远、塞门二砦易绥州。初,朝议欲官爵夏之首领,计分其势,郭逵以为彼必不受诏,且彼既恭顺,宜布以大信,不当诱之以利。秉常果不奉诏，遣都罗重进来言……于是前议遂罢。乃赐誓诏，而绥州待得二砦乃还。夏主受册而二砦不归，且欲先得绥州，遣罔萌讹以誓诏来言"。

此处内容与《宋大诏令集》卷235《赐夏国主不还绥州诏》都是对西夏"不还绥州"这一事件的记载，两处西夏议事臣分别记为"都啰重进""都罗重进"，应为同一人，"都啰"又写作"都罗"。

另外，《元刊梦溪笔谈》卷25又有："梁氏自主国事……存者三人……次曰都罗马尾……唯马尾粗有战功"。

熙宁四年相当于西夏秉常天赐礼盛国庆二年，正值梁氏当政时期。另外，"马尾粗有战功"亦与"敌帅都啰马尾"相符。所以，此"都罗马尾"当为《长编》卷219熙宁四年正月己丑条所记"都啰马尾"，"都啰"即"都罗"。

元昊有妃"都罗氏"。《长编》卷162庆历八年正月辛未条记载："曩霄凡七娶……三曰都罗氏"。《东都事略》中记载与此相同。

投宋蕃部中亦有"都啰"人名。

《长编》卷495元符元年三月庚申条记载："泾原路经略使章楶言：'归顺部落子都啰漫丁称，西贼点集大兵，已到没烟峡口。虑旦暮入寇，难以枝梧，已牒环庆、秦凤经略使依先降朝旨策应，乞更赐指挥。'诏：'逐路经略司候见泾原路关报，立选将佐人马前去策应，毋致阙事。其余合牵制路分，亦令照会。仍令泾原路经略司密切审问都啰丁等投汉情实闻奏。'"《长编》卷496元符元年三月癸酉条记载："泾原路经略使章楶言投来部落子都啰漫丁、都罗漫娘昌并为三班奉职，优给路费，伴押赴阙。"《长编》卷498元符元年五月丙子条记载："枢密院言，蕃官三班奉职都啰漫丁等乞改赐姓名。诏并赐都啰漫丁名怀顺，都啰漫娘昌名怀忠"。

从以上材料中可以看出，"都啰"与"都罗"可在上下文中互换运用，"都啰"即"都罗"。

都勒：影印本《长编》卷219将"都啰马尾"记为"都勒马斡"。

多拉：影印本《长编》卷162将曩霄妃记为"多拉氏"。

《西夏姓氏录》和《西夏书·官氏考》中均收录"都罗"。

谋宁　又作穆纳。

谋宁：《金史》卷61《交聘表中》记载："（世宗大定二十一年）正月戊申朔，夏遣武功大夫谋宁好德、宣德郎郝处俊贺正旦。"卷62《交聘表下》记载："泰和六年十二月乙丑，夏御史大夫谋宁光祖、翰林学士张公甫封册。"

穆纳：《长编》卷491哲宗绍圣四年九月丙辰条记载："熙河兰岷路经略司奏西界归附带牌天使穆纳僧格，法当补内殿崇班。诏穆纳僧格为系降敕榜后率先归顺首领，特与礼宾副使，充兰州部落子巡检，仍赐金带银器。"

《广韵》中，"谋""穆"皆为明母字，"宁""纳"皆为泥母字。再者，《续通志·氏族略》将"谋宁"记为"穆纳"，即"穆纳氏，夏武功大夫穆纳好德、御史大夫穆纳光祖"。《续通志·氏族略》与影印本《长编》同出自清四库馆臣之手，据此可知，《长编》卷491中"穆纳僧格"当为"谋宁僧格"之改译，标点本中"穆纳"为回改不尽所致，"穆纳"与"谋宁"相对应。

《西夏姓氏录》和《西夏书·官氏考》中均收录"谋宁氏"。

野利 又作野力、拽利、迤逦、易里、昌里、夜利、叶勒。

野利：《长编》卷162仁宗庆历八年正月辛未条记载："曩霄凡七娶……五曰野利氏，遇乞从女也，颀长，有智谋，曩霄畏之，戴金起云冠，令他人不得冠。……后复纳没移皆山女，营天都山以居之。野利之族宣言，吾女嫁二十年，止故居，而得没移女，乃为修内。曩霄怒。……曩霄遂族遇乞、刚浪凌、城逋等三家。既而野利氏诉，我兄弟无罪见杀，曩霄悔恨，下令访遗口，得遇乞妻阎于三香家。后与之私通，野利氏觉之，不忍诛，遇乞妻乃出为尼，号没藏大师。"

有关曩霄娶野利氏女及诛野利族事件，《隆平集·夷狄传》及《东都事略·西夏传》中的记载与《长编》基本相同，人名译法一致。

野力：《宋史》卷485《夏国传上》记载："元昊凡五娶……三曰宪成皇后野力氏"。

"野力"即《长编》中的"野利"。

拽利：《宋朝事实类苑》卷75记载："赵元昊晚年嬖一尼，拽利氏宠浸衰……拓跋亮之母本拽利之妻，曩霄通焉，有娠矣，拽利谋杀曩霄不克，曩霄杀之，灭其族，妻削发为尼而生谅祚。"

与元昊通且生谅祚者，《宋朝事实类苑》记为"本拽利之妻"，《长编》卷162记为"野利遇乞之妻"，"拽利"即"野利"。

迤逦：《长编》卷145仁宗庆历三年十一月乙酉条记载："陕西宣抚副使田况言：自冬初，诸路得谍者，皆声言西界迤逦遇乞、刚浪嵬等诸腹心谋叛贼，事觉被诛，国中大乱。"

"迤逦遇乞"即《长编》卷162之"野利遇乞"，"迤逦"与"野利"为同音异写。

易里：《长编》卷122仁宗宝元元年十月甲戌条记载："赵元昊筑坛受册，僭号大夏始文英武兴法建礼仁孝皇帝，改大庆二年曰天授礼法延祚元年，遣潘也布易里马乞点兵集蓬子山，自诣西凉府祠神，仍遣使以僭号来告。"

昌里：《宋史》卷485《夏国传上》记载："宋宝元元年，表遣使诣五台山供佛宝，欲窥河东道路。与诸豪歃血约先攻鄜延，欲自德靖、塞门砦、赤城路三道并入，遂筑坛受册，即皇帝位，时年三十。遣潘七布、昌里马乞点兵集蓬子山，自诣西凉府祠神。"

据彭向前考证，"易里"为"野利"的同音异写，"昌里"为"易里"之误。[1]

夜利：英藏Or.8212/727 K.K.Ⅱ.0253（a）《西夏天庆年间裴松寿典麦契》中有"立文人夜利那征"（斯1·198）；英藏Or.8212/727 K.K.Ⅱ.0253［a］《西夏天庆十一年典麦契》中有"立文人夜利那征布"（斯1·200）；N42·011［M2E：21］西夏陵残碑中有"夜利□□"（中19·220）。

图4　英藏Or.8212/727 K.K.Ⅱ.0253（a）《西夏天庆年间裴松寿典麦契》

《广韵》中，"野"羊者假开三上马以，"夜"羊谢假开三去祃以，两者音韵地位基本一致，当为同音字。

---

① 彭向前：《党项西夏专名汇考》（书稿），教育部人文社科重点研究基地重大项目。

图5 N42·011 ［M2E：21］
《西夏陵残碑》，（中19·220）

另外，西夏陵残碑中出现的"夜利□□"，疑为"夜利仁荣"，即《宋史》中的"野利仁荣"，"夜利"即"野利"。

史料中还有德明母"野利氏"①"野利仁荣"②"野利旺荣"③"野利遇乞"④"野利刚浪㞷"⑤ 等诸多野利氏人名。

伊里：影印本《长编》卷122 相应处作"伊里"。

叶勒：影印本《长编》卷162 相应处作"叶勒"。

《续通志·氏族略》作"叶里氏"。"夏主李继迁母叶里氏、夏主元昊妃叶里氏、又叶里仁荣主蕃学制夏国文字"。

《西夏姓氏录》中分别收录"叶里""野利"。

《西夏书·官氏考》中收录"野利"，其下注："唐芳池州都督府野利氏部落，又宜定州有野利州，唐有野利景庭、野利景刚附郭子仪"。

野蒲 又作也蒲。

野蒲：《元史》卷132《昂吉儿传》记载："昂吉儿，张掖人，姓野蒲氏，世为西夏将家。岁辛巳，父甘卜率所部归太祖，以其军隶蒙古军籍，仍以甘卜为千户主之。从木华黎出征，病卒"。

也蒲：《元史》卷123《也蒲甘卜传》记载："也蒲甘卜，唐兀氏。岁辛巳，率众归太祖，隶蒙古军籍。奉旨同所管河西人，从木华黎出征，以疾卒"。

---

① （元）脱脱：《宋史》卷485《夏国传上》，中华书局，1985，第13989 页。
② （元）脱脱：《宋史》卷485《夏国传上》，中华书局，1985，第13994、13995 页；卷486《夏国传下》，中华书局，1985，第14025 页。
③ （元）脱脱：《宋史》卷11《庞籍传》，中华书局，1985，第10200 页；卷485《夏国传上》，中华书局，1985，第13998 页。
④ （元）脱脱：《宋史》卷335《种世衡传》，中华书局，1985，第10743 页。
⑤ （元）脱脱：《宋史》卷335《种世衡传》，中华书局，1985，第10743 页。

"也蒲甘卜"即"昂吉儿"之父"野蒲甘卜","也蒲"与"野蒲"为同音异译。

麻女　又作麻也、麻七，疑与麻㐌对应。

麻女：《长编》卷 316 神宗元丰四年九月庚戌条记载："种谔攻围米脂寨……擒其将都按官麻女阤多革等七人"。《长编》卷 318 神宗元丰四年十月丙寅："种谔言：'捕获西界伪枢密院都案官麻女吃多革，熟知兴、灵等州道路、粮窖处所，及十二监军司所管兵数。已补借职，军前驱使'"。

从时间及"种谔""都案官"等信息看，"麻女阤多革"即"麻女吃多革"。

麻也：《长编》卷 318 神宗元丰四年十月丙子条记载，种谔言："蕃官三班差使麻也讹赏等，十月丙寅于西界德靖镇七里平山上，得西人谷窖大小百余所，约八万石，拨与转运司及河东转运司。"

麻七：《长编》卷 319 神宗元丰四年十一月甲申条记载，种谔言："蕃官借职刘良保、麻七讹赏二人为军向导，自绥德城出横山至夏州，水草丰足，及差使高福进指发官私窖谷，军粮充备，已补右班殿直。"

同为种谔上言，"德靖镇"与"绥德城横山"在地理上亦相符，故为军向导的"麻也讹赏"与"麻七讹赏"当为同一人，"麻也"与"麻七"为同姓异译。

另外，《长编》卷 318 元丰四年十月丙子条种谔言"麻也讹赏"得"西人谷窖"及卷 319 元丰四年十一月甲申条"蕃官借职刘良保、麻七讹赏"为向导，指发西夏官私窖谷，又与卷 318 神宗元丰四年十月丙寅条所记"麻女吃多革"在官职及事件上都相符，所以，"麻七讹赏"即"麻女吃多革"，其中的"麻女""麻七""麻也"字形相近。

又有麻㐌：俄 Дx2822《杂字·番姓名》中第 38 个姓氏（俄 6·138）。

《榆林府志》卷 47《折武恭克行神道碑阴》有："麻㐌族皇城使……"姓氏出自族名。

《长编》卷 510 哲宗元符二年五月乙卯条记载，河东经略司言："靖化堡麻也族蕃官移舜元是衙头背鬼，投汉累为乡道，致获全胜。近随折可大讨荡，夺渡过河，率先立功，乞给与驿券。"

"麻也族"所在"靖化堡"为府州堡寨，地理上与"麻乜"相符，疑为同一部族，"麻也"为"麻乜"之误。

所以，疑"麻女""麻七""麻也"与"麻也族"为"麻乜族"之误类似，亦可能为姓氏"麻乜"之形近讹字。

赏啰 又作赏罗。

赏啰：《长编》卷513哲宗元符二年七月甲子条记载，环庆路经略司言："知环州种朴领兵至赤羊川，收接到赏啰讹乞家属共一百五十余口，孳畜五千。夏贼千余骑来追，与战，生擒监军讹勃啰并首领泪丁讹裕。"

《宋史》卷486《夏国传下》的记载与此相同。

赏罗：《宋会要》兵8之35记载，环庆路经略司言："知环州种朴领兵至赤羊川，收接到赏罗讹乞家属共一百五十余口，孳畜五千。夏贼千余骑来追"。

内容与《长编》卷513相同，"赏罗"即"赏啰"。

又有尚罗族。《宋史》卷290《狄青传》记载："略宥州，屠庞咩、毛奴、尚罗、庆七、家口等族，收其帐二千三百，生口五千七"。《华阳集》卷35《狄青神道碑》的记载与此相同。

"赏罗"与"尚罗"同音，疑姓氏"尚罗"出自"尚罗"族。

《续通志·氏族略》作"赏罗氏"，"赏罗氏，宋环州种朴获夏赏罗鄂齐尔家属"。

影印本《长编》卷513相应处作"尚罗格依"。

二 西夏番姓夏汉勘同

西夏文姓氏是西夏姓氏的重要组成部分，对研究西夏社会、历史有着重要的意义。但文献中的西夏文姓氏绝大多数仅以词目形式出现，相关信息较少，这一点又让研究者不无遗憾。现在学者虽已对大多数姓氏进行了释译，提供了汉译，但这些汉译除了让读者多看到两汉字外，对姓氏的理解基本上无多大帮助。孙伯君女士的《西夏番姓译正》一文中提出"番姓夏汉勘同"，即为汉文《杂字·番姓名》中的姓氏与西夏文姓氏建立对应关系，利用汉文《杂字·番姓名》中的译法来规范西夏文译法，以解决长期以来汉文资料与西夏文资料互不相关的问题。本书在此基础上，在汉文史料中继续寻找西夏文姓氏的对应译法，尝试用宋夏时期的写法来代替今天学界依音给字的标音式译法。

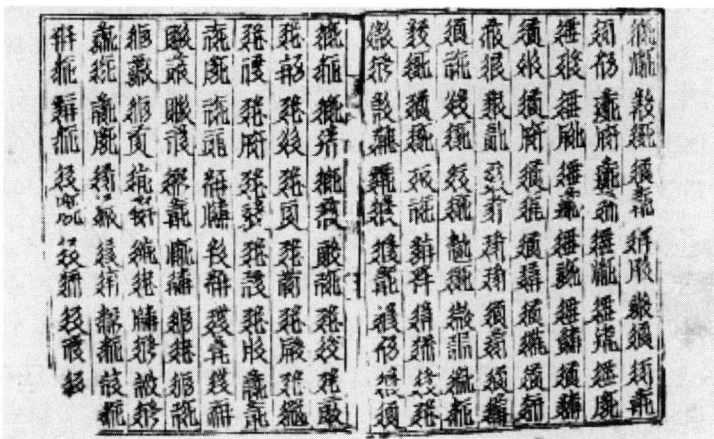

图 6　俄 Инв. No. 210、6340《杂字·番姓名》（俄 10·48）

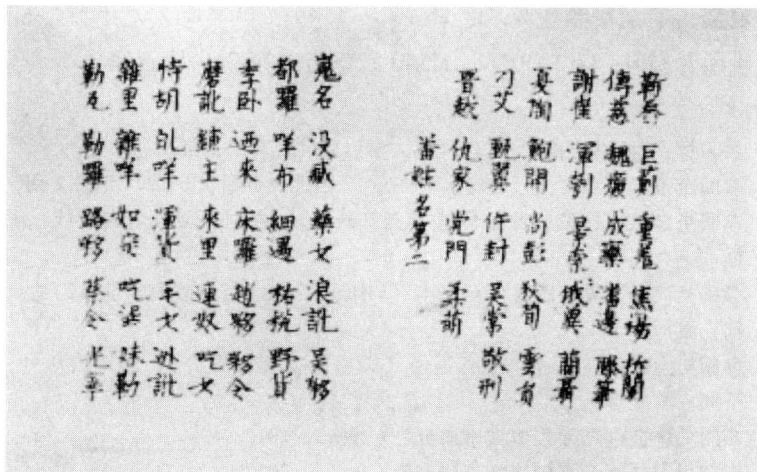

图 7　俄 Дx2822《杂字·番姓名》（中 6·138）

嵬名 [illegible]

嵬名，西夏汉文《杂字·番姓名》中第1个姓氏，西夏帝君姓，宋元史料中西夏王室姓，又作威明、乌密、吾密、於弥、嵬茗、嵬多、嵬咩、威名等。《西夏史稿》中指出：“‘嵬名’，西夏文[illegible]的音译”①。

[illegible]，俄 Инв. No. 210、6340《杂字·番姓名》中第1个姓氏（俄10·48）②；俄 Инв. No. 211、212、213《文海》中有[illegible]、[illegible]、[illegible]、[illegible]、[illegible]（俄7·128）③；俄 Инв. No. 741《新集碎金置掌文》有[illegible]、[illegible]、[illegible]、[illegible]（俄10·109）④；俄 Инв. No. 207《音同》中有[illegible]（俄7·29）；俄 Инв. No. 2539《义同》中有[illegible]（俄10·75）；俄 Инв. No. 2570、4187《天盛改旧新定律令·颁律表》中有[illegible]、[illegible]□、[illegible]、[illegible]、[illegible]□□、[illegible]、[illegible]（俄8·47）⑤；中 M21·151［F1：W60/0060］《僧人名单》中有[illegible]（中17·251）；俄 Инв. No. 4199《西夏天庆丙辰年六月十六日梁□□□卖地房契》中有[illegible]□[illegible]⑥；俄 Инв. No. 5124—2（2—1）《天庆虎年正月二十四日邱娱犬卖地契》中有[illegible]⑦；俄 Инв. No. 5124—2（2—2）（5、6）《天庆虎年卖畜契》中有[illegible]⑧；俄 Инв. No. 5124—3（8—3）《虎年正月二十九日苏老房势等包租地契》有[illegible]⑨；俄 Инв. No. 5949－30《应天龙年典牲畜地契》中有[illegible]⑩；G12·016［M340］莫高窟第340号石窟中有[illegible]

① 吴天墀：《西夏史稿》，广西师范大学出版社，2006，第26页。

② 参阅李范文《西夏文〈杂字〉研究》，《西北民族研究》1997年第2期，下同。

③ 参阅史金波，白滨，黄振华著《文海研究》，中国社会科学出版社，1983，下同。

④ 参阅聂鸿音、史金波《西夏文本〈碎金〉研究》，《宁夏大学学报》1995年第2期，下同。

⑤ 参阅史金波、聂鸿音、白滨等译《天盛改旧新定律令》，法律出版社，2000，下同。

⑥ 参阅史金波《西夏经济文书研究》（书稿），2012。

⑦ 参阅史金波《西夏经济文书研究》（书稿），2012。

⑧ 参阅史金波《西夏经济文书研究》（书稿），2012。

⑨ 参阅史金波《西夏经济文书研究》（书稿），2012。

⑩ 参阅史金波《西夏经济文书研究》（书稿），2012。

（中 18·216）①；G12·036［Y3（1）］安西榆林第 3 石窟中有▢▢▢▢（中 18·237）；B11·047［3.15］《现在劫千佛名经》中有▢▢▢▢（中 5·187）②；西夏官印中有▢▢▢▢▢（官 13）③、▢▢▢▢▢（官 34）、▢▢▢▢（官 35）、▢▢▢▢▢▢（官 64）、▢▢▢▢▢▢（官 84）等。

▢▢，西夏王室姓，其具体含义见于《文海》，解释为"帝君之族姓是"④。莫高窟夏汉合璧题记中有▢▢▢▢▢▢，其中▢▢▢▢与"嵬名智海"相对应，▢▢即"嵬名"。

另外，《文海》▢条下，又释▢▢即▢▢，故▢▢应该与▢▢一样，也是西夏帝君之姓，只是▢▢、▢▢与"嵬名"究竟是何关系，现史学界尚未给出确定的说法。

卫慕　▢▢

卫慕，宋代史料中又记作"米母"，与西夏文▢▢对应。

▢▢，俄 Инв. No. 210、6340《杂字·番姓名》中第 69 个姓氏（俄 10·48）；俄 Инв. No. 741《新集碎金置掌文》（俄 10·109）、俄 Инв. No. 211、212、213《文海》（俄 7·122）、俄 Инв. No. 2539《义同》（俄 10·75）中均收录。

▢，《音同》《文海》归轻唇音上声第 9 品韵。在《番汉合时掌中珠》⑤（甲种本）中为汉字"未""荛""惟""谓"等对音。《类林》中与▢对音的汉字有"韦""尉""微"等⑥。《广韵》中"卫"于岁蟹合三去祭云，

---

① 此文献皆参阅史金波、白滨《莫高窟榆林窟西夏文题记研究》，《考古学报》1982 年第 3 期，下同。
② 此文献皆参阅史金波：《〈西夏译经图〉解》，《文献》1979 年第 1 期。
③ 此文献参阅史金波《西夏官印姓氏考》，《中国民族古文字》第 2 辑，天津古籍出版社，1993，下同。
④ 史金波、白滨、黄振华：《文海研究》，中国社会科学出版社，1983，第 416 页。
⑤ 《番汉合时掌中珠》，《俄藏黑水城文献》第 10 册，编号"俄 Инв. No. 214、215、216、217、218、685、4777"甲种本、乙种本，下同，不再作注。
⑥ 龚煌城：《〈类林〉西夏文译本汉夏对音字研究》，载李范文主编《西夏研究》第 8 期，中国社会科学出版社，2008，第 455 页。

与“未”“苇”等同音，所以，“卫”在语音上与𗁾相通。

𗣼，《音同》《文海》归重唇音平声第1品韵。𗣴，《音同》中亦归重唇音平声第1品韵，且与𗣼在同一小类，所以，𗣼、𗣴两者声韵相同。𗣴在《番汉合时掌中珠》中用汉字“谋”注音。所以，𗣼也可音译为“谋”。《广韵》中，“慕”“谋”同为明母字，两者读音相近，𗣼在语音上与“慕”亦相通。

𗁾𗣼，《西夏文〈杂字〉研究》译为“卫慕”，《西夏文本〈碎金〉研究》《文海研究》均译为“未谋”。通过以上考述，𗁾𗣼在语音上与汉文史料中的“卫慕”相通，是“卫慕”的西夏文写法，因此，𗁾𗣼应译为“卫慕”。

据前文考证，𗁾𗣼在汉文史料中又作“米母”。在中古音中，“米”，莫礼蟹开四上齐明，为唇音明母字，依据现有语音知识判断，“米母”与𗁾𗣼在读音并不相通。那么，“米母”的译法出现在宋代成书的《东都事略》《隆平集》及《长编》中，是如彭向前先生所言为“未”之讹，还是由于西北方音中的其他一些因素？这一点留待以后研究。

韦移 𗢍𗣩

G32·001《凉州重修护国寺感通塔碑》中有“石匠人员韦移移崖”（中18·91）。碑文中“移崖”字号较小，居于“韦移”之后，以别姓名。

G32·001《凉州重修护国寺感通塔碑》西夏文碑铭中有𗢍𗣩𗢔𗣚（中18·89）。

𗢍，《音同》《文海》归轻唇音平声第67品韵。𗢔，《音同》《文海》亦归轻唇音平声第67品韵，且与𗢍在同一小类，𗢔、𗢍为同音字；𗢔在《番汉合时掌中珠》中用“韦”注音，故𗢍可音译为“韦”。

𗣩，《音同》中归来日音平声第67品韵，在《番汉合时掌中珠》中用汉字“嗟合”注音。《广韵》中，“移”弋支止开三平支故以，属喉音喻母，音 jīe，其前加口字旁，表示邪母 z-，而大量的邪母字在《音同》中又被置于来日音中①，所以，“嗟”音 z-，为𗣩之汉语音译字。

---

① 龚煌城：《西夏韵书〈同音〉第九类声母的拟测》，载李范文主编《西夏研究》第8期，中国社会科学出版社，2008，第17～25页。

□，《音同》《文海》归来日音平声第 11 品韵，在《番汉合时掌中珠》中注音为"嗲"。

□，《音同》《文海》归喉音平声第 9 品韵，为喉音独字类。

从以上语音分析看，□□□□与"韦移移崖"相通。

再者，汉文碑铭中"韦移移崖"的身份为"石匠"，与□□□□的身份□□□□（雕石头监）相符，且"韦移移崖"与□□□□的书写格式皆是后两字小一号。所以，□□□□当与汉文碑铭中的"韦移移崖"对应，"□□"与"韦移"对应，是一组夏汉对音的西夏番姓。

令介　□□

令介，见于《凉州重修护国寺感通塔碑》，汉文史料中又作凌吉、陵结、凌结等。与西夏文□□对应。

□□，俄 Инв. No. 210、6340《杂字·番姓名》中第 23 个姓氏（俄 10·48），俄 Инв. No. 741《新集碎金置掌文》中亦收录（俄 10·109）；G21·003《天庆虎年会款单》中有□□□□（中 16·257）；G32·001《凉州重修护国寺感通塔碑》中有□□□□（中 18·89）。

《凉州重修护国寺感通塔碑》为夏汉合璧碑文，西夏文碑铭中的□□，与汉文碑铭中的"令介"对应。其中，□，《音同》《文海》归来日音上声第 54 品韵，"令"为来母字，□之汉语音译字。

□，《音同》《文海》归牙音上声第 31 品韵，"介"为见母字，□之汉语音译字。

□□，《西夏文〈杂字〉研究》译为"吟介"，《〈甘肃武威发现的西夏文考释〉质疑》译为"令介"①。可统一译为"令介"。

□□、"令介"相互对应。

令咩

"令咩"，俄 Дх2822《杂字·番姓名》中第 43 个姓氏（俄 6·138），

---

① 史金波：《〈甘肃武威发现的西夏文考释〉质疑》，《考古》1974 年第 6 期，下同。

《西夏番姓译正》考证"令咩"与西夏文𘝞𗂧勘同①。

𘝞𗂧，俄 Инв. No. 210、6340《杂字·番姓名》中第 20 个姓氏（俄10·48）。

𘝞，夏汉对音资料见"令介"条，与汉字"令"对音。

𗂧，《音同》《文海》归重唇音去声第 33 品韵；在《番汉合时掌中珠》中用"命"前加口字旁注音。汉字前加口字旁表示所注西夏语为明母。中古音中，"命"，眉病梗开三去映明，"咩"，"母婢切，上纸明"。在西北方音中－ŋ韵尾失落，"命"读音同"咩"，所以，"咩"也可能用来为𗂧注音。

《西夏番姓译正》考证不误。

𘝞𗂧，《西夏文〈杂字〉研究》音译为"吟㖹"，可音译为"令咩"。

𘝞𗂧、"令咩"相互对应。

冬至 𗹥𘇓

冬至，《长编》卷 339 神宗元丰六年九月丁卯条记载，鄜延路经略司奏："据顺宁寨言：'西界把口小首领冬至讹，指说环庆路兵入西界，杀两流人马。'"

《长编》标点本将"冬至讹"断为"冬至，讹"，"冬至"易被理解为"冬天到来"或节气。

此条内容为元丰六年九月经略司上奏，所以，西界把口小首领到达之时应当在九月之前；再者，该条后又记鄜延路上言，"兼八月后，本路累以巡防探事为名，遣兵出界，各有斩获，并夺到孳畜"。所言之事，正好与把口小首领"指说"的"环庆路兵入西界，杀人马之事"相符，所以，把口小首领"冬至"显然有误。

此句的正确标点应为"西界把口小首领冬至讹指说，环庆路兵入西界，杀两流人马。"

其中"冬至"为西夏番姓，"讹"为人名。"讹"为西夏人名中常用字，"冬至"与西夏文𗹥𘇓对应。

---

① 孙伯君：《西夏番姓译正》，《民族研究》2009 年第 5 期，下同。

𗼻，《音同》《文海》归舌头音平声第 96 品韵，在《番汉合时掌中珠》中是"春夏秋冬"之"冬"的西夏语音译字。

𘊁，《音同》《文海》归正齿音上声第 9 品韵，《番汉合时掌中珠》中与"止""纸""枝""旨""指""知""智""脂""蜘""鸥"等汉字对音。

又据《文海研究》考释，𗼻𘊁在《文海》93·131 𗼻下释为汉语中"冬至"之借词①，所以，𗼻𘊁在语音上同汉文中的"冬至"相通。

又，𗼻𘊁被列于俄 Инв. No. 2539《义同·尊敬篇》（俄 10·76）中，《义同·尊敬篇》前部分收录的是西夏宗族姓氏，𗼻𘊁被置于此，表明其为一姓氏。

所以，𗼻𘊁为西夏番姓，且在语音上与汉文史料中的番姓"冬至"同，𗼻𘊁、"冬至"相互对应。

宁浪 𘊁𗝱

宁浪，《金石萃编》卷 147《折克行神道碑》："击宁浪□□□□□于吐浑河，分追□将分□，为深入□□之状，贼疑，不敢动。"

宁浪，西夏姓氏，与西夏文𘊁𗝱对应。

𘊁𗝱，俄 Инв. No. 210、6340《杂字·番姓名》中第 150 个姓氏（俄 10·49）；N21.012［F028］西夏文写本《经咒》中有𘊁𗝱𗹦𗔜𗐱（中 15·130）。

𘊁，《音同》《文海》归舌头音上声第 33 品韵，在《番汉合时掌中珠》中用"年""念"注音。"宁"在西北方音中韵尾脱落，读音同"年"；另外，《佛母大孔雀明王经夏梵藏汉合璧校释》中用𗹦𗔜𘊁对译"建左宁"②，𘊁与"宁"对音。所以，"宁"在语音上亦同𘊁相通。

𗝱，《音同》《文海》归来日音上声第 47 品韵，在《番汉合时掌中珠》中用汉字"郎""浪"注音。

所以，𘊁𗝱，在语音上与汉文史料中的"宁浪"同，𘊁𗝱、"宁浪"相

---

① 史金波、白滨、黄振华：《文海研究》，中国社会科学出版社，1983，第 531 页。

② 王静如：《佛母大孔雀明王经夏梵藏汉合璧校释》，载李范文主编《西夏研究》第 5 辑，中国社会科学出版社，2007。

互对应。"𗼲𗇢",《西夏文〈杂字〉研究》译为"宁浪"。

光宁　𗼲𗇢

光宁,俄 Дх2822《杂字·番姓名》中第 35 个姓氏（俄 6·138）,《西夏番姓译正》考"光宁"与西夏文𗼲𗇢勘同。

𗼲𗇢,俄 Инв. No. 210、6340《杂字·番姓名》中第 104 个姓氏（俄 10·49）。

𗼲,《音同》《文海》归牙音平声第 49 品韵。𗼲、𗼲,《音同》《文海》亦归平声第 49 品韵,且与𗼲在同一小类,𗼲、𗼲、𗼲声韵相同。𗼲、𗼲在《番汉合时掌中珠》中均注音为"果",所以,𗼲也可音译为"果"。据《广韵》,"光""果"音韵地位分别为:古黄宕合一平唐见,古米果合一上果见。西北方音中,韵尾－ŋ失落,"光"读音同"果";另外,夏译《孙子兵法》中用𗼲来对音"光武帝"之"光"①,所以,𗼲在语音上同"光"相通。

𗇢,夏汉对音资料见于"宁浪"条,可译为"宁"。

依以上夏汉对音资料,《西夏番姓译正》考证不误。

𗼲𗇢,《西夏文〈杂字〉研究》译为"果宁",可统一译为"光宁"。

另外,《西夏官印姓氏考》一文指出𗼲𗇢即𗼲𗇢,其中𗼲为𗼲的代替字,译为"果年"。

𗼲𗇢、"光宁"相互对应。

吃堲　𗣼𗣼

吃堲,俄 Дх2822《杂字·番姓名》中第 29 个姓氏（俄 6·138）,其中"堲"即"泥",与西夏文𗣼𗣼对应。

𗣼𗣼,俄 Инв. No. 211、212、213《文海》（俄 7·143）中收录。

𗣼,《音同》《文海》归牙音上声第 7 品韵,在《番汉合时掌中珠》中为"茄""馨""檠""枷""轻"等汉字注音。据《广韵》,"吃"苦击梗开四入锡溪,在语音上与𗣼也相通。

---

① 林英津:《夏译〈孙子兵法〉研究》,中研院史语所单刊之 28,1994。

□，《音同》《文海》归舌头音上声第 60 品韵。□，《音同》《文海》亦归舌头音上声第 60 品韵，且两者在同一小类，□、□声韵相同。□，在《番汉合时掌中珠》中用汉字"泥""溺"注音，所以，□与"泥"在语音上相通。

□□，《文海研究》中译为"契狄"，可改译为"吃堲"。

□□、"吃堲"相互对应。

"吃堲"，《西夏番姓译正》将其勘同于□□。□□见于俄 Инв. No. 2539《义同》第 6 页第 2 面第 6 行第 10、11 字，不见于其他文献。《义同》中姓氏编排并不严格，同一姓氏中的两个字经常分开而排，除非有其他资料验证，否则不能将排在一起的双字断定为一个姓氏，所以，"吃堲"与□□的对应关系，有待史料的进一步补充。

回纥　□□

回纥，俄 Дх2822《杂字·番姓名》中第 42 个姓氏（俄 6·138），《西夏番姓译正》考"回纥"与□□勘同。

□□，俄 Инв. No. 210、6340《杂字·番姓名》中第 44 个姓氏（俄 10·48）。

□，《音同》《文海》归轻唇音平声第 8 韵。□，《音同》《文海》亦归轻唇音平声第 8 韵，且与□在同一小类，□、□声韵相同。□，在《番汉合时掌中珠》中为汉字"违"注音。"回"蟹摄合一平灰韵匣母。西夏语中无音相当于"非敷奉"，汉语中的"非敷奉"合成 * f - 与"晓匣"（x - ）音，西夏均转为"晓"（x - ）。所以，□在语音上同"回"相通。

□，《音同》《文海》归喉音平声第 4 品韵，夏译《孙子兵法》分别用□□□、□□对译"吴国人""吴起"①，其中□与"吴"对应。据《广韵》，"吴"五乎遇合一平模疑，"纥"，"下没切，入没匣"。西北方音中疑母合一等字声母消失，读音同喉音，"吴""纥"读音相近。故□在语音上与"纥"亦相通。

据以上夏汉对音资料，《西夏番姓译正》考证不误。

---

① 林英津：《夏译〈孙子兵法〉研究》，中研院史语所单刊之 28，1994。

再者，俄 Инв. No. 211、212、213《文海》10·272 记载："𗼩，𗼩𘂁𗟲𗥃𗼩𗭼𗟲𗖵𗤁𗰖𘊐𘅎𗼩𗭼𘙡𗟭𘄄𗠁𘄄𗰖"（俄 7·137），《文海研究》将其释为："'吴'者族姓'吴'之谓；又亦回鹘之本根生出处也"。"回纥"为"回鹘"在唐中期以前的称号，"回鹘之本根生出处也"，当与"回纥"一词有一定的关系。

所以，𗭼𗼩与"回纥"对应。

𗭼𗼩，《西夏文〈杂字〉研究》译为"韦吴"，可改译为"回纥"。

如定 𗿷𗁁

如定，俄 Дx2822《杂字·番姓名》中第 28 个姓氏（俄 6·138）。《长编》卷 142 仁宗庆历三年七月乙酉条记载："元昊复遣吕你如定幸猺、寮黎岗聿嚷与邵良佐俱来，所要请凡十一事。"卷 145 仁宗庆历三年十一月辛卯条记载："昨如定等回。"《宋史》卷 485《夏国传上》记载："元昊亦遣如定聿捨、张延寿、杨守素继来。"

《西夏番姓译正》考"如定"与西夏文𗿷𗁁勘同。

𗿷𗁁，俄 Инв. No. 210、6340《杂字·番姓名》中第 105 个姓氏（俄 10·49），俄 Инв. No. 207《音同》（俄 7·6）、俄 Инв. No. 2539《义同》（俄 10·75）中均收录；西夏官印中有𗿷𗁁𗤒𘊊𘂁（官 47）。

𗿷，《音同》《文海》归来日音上声第 2 品韵，在《番汉合时掌中珠》中用"肉""弱""褥""如"等汉字注音。

𗁁，《音同》《文海》归舌头音上声第 33 品韵，在《番汉合时掌中珠》中用"铁""蝶""定""毡""听"等汉字注音。

依以上语音资料，《西夏番姓译正》考证不误。

𗿷𗁁，《西夏文〈杂字〉研究》《西夏官印姓氏考》中译为"如定"，《同音研究》中译为"茹定"，可统一译为"如定"。

𗿷𗁁、"如定"相互对应。

并尚 𗟲𗫂

并尚，俄 Дx2822《杂字·番姓名》中第 49 个姓氏（俄 6·138）。英藏 Or. 12380—3291（K. K. Ⅱ. 0238. 1. iv）《汉文杂物账》中有"并尚勒麻"

（英 4・88）。

《西夏番姓译正》考"并尚"与西夏文𗅁𗁀勘同。

𗅁𗁀，俄 Инв. No. 210、6340《杂字・番姓名》中第 115 个姓氏（俄 10・49）；俄 Инв. No. 6342—1《户籍帐》中有𗅁𗁀𗧓𗤁𗄈、𗅁𗁀𗨁𗤉𗧓𗎟①。俄 Инв. No. 4762—6《天庆虎年贷粮契》中有𗅁𗁀𗲴𗏁②。俄 Инв. No. 4199《西夏天庆丙辰年六月十六日梁善因熊鸣卖地房契》中有𗅁𗁀𗎝□□③。

𗅁，《音同》《文海》归重唇音平声第 36 品韵，在《番汉合时掌中珠》中注音为"平"。据《广韵》，"平""并"的音韵地位分别为：符兵梗开三平庚并，蒲迥梗开四上迥平。二者同为并母梗摄，属同音字。所以，𗅁在语音上与"并"亦相通。

𗁀，《音同》中归正齿音上声第 44 品韵，在《番汉合时掌中珠》中注音为"尚""赏"。

据以上夏汉对音资料，《西夏番姓译正》考证不误，"并尚"与𗅁𗁀对应。

𗅁𗁀，《西夏文〈杂字〉研究》译为"平尚"，可改译为"并尚"。

杂谋　𗊱𗤟

𗊱𗤟，见于 G12・005［M61（3）］莫高窟第 61 窟中第十一比丘旁的题记（中 18・207）。该题记为夏汉合璧式，"杂谋"与𗊱𗤟对应。

其中𗊱在《音同》中声韵不详。

𗤟，《音同》《文海》归重唇音平声第 65 品韵，在《番汉合时掌中珠》中注音为"墨"。"墨""谋"均为明母字，读音相同，"谋"为𗤟之汉语音译字。

由此可知，"杂"亦当为𗊱之汉语音译，"杂谋"，𗊱𗤟之汉语音译。

《西夏番姓译正》认为"杂咩"为"杂谋"之同音异译，并勘同于𗊱𗤟。杂咩，俄 Дх2822《杂字・番姓名》中第 27 个姓氏（俄 6・138），与"杂谋"

---

① 参阅史金波《西夏经济文书研究》（书稿），2012。

② 参阅史金波《西夏经济文书研究》（书稿），2012。

③ 参阅史金波《西夏经济文书研究》（书稿），2012。

是否为同一姓氏，暂存疑。

啰讹　　□□

啰讹，英藏 Or. 8212/727K. K. Ⅱ. 0253（a）《西夏天庆年间裴松寿典麦契》中有"啰讹乙令文"（斯 1·203）。《宋史》卷 486《夏国传下》记载："乾顺乃为出兵，遣文臣王枢、武臣啰讹等随之。"

"啰讹"，与西夏文□□对应。

□□，俄 Инв. No. 210、6340《杂字·番姓名》中第 42 个姓氏（俄 10·48），俄 Инв. No. 741《新集碎金置掌文》中收录（俄 10·110）；俄 Инв. No. 954《光定羊年谷物借文书》中有□□□□□□、□□□□□□①；俄 Инв. No. 6342—1《户籍帐》中有□□□□□□②；俄 Инв. No. 8203《户口手实》中有□□□□③、□□□□□④；俄 Инв. No. 4194《西夏天庆猴年卖地房契》中有□□□□□⑤；M21·151［F1：W60/0060］《僧人名单》中有□□□□（中 17·251）；俄 Инв. No. 2163 号佛经中有□□□□⑥；俄 Инв. No. 2546—2、3《天庆猪年卖畜契》中有□□□□□⑦。

□，《音同》《文海》归来日音上声第 60 品韵。□，《音同》《文海》归来日音平声第 67 品韵。西夏语中，平声第 67 品韵与上声第 60 品韵正好是一个循环，□、□声韵相同。

□，夏汉对音资料见于□□，可注音为"啰"，□也可音译为"啰"。

□，《音同》《文海》归喉音平声第 49 品韵。□，《音同》《文海》归喉音上声第 42 品韵。西夏语中，喉音平声第 49 品韵与喉音上声第 42 品韵正好是一个循环，□、□声韵相同。□在《番汉合时掌中珠》中用汉字"讹"

---

① 依松泽博《西夏文·谷物借贷文书私见——俄罗斯科学院东方学研究所列宁格勒分所藏 No. 954 再读》所附图版，《东洋史苑》第 46 号，1995。

② 参阅史金波《西夏经济文书研究》（书稿），2012。

③ 参阅史金波《西夏经济文书研究》（书稿），2012。

④ 参阅史金波《西夏经济文书研究》（书稿），2012。

⑤ 参阅史金波《西夏经济文书研究》（书稿），2012。

⑥ Е. И. Кычанов : Каталог тангутских буддийских памятников, Киото : Университет Киото, 1999, CTP. 206.

⑦ 参阅史金波《西夏经济文书研究》（书稿），2012。

对音，所以，𦀖可音译为"讹"。

综上所考，緩𦀖在语音上与"嗏讹"相通。

緩𦀖，《西夏文〈杂字〉研究》《西夏文本〈碎金〉研究》、松泽博《西夏文·谷物借贷文书私见——俄罗斯科学院东方学研究所列宁格勒分所藏 No.954 再读》中均译为"嗏讹"。

讹嗏　𦀖馠

讹嗏，俄 Дx2822《杂字·番姓名》中第 55 个姓氏（俄 6·138）。《金史》卷 61《交聘表中》记载："正月壬寅朔，夏武功大夫讹嗏德昌、宣德郎杨彦和等贺正旦。"

《续通志·氏族略》记载："额伊氏，夏武功大夫额伊德昌"。

《西夏姓氏录》和《西夏书·官氏考》中均收录讹嗏。

《西夏番姓译正》考"讹嗏"与西夏文𦀖馠勘同。

𦀖馠，俄 Инв. No.210、6340《杂字·番姓名》中第 64 个姓氏（俄 10·48），俄 Инв. No.5949—29《乾祐甲辰二十七年卖使军奴仆契》中有𦀖馠�andand①。

𦀖，夏汉对音资料见于"嗏讹"，可音译为"讹"。

馠，《音同》《文海》归来日音平声第 11 品韵，在《番汉合时掌中珠》中注音为"嗏"。

据以上夏汉对音资料，《西夏番姓译正》考证不误，𦀖馠是"讹嗏"的西夏文写法。

汉文史料中的"讹嗏"亦多出现在西夏人名当中。

《长编》卷 495 哲宗元符元年三月庚申条记载："西蕃大首领李讹嗏将妻男并人户约千人、牛羊孳畜等归附……收到李讹嗏手下投来共二千七十人，牛马羊驼四千五十……诏：'李讹嗏特除宥州刺史，充环庆沿边兼横山至宥州一带蕃部都巡检使。'"《儒林公议》记载："元昊既志在恢拓，数侵诸蕃境土，邻敌怨之。常选部下骁勇自卫，分为十队，队各有长。……八，李讹移岩名。"

---

① 参阅史金波《西夏经济文书研究》（书稿），2012。

讹留　𗴺𘞶

《金史》卷 61《交聘表中》记载："大定三年壬辰朔，夏武功大夫讹留元智……贺万春节。"

《西夏姓氏录》和《西夏书·官氏考》中均收录"讹留"。《续通志·氏族略》作"额鲁氏"，即"额鲁氏，夏武功大夫额鲁元智，又武功大夫额鲁世，殿前太尉额鲁绍甫、额鲁绍先"。

讹留，与西夏文𗴺𘞶对应。

𗴺𘞶，俄 Инв. No. 210、6340《杂字·番姓名》中第 58 个姓氏（俄10·48）；G21·003［15512］《天庆虎年会款单》中有𗴺𘞶𘝞𗁬𘜶（中16·257）。

𗴺见于"𗉼𗴺"，可音译为"讹"。

𘞶，《音同》《文海》归来日音上声第 40 品韵，在《番汉合时掌中珠》中与汉字"六"对音。

据《广韵》，"六"力通合三入屋来，"留"力求流开三平尤来，西北方音中韵尾 –k 失落，"六"读音同"留"。

所以，𗴺𘞶在语音上同"讹留"相通。

𗴺𘞶，《西夏文〈杂字〉研究》及《西夏姓氏和亲属称谓》均译为"讹六"，可改译为"讹留"。

讹啰　𘝞𗟲

讹啰，汉文史料中又作讹罗、卧落，与西夏文𘝞𗟲对应。

𘝞𗟲，俄 Инв. No. 210、6340《杂字·番姓名》中第 31 个姓氏（俄10·48）；G12·044［Y29（17）］榆林窟第 29 窟中有𘝞𗟲𗩱𗸳𗩙（中18·248）。

𘝞，《音同》《文海》归牙音平声第 31 品韵，在《番汉合时掌中珠》中注音为"鱼各"。"鱼各"为双字注音，"鱼"为反切上字。据《广韵》，"鱼""各"的音韵地位分别为：语居遇合三平鱼疑，古落宕开一入铎见，所以，𘝞可用铎韵疑母汉字注音。"讹"五禾果合一平戈疑，西北方音中 –k 韵尾消失，"鱼各"读音同"讹"，所以，"讹"在语音上与𘝞相通。

𗟲，《音同》《文海》归来日音平声第 80 品韵。《佛母大孔雀明王经夏梵藏汉合璧校释》中𘚍𗙫𗦇对译汉文"阿啰汉"[1]，𗙫与"啰"对应。"啰"
为𗙫之汉语注音。

据以上夏汉对音资料，𘚍𗙫、"讹啰"相互对应。

𘚍𗙫，《西夏文〈杂字〉研究》《莫高窟榆林窟西夏文题记翻译》中均
译为"讹啰"。

讹静　𗀔𗠁

讹静，英藏 Or. 8212/727K. K. Ⅱ. 0253（a）《西夏天庆年间裴松寿典麦
契》中有"知见人讹静□□"（斯 1·197）。

讹静，与西夏文𗀔𗠁对应。

𗀔𗠁，俄 Инв. No. 210、6340《杂字·番姓名》中第 59 个姓氏（俄
10·48）。俄 Инв. No. 2539《义同》卷尾有𗀔𗠁𗗙𗙫𗤋（俄 10·101）。

𗀔，夏汉对音资料见于"𗦤讹"条，可音译为"讹"。

𗠁，《音同》《文海》归齿头音上声第 37 品韵，在《番汉合时掌中
珠》中用"清""青""前""净""情"等汉字注音。据《广韵》，"静"
疾郢梗开三上静从，"情"疾盈梗开三平清从，"净"疾政梗开三去劲从。
"静"与"情""净"皆为从母梗摄，"静"也可以用来对译𗠁。

依以上夏汉对音资料，𗀔𗠁在语音上与𗀔𗠁通。

𗀔𗠁，《西夏文〈杂字〉研究》及《西夏姓氏和亲属称谓》中均译为
"讹七"，可改译为"讹静"。

讹藏　𘚍𗣿

讹藏，英藏 Or. 12380—3179（K. K.）《汉文马匹草料账册》中有："讹
藏嵬名"（英 4·34）。

《长编》卷 356 元丰八年五月丙辰条有"西界宥州正监军、伪驸马梺厥
嵬名"。既为驸马，则"嵬名"当为其妻姓，其本姓为"梺厥"。"讹藏嵬
名"格式同"梺厥嵬名"，为本姓加妻姓。"讹藏"，姓氏也。

---

[1]　王静如：《佛母大孔雀明王经夏梵藏汉合璧校释》，载李范文主编《西夏研究》
　　第 5 辑，中国社会科学出版社，2007。

讹藏，与西夏文中的𦍤𦋙对应。

𦍤𦋙，俄 Инв. No. 210、6340《杂字·番姓名》中第 3 个姓氏（俄 10·48）；俄 Инв. No. 3947《德行集》卷尾校印款题中有𦍤𦋙𦎟𦍠（俄 11·154）；俄 Инв. No. 6342—1《户籍帐》中有𦍤𦋙𦍟𦍧𦍢𦍮①。

𦍤，夏汉对音资料见于"讹啰"条，𦍤在语音上与"讹"相通。

𦋙，《音同》《文海》归齿头音平声第 54 品韵。𦋛、𦋜《音同》《文海》亦归齿头音平声第 54 品韵，且与𦋙在同一小类，所以，𦋙、𦋛、𦋜声韵相同。𦋛、𦋜，在《番汉合时掌中珠》中均用汉字"藏"注音，𦋙亦可音译为"藏"。

依以上夏汉对音资料，"讹藏"、𦍤𦋙相互对应。

𦍤𦋙，《西夏文〈杂字〉研究》译为"讹藏"。《西夏文〈德行集〉研究》译为"讹里"。依上文考述，𦍤𦋙在语音上与汉文中的"讹藏"相通。

吴嗲　𦐓𦐖

吴嗲，俄 Дх2822《杂字·番姓名》中第 32 个姓氏（俄 6·138），疑又作乌嗲、兀嗲。《西夏番姓译正》考，"吴嗲"与西夏文𦐓𦐖勘同。

𦐓𦐖，俄 Инв. No. 210、6340《杂字·番姓名》中第 2 个姓氏（俄 10·48）；故宫博物院藏 B32·002 西夏文铜牌中刻有人名𦐓𦐖𦏽𦏾（中 20·82）。

𦐓，《音同》《文海》归牙音平声第 5 品韵。莫高窟第 61 洞甬道北壁供养比丘第六身旁有夏汉合璧题名"助缘僧吴惠满像"与𦎟𦏿𦐃𦐓𦐉𦏼，其中"吴"与𦐓对应。《广韵》中，"吴"五乎遇合一平模疑，为𦐓之汉语音译字。

𦐖，夏汉对音资料见于𦐔𦐖，可注音为"嗲"。

据以上夏汉对音资料，𦐓𦐖、"吴嗲"相互对应，《西夏番姓译正》考证不误。

𦐓𦐖，《西夏文〈杂字〉研究》亦译为"吴嗲"。

来里　𦏚𦐝

来里，俄 Дх2822《杂字·番姓名》中第 18 个姓氏（俄 6·138），《西夏番姓译正》考，"来里"与西夏文𦏚𦐝勘同。

---

① 参阅史金波《西夏经济文书研究》（书稿），2012。

𘚷𗥼，俄 Инв. No. 210、6340《杂字·番姓名》中第 169 个姓氏（俄 10·49）。

𘚷，《音同》《文海》归来日音上声第 30 品韵，在《番汉合时掌中珠》中用汉字"来"对音。

𗥼，《音同》《文海》归来日音上声第 9 品韵。𗓽，《音同》《文海》亦归来日音上声第 9 品韵，且与𗥼在同一小类，𗥼、𗓽声韵相同。𗓽，在《番汉合时掌中珠》中用"李""吏""礼""里""历"等汉字对音，𗥼也可与这些汉字对音。

据以上夏汉对音资料，𘚷𗥼、"来里"相互对应。《西夏番姓译正》考证不误。

𘚷𗥼，《西夏文〈杂字〉研究》亦译为"来里"。

沙州　𗗧𗦲

沙州，英藏 Or. 12380—3291（K. K. Ⅱ. 0238. 1. iv）《汉文杂物账》中有人名"沙州皆"（英 4·88）。

从文书出土看，"沙州皆"为沙州人氏，姓氏"沙州"取自居地名。

沙州，与西夏文𗗧𗦲对应。

G12·043［Y25］安西榆林窟第 25 窟题记中有𗱕𗗧𗦲𗾦（中 18·242），𗗧𗦲位于人名当中。此人名格式同𗙏𗉦𘝶𗗔，𗙏、𗉦𘝶为两姓氏，所以，𗗧𗦲也可能是姓氏。

𗗧，《音同》《文海》归正齿音平声第 18 品韵，在《番汉合时掌珠》中用"沙""衫""纱""产"等汉字注音。

𗦲，《音同》《文海》归正齿音平声第 45 品韵，在《番汉合时掌中珠》中用汉字"州"注音。

又，莫高窟中有地名𗗧𗦲，与地名"沙州"对应①，"𗗧𗦲"既为地名，又为姓氏。

所以，𗗧𗦲与"沙州"在语音及含义上都相通，是具有夏汉对应关系的一组姓氏。

---

① 史金波、白滨：《莫高窟榆林窟西夏文题记研究》，《考古学报》1982 年第 3 期。

没嗲　□□

没嗲，又作没移，与西夏文□□对应。

□□，俄 Инв. No. 210、6340《杂字·番姓名》中第 128 个姓氏（俄 10·49）。

□，《音同》《文海》归重唇音上声第 25 品韵。□，《音同》中亦归重唇音上声第 25 品韵，且与□在同一小类，□、□声韵相同。□，在《番汉合时掌中珠》中用"没"注音，所以，□可音译为"没"。

□，《音同》《文海》归来日音平声第 11 品韵，在《番汉合时掌中珠》中注音为"嗲"。

依以上夏汉对音资料，□□、"没嗲"相互对应。

□□，《西夏文〈杂字〉研究》译为"莫嗲"，可改译为"没嗲"。

没细　□□

没细，汉文史料中又作穆齐，与西夏文□□对应。

俄 Инв. No. 121《宫廷诗集》中有□□□□（俄 10·312）；□□□□亦见于俄 Инв. No. 876《宫廷诗集》中（俄 10·314）；M21·151 ［F1：W60/0060］《僧人名单》中有□□□□（中 17·251）；俄 Инв. No. 1428 号佛经中有□□□□□□□□□[1]。

□，《音同》《文海》归重唇音平声第 27 品韵。□，《音同》中亦归重唇音平声第 27 品韵，且与□在同一小类，□、□声韵相同。□，在《番汉合时掌中珠》中注音为"。没"。"没"为明母字，其左下方加小圈，表示所注西夏字为平声音，与鼻音分化无关。据研究，绝大多数左下方加小圈的"没"都读作 m－[2]，所以，□音 mə，可与汉字"没"对译。

□，《音同》《文海》归齿头音上声第 10 品韵。□，《音同》《文海》亦归齿头音上声第 10 品韵，且与□在同一小类，□、□声韵相同。□，在

① Е. И. Кычанов：Каталог тангутских буддийских памятников　Киото：Университет Киото，1999，СТР. 250.

② 龚煌城：《十二世纪末汉语的西北方音（声母部分）》，载李范文主编《西夏研究》第 8 辑，中国社会科学出版社，2008，第 502 页。

《番汉合时掌中珠》中用汉字"息"注音，繧也可与"息"对音。

《广韵》中，"细"苏计蟹开四去齐心，"息"相即曾开三入职心。西北方音中韵尾－k消失，"细"与"息"同音。另外，夏译《孙子兵法》中贡掖慨绚繧绯对应汉文中的"郭伋又名细侯"①，其中的繧与"细"对音，所以，繧可以音译为"细"。

依以上夏汉对音资料，夊繧、"没细"相互对应。

夊繧，《西夏文〈天下共乐歌〉和〈劝世歌〉考释》中译为"没息"②，可改译为"没细"。

没啰　夊祂

没啰，汉文史料中又作没罗，与西夏文夊祂对应。

夊祂，俄 Инв. No. 5010《天盛二十二年卖地文契》中有夊祂㶼莇、夊祂飯祂、夊祂薇荆（俄14·2）③。俄 Инв. No. 4991—5《迁溜人口税帐》中有夊祂斁筳④。

夊，夏汉对音资料见于"没细"条，与汉字"没"对音。

祂，夏汉对音资料见于"讹啰"条，可音译为"啰"。

夊祂，《西夏〈天盛二十二年卖地文契〉考释》亦译为"没啰"⑤。

夊祂、"没啰"相互对应。

没赏　莸犈

没赏，俄 Инв. No. 2208 号《西夏乾祐十四年安推官文书》中有人名"知见人没赏"（俄6·300）。

---

① 林英津：《夏译〈孙子兵法〉研究》，中研院史语所单刊之28，1994。
② 聂鸿音：《西夏文〈天下共乐歌〉和〈劝世歌〉考释》，《宁夏社会科学》2000年第3期。
③ 参见黄振华《西夏天盛二十二年卖地文契考释》，《西夏史论文集》，宁夏人民出版社，1984。
④ 参阅史金波《西夏经济文书研究》（书稿），2012。
⑤ 黄振华：《西夏天盛二十二年卖地文契考释》，《西夏史论文集》，宁夏人民出版社，1984。

没赏，与西夏文 𘟣𗒹 对应。

𘟣𗒹，西夏文 B11·052《过去庄严劫千佛名经》发愿文中有 𘟣𗒹𘜶（中 6·59）。

𘟣，《音同》《文海》归重唇音平声第 27 品韵。𗟍、𘓻，《音同》中归重唇音上声第 25 品韵。西夏语中，平声第 27 品韵与上声第 25 品韵正好是一个循环，𘟣、𗟍、𘓻 声韵相同。𗟍、𘓻，在《番汉合时掌中珠》中皆用"没"注音，𘟣 在语音上亦与"没"相通。

𗒹，夏汉对音资料见于"并尚"条，可用"尚""赏"等汉字注音。

所以，𘟣𗒹 在语音上与汉文中的"没赏"相通，𘟣𗒹、"没赏"相互对应。

没臧　𗟍𗩾

没臧，俄 Дx2822《杂字·番姓名》中第 2 个姓氏（俄 6·138），宋代史料中记作没藏、兀臧、密藏。《西夏番姓译正》将"没臧"与西夏文 𗟍𗩾 勘同。

𗟍𗩾，俄 Инв. No. 210、6340《杂字·番姓名》中第 46 个姓氏（俄 10·48）；俄 Инв. No. 121《宫廷诗集》卷尾题款中有 𗟍𗩾（俄 10·312）。

𗟍，夏汉对音资料见于"没细"条，可音译为"没"。

𗩾，《音同》《文海》归齿头音平声第 54 品韵。𗴩、𗢍 两字亦为齿头音平声第 54 品韵，且与 𗩾 在同一小类，𗩾、𗴩、𗢍 声韵相同。𗴩、𗢍，在《番汉合时掌中珠》中用汉字"藏"注音，所以，𗩾 可音译为"藏"。

据以上夏汉对音资料，《西夏番姓译正》考证不误。

𗟍𗩾，《西夏文〈杂字〉研究》译为"没藏"。

· 芭里　𘝵𗆬

芭里，俄 Дx2822《杂字·番姓名》中第 40 个姓氏（俄 6·138），又作把里、把利。与西夏文 𘝵𗆬 对应。

𘝵𗆬，俄 Инв. No. 210、6340《杂字·番姓名》中第 168 个姓氏（俄 10·49），俄 Инв. No. 211、212、213《文海》（俄 7·132）、俄 Инв. No. 741《新集碎金置掌文》（俄 10·109）、俄 Инв. No. 2539《义同》（俄 10·75）中均收

录；俄 Инв. No. 2570、4187《天盛改旧新定律令·颁律表》中有𗱕𗏁𗦴𗟲（俄 8·48）。

𗱕，《音同》《文海》归重唇音平声第 18 品韵，在《番汉合时掌中珠》中用"帕""罢""琶"等汉字对音。《广韵》中，"芭"伯加假开二平麻帮，在语音上与𗱕相通。

𗏁，夏汉对音资料见于"来里"条，可音译为"里"。

依以上语音资料，𗱕𗏁，在语音上与汉文史料中的"芭里"相通。

𗱕𗏁，《西夏文〈杂字〉研究》《西夏文本〈碎金〉研究》《天盛改旧新定律令》《文海研究》中均译为"芭君"。可改译为"芭里"。

𗱕𗏁、"芭里"相互对应。

连奴　𗧇𗄛

连奴，俄 Дх2822《杂字·番姓名》中第 19 个姓氏（俄 6·138），又作连都。《西夏番姓译正》考"连奴"与西夏文𗧇𗄛勘同。

𗧇𗄛，俄 Инв. No. 210、6340《杂字·番姓名》中第 88 个姓氏（俄10·48），俄 Инв. No. 741《新集碎金置掌文》（俄 10·109）、俄 Инв. No. 207《音同》（俄 7·25）、俄 Инв. No. 2539《义同》（俄 10·75）中均收录。

𗧇，《音同》《文海》归来日音上声第 16 品韵。《佛母大孔雀明王经夏梵藏汉合璧校释》中用𗈈𗧇𗤎�𗧤对译"医罗叶龙王"[1]，其中𗧇与"罗"对应。"罗"，𗧇之汉语注音。据《广韵》，"罗"鲁何果开一平歌来，"连"力延山开三平仙来，"罗"和"连"读音相近。所以，𗧇与"连"在语音上也相通。

𗄛，《音同》《文海》归舌头音平声第 5 品韵，在《番汉合时掌中珠》中用汉字"怒"注音。

据以上夏汉对音资料，《西夏番姓译正》考证不误。

𗧇𗄛，《西夏文〈杂字〉研究》中译为"罗奴"，《西夏文本〈碎金〉研究》中译为"连奴"，《音同》中译为"拉度"，可统一译为"连奴"。

---

[1]　王静如：《佛母大孔雀明王经夏梵藏汉合璧校释》，载李范文主编《西夏研究》第 5 辑，中国社会科学出版社，2007。

卧 𗁅

卧，西夏姓氏，与西夏文𗁅对应。

G32·001《凉州重修护国寺感通塔碑》汉文碑铭中有："庆寺都大勾当卧则啰正兼顶真啰、外母啰正律晶赐绯僧卧屈皆"（中18·91）。

其中"屈皆"字号较小，居"卧"之后，以别姓名。

《金史》卷62《交聘表下》记载："泰和元年正月壬子朔，夏武节大夫卧德忠、宣德郎刘筠国贺正旦。"

𗁅，俄 Инв. No.207《音同》中释为族姓（俄7·50），俄 Инв. No.2570、4187《天盛改旧新定律令·颁律表》中有𗁅𗀤𗡪，后两字小号双行排列于𗁅下，表示𗁅为姓氏。

𗁅，《音同》《文海》归喉音上声第47品韵。《凉州重修护国寺感通塔碑》西夏文碑铭中的𗁅𗰖𗵐与汉文碑铭中的"卧屈皆"对应。《广韵》中，"卧"吾货果合一去过疑母，疑母在合口一等中失去声母，读音同喉音影母字，所以，"卧"当为𗁅的汉语注音，𗁅为汉文史料中"卧"的西夏文写法。

𗁅，《同音研究》译为"拥"，《天盛改旧新定律令·颁律表》译为"卧"，可统一为"卧"。

汉文史料中有多处以"卧"开头的人名，疑为"卧"姓人名。

《长编》卷51真宗咸平五年正月乙卯条记载："李继迁部卧浪已"；卷138仁宗庆历二年十二月乙丑条记载："文贵复持刚浪凌及其弟旺令嵬名嚷、卧誉诤等书抵籍议和"；卷162仁宗庆历八年正月辛未条有"卧香乞"；卷316神宗元丰四年九月己酉条记载："获夏国首领卧勃哆等"；卷356神宗元丰八年五月戊申条记载："西界钤辖卧瓦哆"。

《西夏姓氏录》和《西夏书·官氏考》中均收录"卧氏"。《续通志·氏族略》记载："谔氏，夏武节大夫谔德中"。

卧利 𗁅𗥔、𗁅𗥔

卧利，俄 Дx2822《杂字·番姓名》中第58个姓氏（俄6·138）。

《大方广佛华严经海印道场十重行愿常遍礼忏仪》卷42中有"天演疏钞

久远流传卧利华严国师"[1]。《西夏番姓译正》考证，"卧利"与□□勘同。

□□，俄 Инв. No. 210、6340《杂字·番姓名》中第 240 个姓氏（俄 10·49），俄 Инв. No. 741《新集碎金置掌文》中收录（俄 10·110）。

□，《音同》《文海》归牙音上声第 48 品韵。□、□、□，《音同》《文海》亦归牙音上声第 48 品韵，且与□在同一小类，所以，□、□、□、□声韵相同。《番汉合时掌中珠》中□的注音汉字为"饿""我"；□、□注音为"饿"。中古音中，"卧"，吾货果合一去过疑，与"饿""我"同为疑母果摄，所以，□与"卧"在语音上相通。

□，《音同》《文海》归来日音上声第 72 品韵。□，《音同》《文海》归来日音平声第 79 韵，且与□在同一小类，两者声韵相同。□，在《番汉合时掌中珠》中注音有两处，一处用"°力"，一处用"力°"。"力"左上方或右下方的小圆圈，表示所标西夏文的声调，与声母无关[2]。所以，□也可用"力"注音。中古西北方音中"利""力"音同，□与"利"在语音上也相通。

"卧利"，在语音上与□□相通。

另外，西夏文中还有□□。□□，俄 Инв. No. 210、6340《杂字·番姓名》中第 61 个姓氏（俄 10·48）。西夏官印中有□□□□[3]。

□，见于"□□"条，在语音上亦与"卧"相通。

所以，□□与"卧利"亦相通。

《西夏番姓译正》中将"卧利"与□□对应。此处暂存疑。

卧没　□□

卧没，俄 Дх2822《杂字·番姓名》中第 37 个姓氏（俄 6·138），与西夏文□□对应。

①　白滨：《元代西夏一行慧觉法师辑汉文〈华严忏仪〉补释》，《西夏学》第 1 辑，宁夏人民出版社，2006。

②　龚煌城：《西夏韵书〈同音〉第九类声母的拟测》，载李范文主编《西夏研究》第 8 辑，中国社会科学出版社，2008，第 27 页。

③　史金波：《西夏官印姓氏考》，《中国民族古文字》第 2 辑，天津古籍出版社，1993。

𗹦𗾔，俄 Инв. No. 2570、4187《天盛改旧新定律令·颁律表》中有𗹦𗾔（俄 8·48），其后两字较小，分两行排印，故可知𗹦𗾔为姓。

𗹦，夏汉对音资料见于"𗼩讹"条，音译为"讹"。

据《广韵》，"卧"吾货果合一去遇疑，"讹"五禾果合一平戈疑。"卧""讹"同为疑母果摄字，属音近字，所以，𗹦在语音上与"卧"相通。

𗾔，夏汉对音资料见于"没𗼩"条，在语音上与"没"相通。

𗹦𗾔，《天盛改旧新定律令》中译为"讹名"，可改译为"卧没"。

《西夏番姓译正》将"卧没"勘同于"𗹦𗾘"。

𗹦𗾘，俄 Инв. No. 210、6340《杂字·番姓名》中第 63 个姓氏。其中的𗾘，《音同》中归重唇音平声第 31 品韵，𘜶𘘤切。反切上字𘜶在《番汉合时掌中珠》中用"酩"注音，明母。反切下字𘘤用"能"左加口字旁注意。口字旁表示声母分化，与韵无关。"能"为登韵，所以，𗾘可与明母登韵的汉字对译。

𗾘、𗾔相较，𗾔音与"没"更接近，所以，"卧没"当勘同于𗹦𗾔。

卧咩 𗹦𗾦

卧咩，俄 TK300《黑水人的文书》中有人名"卧咩氏呱呱哥"（俄 4·388）。

卧咩，与西夏文𗹦𗾦对应。

𗹦𗾦，俄 Инв. No. 210、6340《杂字·番姓名》中第 65 个姓氏（俄 10·48），俄 Инв. No. 211、212、213《文海》（俄 7·129）、俄 Инв. No. 207《音同》（俄 7·3）中均收录；M21·151［F1：W60/0060］《僧人名单》中有𗹦𗾦□𘟗（中 17·251）。俄 Инв. No. 6342—1《户籍帐》中有𗹦𗾦𘞌𗼗𘟉𘏽、𗹦𗾦𘞌𘍷𘟉[1]。

𗹦，见于"𗼩讹"条，可音译为"讹"。中古音中，"讹""卧"同为疑母果摄字，所以，"卧"与𗹦在语音上也相通。

𗾦，《音同》《文海》归重唇音平声第 14 品韵。𘞌，《音同》《文海》

---

① 参阅史金波《西夏经济文书研究》（书稿），2012。

亦归重唇音平声第 14 品韵，且与骹在同一小类，骹、骔声韵相同。骔，在《番汉合时掌中珠》中用汉字"名"对音，骹亦可音译为"名"。中古音中"名"武并梗开三平清明。"咩"《龙龛手鉴·口部》解释为"咩，俗；哔今"。"哔"《集韵》释为"母婢切，上纸明"。在西北方音中－ŋ韵尾失落，"名"读音同"咩"。所以，"咩"与骹在语音上也相通。

依以上夏汉对音资料，骲骹、"卧咩"相互对应。

骲骹，《西夏文〈杂字〉研究》译为"讹喻"，《文海研究》译为"讹名"，《同音研究》译为"乌名"，可改译为"卧咩"。

夜浪　荔纚

夜浪，俄 Дх2822《杂字·番姓名》中第 46 个姓氏（俄 6·138），汉文史料中又作拽浪、伊朗、异浪、易浪等。《西夏番姓译正》考，"夜浪"与西夏文荔纚勘同。

荔纚，俄 Инв. No. 210、6340《杂字·番姓名》中第 140 个姓氏（俄 10·49）。

荔，《音同》《文海》归喉音上声第 28 品韵，在《番汉合时掌中珠》中为汉字"一"注音，《类林》中与"夷""益""挹""一"等对译[1]。据《广韵》，"野"羊者假开三上马以，在语音上与荔亦相通。

据《广韵》，"野"羊者假开三上马以，"夜"羊谢假开三去祃以，两者音韵地位基本一致，为同音字，所以，荔亦可译为"夜"。

纚，《音同》《文海》归来日音上声第 47 品韵。纙，《音同》中亦归来日音上声第 47 品韵，且与纚在同一小类，纚、纙两者声韵相同。纙，在《番汉合时掌中珠》中用"罗"注音，纚亦可音译为"罗"。"浪"在中古西北方音中失落－ŋ韵尾，读音与"罗"同，纚与"浪"语音相通。

据以上夏汉对音资料，《西夏番姓译正》考证不误。

荔纚，《西夏文〈杂字〉研究》中译为"夷龙"，可改译为"夜浪"。

---

[1]　龚煌城：《〈类林〉西夏文译本汉夏对音字研究》，载李范文主编《西夏研究》第 8 辑，中国社会科学出版社，2008，第 468 页。

妹轻　𘀗𘓉

妹轻，俄 Дх2822《杂字·番姓名》中第41个姓氏（俄6·138），与西夏文𘀗𘓉对应。

𘀗𘓉，俄 Инв. No. 210、6340《杂字·番姓名》中第153个姓氏（俄10·49），俄 Инв. No. 741《新集碎金置掌文》（俄 10·110）、俄 Инв. No. 2539《义同》（俄 10·75）中均收录。

𘀗，《音同》《文海》归重唇音第7品韵。𘀓、𘀔、𘀕，《音同》《文海》亦归重唇音第7品韵，且与𘀗在同一小类，𘀓、𘀔、𘀕、𘀗声韵相同。𘀓、𘀔、𘀕在《番汉合时掌中珠》中注音均为"每"。《广韵》中，"妹"莫佩蟹合一去队明，"每"武罪蟹合一上贿明，"妹""每"同为明母蟹摄，读音相近，"妹"与𘀗语音相通。

𘓉，《音同》《文海》归牙音上声第7品韵，在《番汉合时掌中珠》中为"茄""馨""檠""枷""轻"等汉字注音。𘓉与"轻"语音相通。

依以上夏汉对音资料，𘀗𘓉、"妹轻"相互对应。

𘀗𘓉，《西夏文〈杂字〉研究》中译为"咩契"，《西夏文本〈碎金〉研究》中译为"格契"，可统一改译为"妹轻"。

《西夏番姓译正》将"妹轻"勘同于𘓾𘓉。其中𘓾音 tshjij，《音同》中归齿头音平声第36品韵，而汉字"轻"属牙音溪母字，两者声韵不通，所以，此对应关系当误。

妹勒　𘎑𘈩

妹勒，俄 Дх2822《杂字·番姓名》中第30个姓氏（俄6·138），宋代史料中作妹勒、昧勒。《西夏番姓译正》考，"妹勒"与西夏文𘎑𘈩勘同。

𘎑𘈩，俄 Инв. No. 210、6340《杂字·番姓名》中第243个姓氏（俄10·49），俄 Инв. No. 211、212、213《文海》（俄 7·165）、俄 Инв. No. 207《音同》（俄 7·26）、俄 Инв. No. 2539《义同》（俄 10·75）中均收录；俄 Инв. No. 1513 号佛经中有𘗝𘗞𘕰𘎑𘈩𘕇𘐃[1]。

---

① Е. И. Кычанов:*Каталог тангутских буддийских памятников*, Киото: Университет Киото, 1999, CTP. 203.

鏒，《音同》《文海》归重唇音第 7 品韵。㣎、㢤，《音同》中亦归重唇音第 7 品韵，且与鏒在同一小类，鏒、㣎、㢤三者声韵相同。㣎、㢤，在《番汉合时掌中珠》中用汉字"每"注音，所以，鏒亦可音译为"每"。

䎟，《音同》《文海》归日音平声第 92 品韵，䌺，《音同》中亦归来日音平声第 92 品韵，且与䎟在同一小类，䎟、䌺声韵相同。䌺，在《番汉合时掌中珠》中用汉字"勒"注音，所以，䎟可音译为"勒"。

所以，鏒䎟在语音上与汉文史料中的"妹勒"相通，《西夏番姓译正》考证不误，鏒䎟与"妹勒"相互对应。

鏒䎟，《西夏文〈杂字〉研究》译为"妹勒"，《文海研究》译为"每勒"，《音同》译为"梅勒"，可统一译为"妹勒"。

季卧

季卧，俄 Дх2822《杂字·番姓名》中第 11 个姓氏（俄 6·138），《西夏番姓译正》将"季卧"勘同于西夏文䖖䍻。

䖖䍻，俄 Инв. No.210、6340《杂字·番姓名》中第 210 个姓（俄 10·49）。

䖖上下反切字丢失，夏汉对译资料亦暂未找到。

据以上夏汉对音资料，《西夏番姓译正》中的勘同，还需更多的语音资料支持。

䖖䍻，《西夏文〈杂字〉研究》中译为"屈讹"。

季嗲

季嗲，俄 Дх2822《杂字·番姓名》中第 56 个姓氏（俄 6·138），《西夏番姓译正》勘同于䎵䎲。

䎵䎲，俄 Инв. No.210、6340《杂字·番姓名》中第 92 个姓氏（俄 10·48），俄 Инв. No.211、212、213《文海》中收录（俄 7·139）。

䎵，《音同》《文海》归牙音平声第 30 品韵，㓰、䎶，《音同》《文海》分别位于牙音平声第 30 品韵与上声第 28 品韵，平声第 30 品韵与上声第 28 品韵正好是一个循环，两者都与䎵声韵相同。《番汉合时掌中珠》对两者的注音皆为"吃"。中古音中，"吃"，苦击梗开四入锡溪，"季"，居悸止合三去至见，"溪""见"声韵不符，所以，此处当存疑。

𗧤，《音同》《文海》中为来日音上声第 7 品韵，反切上字𗬥与𗧤声韵相同①，𗧤，在《番汉合时掌中珠》中用汉字"嗲则"注音，嗲为𗬥之反切上字，所以，𗧤的反切上字亦为嗲，"移"前加口字旁，表示邪母 z－。反切下字暂未找到夏汉对音资料。

据以上夏汉对音资料，《西夏番姓译正》中的勘同，还需更多的语音资料支持。

庞静　𗤒𗄊

庞静，俄 Дх2822《杂字·番姓名》中第 48 个姓氏（俄 6·138）。

《金史》卷 62《交聘表下》及《金史》卷 134《夏国传》中有"夏武节大夫庞静师德"。

《西夏姓氏录》中收录"巴沁""庞静"两姓，误。《续通志·氏族略》作"巴沁氏"，"巴沁氏，夏武节大夫巴沁师德"。

《西夏番姓译正》考"庞静"与𗤒𗄊勘同。

𗤒𗄊，俄 Инв. No. 210、6340《杂字·番姓名》中第 202 个姓氏（俄 10·49），西夏官印中有𗤒𗄊𗙴𗙵𗙶（官 63）。

𗤒，《音同》《文海》归重唇音平声第 55 品韵，在《番汉合时掌中珠》中注音为"庞"。

𗄊，《音同》《文海》归齿头音平声第 36 品韵。𗄈，《音同》《文海》亦归齿头音平声第 36 品韵，且与𗄊在同一小类，𗄊、𗄈声韵相同。𗄈，在《番汉合时掌中珠》中用"青"对音，𗄊也可译为"青"。

《广韵》中，"青"仓经梗开四平青清，"静"疾郢梗开三上静从，西北方音中浊音从母清化为清母，"青""静"读音相同，𗄊在语音上与"静"亦相通。

据以上夏汉对音资料，《西夏番姓译正》考证不误，"庞静"与𗤒𗄊相互对应。

𗤒𗄊，《西夏文〈杂字〉研究》及《西夏官印姓氏考》中均译为"庞青"，可改译为"庞静"。

---

① 两者在《音同》中皆归来日音平声第 69 品韵，且在同一小类。

祥㦎、"庞静"相互对应。

细赏　䋙绕

细赏，《儒林公议》中元昊自卫队队长中有"细赏者埋"。

细赏，与西夏文䋙绕对应。

䋙，夏汉对音资料见于"没细"条，语音上与"细"相通。

绕，夏汉对音资料见于"并尚"条，可用"尚""赏"等汉字注音。

䋙绕，《西夏文〈杂字〉研究》中译为"息尚"，可改译为"细赏"。

䋙绕、"细赏"相互对应。

细遇

细遇，俄 Дх2822《杂字·番姓名》中第 8 个姓氏（俄 6·138）。《西夏番姓译正》考"细遇"与䋙䋞勘同。

䋙䋞，俄 Инв. No. 210、6340《杂字·番姓名》中第 17 个姓氏（俄 10·48），俄 Инв. No. 2539《义同》中收录（俄 10·75）；G12·004［M57（2）］莫高窟第 57 窟中有䋙䋞祥㦎㪍（中 18·206）；西夏官印中有䋙䋞㰘㢆（官 48）。

䋙，夏汉对音资料见于"没细"条，语音上同"细"相通。

䋞，《音同》《文海》归牙音上声第 3 品韵。㺮，《音同》《文海》亦归牙音上声第 3 品韵，且与䋞在同一小类，䋞、㺮声韵相同。㺮，在《番汉合时掌中珠》中用汉字"玉"注音，䋞可音译为"玉"。

《广韵》中，"玉"鱼欲通合三入烛疑，"遇"牛具遇合三去遇疑。西北方音中韵尾 –k 失落，"玉"读音同"遇"，䋞在语音上与"遇"亦相通。

据以上夏汉对音资料，《西夏番姓译正》考证不误。䋙䋞、"细遇"相互对应。

䋙䋞，《西夏文〈杂字〉研究》《西夏官印姓氏考》中均译为"息玉"，可改译为"细遇"。

咩布　㛰㪍

咩布，俄 Дх2822《杂字·番姓名》中第 7 个姓氏（俄 6·138），又作咩布，疑又作咩保。《西夏番姓译正》考，"咩布"与[西夏文]勘同。

[西夏文]，俄 Инв. No. 210、6340《杂字·番姓名》中第 158 个姓氏（俄 10·49）；俄 Инв. No. 741《新集碎金置掌文》（俄 10·109）中收录；俄 Инв. No. 2126 号佛经中有[西夏文][1]；俄 Инв. No. 1584 号佛经中有[西夏文][2]；俄 Инв. No. 629 号佛经中有[西夏文][3]；俄 Инв. No. 1428 号佛经中有[西夏文][4]；G21·003［15512］西夏《天庆虎年会款单》中有[西夏文]（中 16·257）；俄 Инв. No. 7630—2《光定鸡年卖畜契》中有[西夏文][5]。俄 Инв. No. 5120—2《天庆鼠年贷粮典畜契》中有[西夏文]、[西夏文]、[西夏文][6]；西夏官印中有[西夏文]（官 53、54）；G12·012［285］莫高窟第 285 窟中有[西夏文]、[西夏文]（中 18·214）；G12·036［Y3（1）］安西榆林石窟第 3 窟中有[西夏文]（中 18·237）；G12·043［Y25］安西榆林窟第 25 窟中有[西夏文]（中 18·242）。

[西夏文]，《音同》《文海》归重唇音上声第 33 品韵。[西夏文]、[西夏文]，《音同》《文海》归重唇音平声第 36 品韵。西夏语中，平声第 36 品韵与上声第 33 品韵正好是一个循环，[西夏文]、[西夏文]与[西夏文]声韵相同。[西夏文]、[西夏文]在《番汉合时掌中珠》中均注音为"名"，所以，[西夏文]亦可音译为"名"。《广韵》中，"名"武并梗开三平清明。"咩"，《龙龛手鉴·口部》解释为"咩，俗；咩今"。"咩"，《集韵》释为"母婢切，上纸明"。在西北方音中 - ŋ 韵尾失落，"名"读音同"咩"，所以，[西夏文]在语音上与"咩"也相通。

[西夏文]，《音同》《文海》归重唇音上声 51 品韵，据《西夏陵墓出土残碑粹

① Е. И. Кычанов：*Каталог тангутских буддийских памятников*，Киото：Университет Киото，1999，СТР. 59.

② Е. И. Кычанов：*Каталог тангутских буддийских памятников*，Киото：Университет Киото，1999，СТР. 66.

③ Е. И. Кычанов：*Каталог тангутских буддийских памятников*，Киото：Университет Киото，1999，СТР. 217.

④ Е. И. Кычанов：*Каталог тангутских буддийских памятников*，Киото：Университет Киото，1999，СТР. 248.

⑤ 参阅史金波《西夏经济文书研究》（书稿），2012。

⑥ 参阅史金波《西夏经济文书研究》（书稿），2012。

编》考证，𗥱𗤀𘃎𗗙𗷻𗼃即"后之舅梁乞逋"①，其中𗼃与"逋"对音。《广韵》中，"逋"博孤遇合一平模帮，"布"博故遇合一去暮帮，两者声同韵近，属音近字，所以，"布"也可以用来对译𗼃。

依上考，《西夏番姓译正》勘同不误。𗧓𗼃、"咩布"相互对应。

𗧓𗼃，《西夏文本〈碎金〉研究》中译为"咩布"，《西夏文〈杂字〉研究》《〈甘肃武威出土的西夏文考释〉质释》《西夏官印姓氏考》《莫高窟榆林窟西夏文题记翻译》中均译为"酩布"，可统一改译为"咩布"。

恃胡 𗫲𗥥

恃胡，俄 Дх2822《杂字·番姓名》中第21个姓氏（俄6·138），与西夏文𗫲𗥥对应。

《西夏番姓译正》考，"恃胡"与西夏文𗫲𗥥勘同。

𗫲𗥥，俄 Инв. No. 210、6340《杂字·番姓名》中第224个姓氏（俄10·49）。

𗫲，《音同》《文海》归正齿音平声第86品韵，在《番汉合时掌中珠》中为汉字"室""十""失""实"等注音。《广韵》中，"恃"时止止开三上止禅，音与𗫲通。

𗥥，《音同》《文海》归喉音平声第84品韵，在《番汉合时掌中珠》中为汉字"鹤""或"等注音。中古音中，"胡"，户吴遇合一平模匣，"或"，胡国曾合一入德匣，西北方音中，入声中韵尾–k消失，"或"读音同"胡"。所以，𗥥在语音上与𗥥也相通。

据以上夏汉对音资料，《西夏番姓译正》考证不误。

𗫲𗥥，《西夏文〈杂字〉研究》译为"什鹤"，可改译为"恃胡"。

拽臼 𗎸𗨝

拽臼，《宋史》卷7《真宗纪》记载："石、隰都巡检使言绥州东山蕃部军使拽臼等内属。"此内容亦见于《宋史》卷491《党项传》及《长编》卷54真宗咸平六年三月壬辰条。

① 李范文：《西夏陵墓出土残碑粹编》，宁夏人民出版社，1984，第199页。

拽臼，与西夏文𗙺𗀔对应。

𗙺𗀔，俄 Инв. No. 210、6340《杂字·番姓名》中第 207 个姓氏（俄 10·49）。

𗙺，夏汉对音资料见于"夜浪"条，可译为"夜""野"等。西北方音中"夜""野""拽"等语音相通，详见本书第一章第一节"西夏番姓同名异译考"中"夜浪"条。

𗀔，《音同》《文海》归牙音上声第 40 品韵，在《番汉合时掌中珠》中用"丘""舅""求""球""臼""裘""旧"等汉字注音。

依以上夏汉对音资料，𗙺𗀔、"拽臼"相互对应。

𗙺𗀔，《西夏文〈杂字〉研究》中译为"夷丘"，可改译为"拽臼"。

拽税　𗀔𗈁

拽税，俄 Дx2822《杂字·番姓名》中第 52 个姓氏（俄 6·138）。《金史》卷 62《交聘表下》记载："（章宗）元年八月己酉，夏武节大夫拽税守节、宣德郎张仲文贺天寿节。"

《西夏姓氏录》和《西夏书·官氏考》中均收录"拽税"。《续通志·氏族略》中作"雅苏氏"，"雅苏氏，夏武节大夫雅苏守节"。

《西夏番姓译正》考"拽税"与西夏文𗀔𗈁勘同。

𗀔𗈁，俄 Инв. No. 210、6340《杂字·番姓名》中第 155 个姓氏（俄 10·49），俄 Инв. No. 741《新集碎金置掌文》（俄 10·49）、俄 Инв. No. 211、212、213《文海》中均收录（俄 7·159）。

𗀔，《音同》《文海》归喉音平声第 74 品韵，𗘜𗀔切。反切上字𗘜在《番汉合时掌中珠》中注音为"余"。中古音中，"余""拽"皆为以母字，𗀔与"拽"在语音上也相通。

𗈁，《音同》《文海》归正齿音上声第 9 品韵，在《番汉合时掌中珠》中用汉字"水""瑞"注音。《广韵》中，"水"式轨止合三上旨书，"税"舒蟹合三去祭书，两者读音相近，𗈁在语音上也与"税"相通。

据以上夏汉对音资料，《西夏番姓译正》考证不误。𗀔𗈁、"拽税"相互对应。

𗀔𗈁，《西夏文〈杂字〉研究》中译为"依水"，《文海研究》中未译，

《西夏文本〈碎金〉研究》中译为"拽税",可统一译为"拽税"。

药乜　𘕖𗂃

药乜,俄 Дx2822《杂字·番姓名》中第 3 个姓氏(俄 6·138),又见于《凉州重修护国寺感通塔碑》,宋代史料中又作耀密。与西夏文𘕖𗂃对应。

𘕖𗂃,俄 Инв. No. 210、6340《杂字·番姓名》中第 173 个姓氏(俄10·49),俄 Инв. No. 741《新集碎金置掌文》(俄 10·109)、俄 Инв. No. 211、212、213《文海》(俄 7·153)、俄 Инв. No. 2539《义同》(俄 10·75)中均收录;G32·001《凉州重修护国寺感通塔碑》中有𘕖𗂃𗴮□(中 18·89);俄 Инв. No. 2851—33《天庆猪年卖畜契与告牒》中有𘕖𗂃𗣼𗱕𘅓①;俄 Инв. No. 4597《天庆羊年卖使军契》中有𘕖𗂃□□𗳨②;俄Инв. No. 2081 号佛经中有𘕖𗂃𗤻𗴦𗎯③;俄 Инв. No. 1937 号佛经中有𘕖𗂃𗤶𗵣④。

《凉州重修护国寺感通塔碑》西夏文碑铭中的𘕖𗂃与汉文碑铭中的"药乜"对应。

其中,𘕖,《音同》《文海》归喉音上声第 40 品韵,在《番汉合时掌中珠》中与"酉""腰""有""佑"等汉字对音。𗂃,《音同》《文海》归舌头音平声第 61 品韵。"药乜"、𘕖𗂃为一组夏汉对音的姓氏。

𘕖𗂃,《西夏文〈杂字〉研究》中译为"由地",《文海研究》中未译,《西夏文本〈碎金〉研究》中译为"药乜"。依夏汉合璧资料,可统一译为"药乜"。

𘕖𗂃、"药乜"相互对应。

赵哆　𗤶𗫔

赵哆,俄 Дx2822《杂字·番姓名》中第 14 个姓氏(俄 6·138),《西

---

① 参阅史金波《西夏经济文书研究》(书稿),2012。

② 参阅史金波《西夏经济文书研究》(书稿),2012。

③ Е. И. Кычанов：*Каталог тангутских буддийских памятников*, Киото：Университет Киото, 1999, СТР. 212.

④ Е. И. Кычанов：*Каталог тангутских буддийских памятников*, Киото：Университет Киото, 1999, СТР. 239.

夏番姓译正》考其与西夏文𘙍𘝾勘同。

𘙍𘝾，俄 Инв. No. 210、6340《杂字·番姓名》中第 37 个姓氏（俄 10·48）。

𘙍，《音同》《文海》归正齿音上声第 40 品韵，在《番汉合时掌中珠》中为"丑""畴"等汉字注音。中古音中，"丑"，昌九流开三上有昌，"赵"，治小沼开三上有澄，西北方音中澄母、昌母已合成一类，两者发音相同。𘙍与"赵"语音相通。

𘝾，夏汉对音资料见"韦移"条，可注音为"嗲"。据以上夏汉对音资料，《西夏番姓译正》考证不误。𘙍𘝾、"赵嗲"相互对应。

𘙍𘝾，《西夏文〈杂字〉研究》中译为"丑移"，可改译为"赵嗲"。

迺来 𗟎𗴺

迺来，俄 Дх2822《杂字·番姓名》中第 12 个姓氏（俄 6·138），又见于《直多昌磨彩代还钱契》，《金史》中作迺来、迺令。《西夏番姓译正》考"迺来"与𗟎𗴺勘同。

迺来，与西夏文𗟎𗴺对应。

𗟎𗴺，俄 Инв. No. 210、6340《杂字·番姓名》中第 71 个姓氏（俄 10·48）、俄 Инв. No. 741《新集碎金置掌文》（俄 10·109）、俄 Инв. No. 211、212、213《文海》（俄 7·144）、俄 Инв. No. 207《音同》（俄 7·9）、俄 Инв. No. 2539《义同》（俄 10·75）中均收录；俄 Инв. No. 2570、4187《天盛改旧新定律令·颁律表》中有𗟎𗴺□𗟎（俄 8·47）。

𗟎，《音同》《文海》归舌头音平声第 40 品韵，𘝀𗣈切。反切上字𘝀与𗭻同音[1]，𗭻在《番汉合时掌中珠》中用汉字"奴"注音，"𗟎"为泥母字。反切下字𗣈，在《番汉合时掌中珠》中用汉字"裁"注音，"裁"哈韵，所以，𗟎可用泥母哈韵汉字注音。"迺"同"乃"，中古音中，"乃"，奴亥蟹开一上海泥字。海、哈同属泥母蟹摄，所以，𗟎在语音上与"迺"相通。

𗴺，《音同》《文海》归来日音上声第 37 品韵。𗭻，《音同》《文海》

---

① 𘝀、𗭻，《音同》中在舌头音平声第 4 品韵下的同一小类中。

亦归来日音上声第 37 品韵，且与𗼩在同一小类，𗼩、𗼩声韵相同。𗼩，在《番汉合时掌中珠》中用汉字"令"注音，𗼩可音译为"令"。汉字"令"在中古西北方音中韵尾 –ŋ 失落，读音与"来"相近，所以，𗼩在语音上与"来"相通。

依上考，《西夏番姓译正》勘同不误，𗼩𗼩、"迺来"对应。

𗼩𗼩，《西夏文〈杂字〉研究》《西夏文本〈碎金〉研究》《天盛改旧新定律令·颁律表》中译为"乃令"，《文海研究》中译为"代勒"，可统一译为"迺来"。

迺税　𗼩𗼩

迺税，俄 Дx2822《杂字·番姓名》中第 50 个姓氏（俄 6·138），与西夏文𗼩𗼩对应。

𗼩𗼩，俄 Инв. No. 210、6340《杂字·番姓名》中第 171 个姓氏（俄 10·49）。

𗼩，《音同》《文海》归舌头音上声第 30 品韵，在《番汉合时掌中珠》中用"乃"注音。"乃"即"迺"，𗼩与"迺"在语音上相通。

𗼩，夏汉对音资料见"拽税"条。

依以上夏汉对音资料，𗼩𗼩、"迺税"相互对应。

𗼩𗼩，《西夏文〈杂字〉研究》中译为"乃施"，可改译为"迺税"。

《西夏番姓译正》将"迺税"勘同于𗼩𗼩，待商榷。

骨勒　𗼩𗼩

骨勒，俄 Дx2822《杂字·番姓名》中第 60 个姓氏（俄 6·138）。《番汉合时掌中珠》汉文序中有"骨勒茂才"。《金史》卷 62《交聘表中》记载："大定十六年三月丙午朔，夏武功大夫骨勒文昌、宣德郎王禹珪贺万春节。"

《西夏姓氏录》和《西夏书·官氏考》中均收录"骨勒"。《续通志·氏族略》作"古沁氏"，"古沁氏，夏武功大夫古沁文昌"。

《西夏番姓译正》考"骨勒"与𗼩𗼩勘同。

𗼩𗼩，俄 Инв. No. 210、6340《杂字·番姓名》中第 81 个姓氏（俄

10·48)、俄 Инв. No. 211、212、213《文海》（俄 7·157）、俄 Инв. No. 207《音同》（俄 7·12）中均收录。俄 Инв. No. 214、215、216、217、218、685、4777《番汉合时掌中珠》序中有 𘚚𗄼𘎪𘕿（俄 10·2）；俄 Инв. No. 121《赋诗》《大诗》《道理诗》题款中有 𘚚𗄼𘥯𘕴（俄 10·268、10·271、10·278）。

《番汉合时掌中珠》西夏文序中的 𘚚𗄼𘎪𘕿 与汉文序中的 "骨勒茂才" 相对应。𘚚𗄼 为 "骨勒" 的西夏文写法。

𘚚，《音同》《文海》归牙音平声第 68 品韵。"骨"，𘚚 之汉语音译字。

𗄼，《音同》《文海》归来日音上声第 7 品韵。"勒"，𗄼 之汉语音译字。

"骨勒"，𘚚𗄼 之音译。

骨婢　𗄝𘎫

骨婢，俄 Дx2822《杂字·番姓名》中第 53 个姓氏（俄 6·138），又作骨被。《西夏番姓译正》考 "骨婢" 与 𗄝𘎫 勘同。

𗄝𘎫，俄 Инв. No. 210、6340《杂字·番姓名》中第 242 个姓氏（俄 10·49）、俄 Инв. No. 741《新集碎金置掌文》（俄 10·109）、俄 Инв. No. 211、212、213《文海》（俄 7·126）、俄 Инв. No. 207《音同》（俄 7·3）、俄 Инв. No. 2539《义同》（俄 10·75）中均收录。西夏官印中有 𗄝𘎫𗄪𘎬（官 28）、𗄝𘎫𗤺𘝣𘏓（官 38）；G12·012［M285］莫高窟第 285 窟中有 𗄝𘎫𘏍𘜔（中 18·214），第 464 窟中有 𗄝𘎫𘏍𘜔（中 18·218）。

𗄝，《音同》《文海》归牙音上声第 25 品韵，𘜋𘏑切。𘜋→𘚽形成反切上字连锁，𘚽，牙音平声第 27 品韵，见母；𘏑→𘚘→𘝀形成反切下字连锁，𗄝、𘝀 韵部相同。𘝀 在《番汉合时掌中珠》中用汉字 "骨" 注音，没韵。所以，𗄝 可用见母没韵汉字对译；中古音中，"骨"，恰巧为见母没韵，所以，𗄝 在语音上与 "骨" 相通。

𘎫，《音同》《文海》归重唇音平声第 8 品韵，𘘀𘐊切。𘘀，《音同》《文海》归重唇音平声第 1 品韵，在《番汉合时掌中珠》中注音为 "泊" "蒲" "薄" "葡" "铺" "菩" 等，并母字；𘐊、𘎫 在《音同》中同属齿头音平声第 8 品韵，且在同一小类，两者为同音字。𘐊 在《番汉合时掌中珠》中注音为 "悉"，𘎫 也可注音为 "悉"。"悉"，心母质韵。所以，𘎫 可译为并母质韵字。"婢"便俾止开三上纸并，中古西北方音中质韵中的韵尾 – t 失落，读音同纸韵，所以，"婢"在语音上与𰀒亦相通。

依上考，《西夏番姓译正》勘同不误，𰀒𰀒、"骨婢"相互对应。

𰀒𰀒，《西夏文〈杂字〉研究》《西夏文本〈碎金〉研究》《文海研究》《西夏官印姓氏考》中均译为"骨匹"，可统一译为"骨婢"。

党移　𰀒𰀒

党移，《宋史》卷 350《刘绍能传》记载："（绍能）击破夏右枢密院党移赏粮数万众于顺宁。"《范太史集》卷 40《检校司空左武卫上将军郭公墓志铭》记载："（熙宁二年）党移赏浪来交寨，公遣机宜官往会之，夏人欲二寨、绥州同日交易，公使先交二寨地界，然后还绥州。"

《宋史》中的"党移"当为"党哆"之误。党哆，与西夏文𰀒𰀒对应。

𰀒𰀒，俄 Инв. No. 210、6340《杂字·番姓名》中第 38 个姓氏（俄 10·48）。西夏官印（官 81）中有𰀒𰀒𰀒𰀒𰀒；俄 Инв. No. 1473 佛经中有𰀒𰀒𰀒𰀒[1]；俄 Инв. No. 5124—2《天庆虎年正月二十四日邱娱犬卖地契》中有𰀒𰀒𰀒□𰀒[2]。

𰀒，《音同》《文海》归舌头音平声第 54 品韵。𰀒，《音同》《文海》归舌头音平声第 54 品韵，且与𰀒在一小类，𰀒、𰀒声韵相同。𰀒，在《番汉合时掌中珠》中用汉字"党"注音，𰀒亦可音译为"党"。

𰀒，夏汉对音资料见于"韦移"条，可注音为"哆"。

𰀒𰀒，《西夏文〈杂字〉研究》及《西夏官印姓氏考》均译为"多哆"。"多"出自佛经，如《金光明最胜王经卷六夏藏汉合璧考释》中𰀒𰀒𰀒𰀒与"多加罗香"相对译，𰀒与"多"对音[3]。两者相较，"党哆"更贴切一些。

𰀒𰀒、"党哆"相互对应。

---

①　Е. И. Кычанов：*Каталог тангутских буддийских памятников*，Киото：Университет Киото，1999，СТР. 59.

②　参阅史金波《西夏经济文书研究》（书稿），2012。

③　王静如：《金光明最胜王经卷六夏藏汉合璧考释》，载李范文主编《西夏研究》第 5 辑，中国社会科学出版社，2008。

埋笃　絒乤

G32·001《凉州重修护国寺感通塔碑》记载:"庆寺监修都大勾当埋笃皆"(中18·91)。

"埋笃皆"的格式与前面考证过的"韦移移崖"相同,后面的"皆"字号较小,表示"埋笃"为姓。

罗振玉将此姓氏识为乤乤菔,并与汉铭文中的"梁行者乜"对应。史金波先生在《凉州感通塔碑西夏文校译补正》一文中,通过夏汉碑铭中的官职名对应,将其写法更正为絒乤菔,并与汉铭文中的"埋马皆"建立对应关系。

从官职名看,史金波先生提出的对应关系不误,但字形上应当商榷。从汉铭碑文中看,"马"上当有竹字头,为"笃"字。罗振玉亦将其识为"笃"。史金波先生将"笃"识为"马",故将西夏文碑铭中的乤,识为读音为"马"的乤。仔细观察,乤实为乤。在这里有个问题,就是乤在读音上与"笃"并不相通。这是因为西夏文中有与乤字形相近,且读音为"笃"的字?还是乤有"笃"之音?暂将疑问置于此,以求方家指教。

恶恶　菔菔

恶恶,《金史》卷61《交聘表中》记载:"(世宗大定十八年)正月丙申朔,夏武功大夫恶恶存忠、宣德郎武用和等贺正旦。"《金史》卷62《交聘表下》记载:"明昌五年正月癸亥朔,夏武节大夫恶恶世忠、宣德郎刘思问等贺正旦。"

《西夏姓氏录》和《西夏书·官氏考》中均收录"恶恶"。《续通志·氏族略》作"纽纽氏","纽纽氏,夏武节大夫纽纽存忠、夏武节大夫纽纽世忠"。

据《西夏官印姓氏考》,"恶恶"的西夏文写法为菔菔①。

菔菔,俄 Инв. No. 210、6340《杂字·番姓名》中第 120 个姓氏(俄10·49),俄 Инв. No. 211、212、213《文海》中收录(俄7·152);西夏官印中有菔菔殙豳甗(官4)、菔菔瓸(官37);M12·001 内蒙古出土的西

---

① 史金波:《西夏官印姓氏考》,《中国民族古文字研究》第 2 辑,天津古籍出版社,1993。

夏文铜刀刀柄上有䓾䓾䎡䎡（中 18·201）；俄 Инв. No. 4762—6《天庆虎年贷粮契》中有䓾䓾䎡䎡、䓾䓾䎡䎡①；俄 Инв. No. 7892—8《贷粮契》中有䓾䓾䎡䎡䎡②；俄 Инв. No. 5124—2《天庆虎年正月二十四日邱娱犬卖地契》中有䓾䓾䎡䎡䎡③；俄 Инв. No. 5124—1《天庆虎年梁老房酉等卖地舍契》及俄 Инв. No. 5124—4《天庆虎年二月卖地契》中均有䓾䓾䎡䎡䎡④；俄 Инв. No. 5124—9、10《天庆虎年二月卖地契》中有䓾䓾䎡䎡⑤。

䓾，《音同》《文海》归舌头音平声第 59 品韵。䎡，《音同》《文海》亦归舌头音平声第 59 品韵，且与䓾在同一小类，䓾、䎡声韵相同。䎡，在《番汉合时掌中珠》中用汉字"恶"前加口字旁注音。"恶"为泥母，其前加口字旁，表示所注西夏文为 d－音⑥，所以，䓾的音译汉字当用"噁"表示。

综上所考，䓾䓾，可音译为"噁噁"，汉文史料中的"恶恶"当为"噁噁"脱口字旁所致。䓾䓾、"恶恶"相互对应。

另外，聂鸿音先生在《西夏文献中的"柔然"》一文中考证䓾䓾与中原史书中的"茹茹"对音，是西夏境内有柔然后裔的证据。⑦

悟儿　䍶䍶

《宋史》卷 446《朱昭传》记载："其酋悟儿思齐介胄来，以毡盾自蔽，邀昭计事。……思齐却盾而前，数宋朝失信"。

"悟儿"为番姓，与西夏文䍶䍶对应。

䍶䍶，俄 Инв. No. 210、6340《杂字·番姓名》中第 54 个姓氏（俄 10·48）；西夏文刻本 G11·049［B125：22］《持金牌讹三等发愿诵读功效文》中有䍶䍶䍶（中 16·155）。

① 参阅史金波《西夏经济文书研究》（书稿），2012。
② 参阅史金波《西夏经济文书研究》（书稿），2012。
③ 参阅史金波《西夏经济文书研究》（书稿），2012。
④ 参阅史金波《西夏经济文书研究》（书稿），2012。
⑤ 参阅史金波《西夏经济文书研究》（书稿），2012。
⑥ 龚煌城：《十二世纪末汉语的西北方音（声母部分）》，载李范文主编《西夏研究》第 8 辑，中国社会科学出版社，2008，第 501～502 页。
⑦ 聂鸿音：《西夏文献中的"柔然"》，《宁夏师范学院学报》2010 年第 5 期。

𗑠，夏汉对音资料见于"嗽讹"条，可音译为"讹"。中古音中，"悟"为疑母字，读音与"讹"相近，𗑠亦可译为"悟"。

𘂁，《音同》《文海》归来日音平声第 10 品韵，在《番汉合时掌中珠》中与汉字"二""儿""耳"等对音。

依以上夏汉对音资料，𗑠𘂁与"悟儿"对应。

𗑠𘂁，《西夏文〈杂字〉研究》及《西夏姓氏和亲属称谓》均将其译为"讹二"，可改译为"悟儿"。

浪讹　𗗙𗡰

浪讹，俄 Дx2822《杂字·番姓名》中第 4 个姓氏（俄 6·138）。《西夏番姓译正》考"浪讹"与𗗙𗡰勘同。

𗗙𗡰，俄 Инв. No. 210、6340《杂字·番姓名》中第 5 个姓氏（俄 10·48）。西夏官印中有𗗙𗡰𗩾𘄴𗗙（官 13）；俄 Инв. No. 2570、4187《天盛改旧新定律令·颁律表》中有𗗙𗡰𗴮□□（俄 8·47）。

𗗙，《音同》《文海》归来日音上声第 82 品韵。据《音同》《文海》，𗗙亦归来日音上声第 82 品韵，且与𗗙在同一小类，𗗙、𗗙声韵相同。𗗙，在《番汉合时掌中珠》中用"浪"对音，所以，𗗙在语音上同"浪"相通。

𗡰见于"讹藏"条，可音译为"讹"。

依上考，《西夏番姓译正》勘同不误，𗗙𗡰、"浪讹"相互对应。

𗗙𗡰，《西夏文〈杂字〉研究》《西夏官印姓氏考》《天盛改旧新定律令》中均译为"浪讹"。

都啰　𗑝𗣫

都啰，俄 Дx2822《杂字·番姓名》中第 6 个姓氏（俄 6·138）。宋人史料中作都啰、都罗。史金波先生在《西夏官印姓氏考》中指出，"都啰"的西夏文写法为𗑝𗣫①。

𗑝𗣫，俄 Инв. No. 210、6340《杂字·番姓名》中第 39 个姓氏（俄

---

① 史金波：《西夏官印姓氏考》，《中国民族古文字研究》第 2 辑，天津古籍出版社，1993。

10·48）。N42·010［M2W：404＋421］西夏陵墓出土残碑中有𗹙𗊬𘃥𗡜（中19·137）。

𗹙，《音同》《文海》归舌头音平声第58品韵，在《番汉合时掌中珠》中用汉字"都"注音。

𗊬，夏汉对音资料见于"讹啰"条，在夏梵藏汉合璧文献中用"啰"对音。

依以上夏汉对音资料，史金波先生《西夏官印姓氏考》不误。都啰与𗹙𗊬对应。

𗹙𗊬，《西夏文〈杂字〉研究》《西夏陵墓出土残碑粹编拾补》中亦译为"都啰"①。

勒啰 𗾊𗊬

勒啰，俄 Дх2822《杂字·番姓名》中第32个姓氏（俄6·138）。《西夏番姓译正》考其与西夏文𗾊𗊬勘同。

𗾊𗊬，俄 Инв. No. 210、6340《杂字·番姓名》中第196个姓氏（俄10·49）。俄 Инв. No. 741《新集碎金置掌文》中亦收录（俄10·109）。

𗾊，《音同》《文海》归来日音平声第30品韵。𗾊，《音同》《文海》归来日音上声第28品韵。西夏语中，平声第30品韵与上声第28品韵正好是一个循环，𗾊、𗾊声韵相同，为同音字。𗾊，在《番汉合时掌中珠》中用汉字"勒"注音，𗾊也可用"勒"注音。

𗊬，夏汉对音资料见于"讹啰"条，语音与"啰"相通。

据以上夏汉对音资料，《西夏番姓译正》考证不误，𗾊𗊬、"勒啰"相互对应。

𗾊𗊬，《西夏文〈杂字〉研究》中译为"缧啰"，《西夏文本〈碎金〉研究》中译为"勒啰"。可统一译为"勒啰"。

啰哆 𗰔𗰭

啰哆，《金史》卷62《交聘表下》记载："（承安二年）八月戊戌，夏

---

① 史金波：《西夏陵墓出土残碑粹编拾补》，《西北民族研究》1986年第1期。

武节大夫啰哆守忠，宣德郎王彦国贺天寿节。……（泰和七年）八月甲辰朔，夏武节大夫啰哆思忠、宣德郎安礼贺天寿节。"

《西夏官印姓氏考》指出，"啰哆"的西夏文写法为𗙫𗝩①。

𗙫𗝩，西夏官印中有𗙫𗝩𗷻𗤒𗟲（官26）。

𗙫，《音同》《文海》归来日音平声第80品韵，在《番汉合时掌中珠》中用汉字"啰"对音。

𗝩，夏汉对音资料见于"韦移"条，可注音为"哆"。

《西夏官印姓氏考》不误，𗙫𗝩、"啰哆"相互对应。

勃嵬 𗣼𗦀

勃嵬，俄 Дx2822《杂字·番姓名》中第45个姓氏（俄6·138）。《金史》卷62《交聘表下》记载："（章宗）明昌二年八月乙巳，夏武节大夫勃嵬英、宣德郎焦元昌贺天寿节。"

《西夏姓氏录》和《西夏书·官氏考》中均收录"勃嵬"。《续通志·氏族略》中作"舒威氏"，"舒威氏，夏武节大夫舒威英"。

勃嵬与𗣼𗦀对应。

𗣼𗦀，俄 Инв. No. 210、6340《杂字·番姓名》中第135个姓氏（俄10·49）。俄 Инв. No. 2538《贤智集序》中有𗣼𗦀𗄊𗆫②。

𗣼，《音同》《文海》归为正齿音平声第57品韵，《类林》中用𗣼对译"叔""蜀"③。《广韵》中，"叔"式竹通合三入屋书，"孰"书母屋韵，"叔"殊六通合三入屋禅。中古西北方音中，书、禅母合成一类 *ś，"孰""叔"同音，所以，"勃"与𗣼在语音上也相通。

𗦀，夏汉对音资料见于"嵬名"条，音"嵬"。

依以上夏汉对音资料，𗣼𗦀、"勃嵬"相互对应。

---

① 史金波：《西夏官印姓氏考》，《中国民族古文字研究》第2辑，天津古籍出版社，1993。

② 参阅聂鸿音《西夏文〈贤智集序〉考释》所附图版，《固原师专学报》2003年第5期。

③ 龚煌城：《〈类林〉西夏文译本汉夏对音字研究》，载李范文主编《西夏研究》第8辑，中国社会科学出版社，2008，第460页。

骸缬，《西夏文〈杂字〉研究》译为"叔嵬"，可改译为"孰嵬"。

谋宁　𗩶𗏹

谋宁，汉文史料中又作穆纳，与西夏文𗩶𗏹
对应。

𗩶𗏹，俄 Инв. No. 210、6340《杂字·番姓
名》中第 124 个姓氏（俄 10·49）。俄
Инв. No. 741《新集碎金置掌文》（俄 10·109）
收录；俄 Инв. No. 2736《黑水守将告近禀帖》中
有𗩶𗏹𗱧𗷀（俄13·103）；N112·001 西夏文宿
卫牌背面刻有西夏党项人名𗩶𗏹□□𗢭（中 20·
81）。

图 8　N112·001
《西夏文宿卫牌》

𗩶，《音同》《文海》归重唇音平声第 27 品韵。𗏹、𗏽，《音同》《文
海》归重唇音上声第 25 品韵。西夏语中，平声第 27 品韵与上声第 25 品韵
正好是一个循环，𗩶、𗏹、𗏽声韵相同。𗏹、𗏽，在《番汉合时掌中珠》
中皆用"没"注音，所以，"没"在语音上亦与𗩶相通。中古音中，"没"
"谋"皆明母字。西北方音中韵尾 –t 失落后，"没"读音同"谋"，故𗩶在
语音上同"谋"也相通。

𗏹，夏汉对音资料见于"宁浪"条，可译为"宁"。

依以上夏汉对音资料，𗩶𗏹、"谋宁"相互对应。

𗩶𗏹，《西夏文〈杂字〉研究》译为"泊宁"，《西夏文本〈碎金〉研
究》译为"没年"，《中国藏西夏文献》将𗩶𗏹译为"波年"，《西夏文物研
究》译为"婆年"，可统一译为"谋宁"。

野马　𘕕𗐹

野马，俄 Дх2822《杂字·番姓名》中第 39 个姓氏（俄 6·138），与西
夏文𘕕𗐹对应。

𘕕𗐹，俄 Инв. No. 210、6340《杂字·番姓名》中第 174 个姓氏（俄
10·49），未见于其他文献。

𘕕，《音同》《文海》归喉音上声第 17 品韵，在《番汉合时掌中珠》中

为汉字"叶""也"等注音。古中音中,"也""野"同为羊者假开三上马以,属同音字,"野"与𰾱在语音上也相通。

𰾱,《音同》中归重唇音上声第 20 品韵,在《番汉合时掌中珠》中为"马""玛""麻""缦"等汉字注音。

依以上夏汉对音资料,𰾱𰾱、"野马"相互对应。

𰾱𰾱,《西夏文〈杂字〉研究》译为"耶麻",可改译为"野马"。

野利　𰾱𰾱

野利,即西夏出土汉文文书中的夜利,又作野力、拽利。与西夏文𰾱𰾱对应。

𰾱𰾱,俄 Инв. No. 210、6340《杂字·番姓名》中第 139 个姓氏(俄 10·49)。俄 Инв. No. 4762—7《贷粮契》中有𰾱𰾱𰾱𰾱𰾱[1];俄 Инв. No. 876《宫廷诗集》中有𰾱𰾱𰾱𰾱(俄 10·313);俄 Инв. No. 1457 号佛经中有𰾱𰾱𰾱𰾱[2];俄 Инв. No. 629 号佛经中有𰾱𰾱𰾱𰾱𰾱[3];Инв. No. 1754 号佛经中有𰾱𰾱𰾱𰾱[4];西夏官印 N12·002 中有𰾱𰾱□□(中 20·54)。

𰾱,夏汉对音资料见于"夜浪"条,可译为"夜""野"等。

𰾱,夏汉对音资料见于"卧利"条,可译为"利""力"等。

依据上文考述,𰾱𰾱在语音上与汉文史料中的"野利"通。

𰾱𰾱,《西夏文〈杂字〉研究》中译为"夷利",可改译为"野利"。

𰾱𰾱、"野利"相互对应。

另外,《西夏陵墓出土残碑粹编》中有人名𰾱𰾱𰾱𰾱[5]。

仔细观察,𰾱上部有损缺,且𰾱𰾱未见于他处,此𰾱当为𰾱损缺上部而

---

① 参阅史金波《西夏经济文书研究》(书稿),2012。

② Е. И. Кычанов: *Каталог тангутских буддийских памятников*, Киото: Университет Киото, 1999, СТР. 216.

③ Е. И. Кычанов: *Каталог тангутских буддийских памятников*, Киото: Университет Киото, 1999, СТР. 217.

④ Е. И. Кычанов: *Каталог тангутских буддийских памятников*, Киото: Университет Киото, 1999, СТР. 217, 219.

⑤ 李范文:《西夏陵墓出土残碑粹编》,宁夏人民出版社,1984,第 199 页。

成，𗹟𗟲𗤒𗟩当为𗤒𗟲𗤒𗟩。

所以，"野利"与𗟲𗟲对应。

野货　𗍁𗤒、𗍁𗤒

野货，俄 Дx2822《杂字·番姓名》中第 10 个姓氏（俄 6·138）。《西夏番姓译正》考其与西夏文𗍁𗤒勘同。

图 9　N42·010
[M2W·124]《西夏陵残碑》（中 19·147）

𗍁𗤒，俄 Инв. No. 210、6340《杂字·番姓名》中第 175 个姓氏（俄 10·49）。

𗍁见于"野马"条，与"野"在语音上相通。

𗤒，《音同》《文海》归喉音平声第 17 品韵。𗤒，据《音同》《文海》，亦为喉音平声第 17 品韵，两者声韵皆同。𗤒，《音同》44A1 下注"𗤒𗟩"。"𗤒𗟩"为汉语"和尚"之借词，"𗤒"为"和"之借，音同，𗤒也用于为"和"注音。《广韵》中，"货"果摄过韵晓母字，"和"果摄过韵匣母。西北方音中，匣母清化为晓母，"货""和"读音相同，所以，𗤒与"货"在语音上也相通。

据以上夏汉对音资料，《西夏番姓译正》不误。

𗍁𗤒，《西夏文〈杂字〉研究》译为"耶和"，可改译为"野货"。

西夏文中还有一姓氏𗍁𗤒。俄 Инв. No. 5010《天盛二十二年卖地文契》中有𗍁𗤒𗴺𗵘𗴺、𗍁𗤒𗴺𗴺𗴺、𗍁𗤒𗴺□、𗍁𗤒𗴺𗴺、𗍁𗤒𗴺𗴺、𗍁𗤒𗴺𗴺等（俄 14·2）；俄 Инв. No. 6342—1《户籍帐》中有𗍁𗤒𗴺𗴺𗴺、𗍁𗤒𗴺𗴺𗴺、𗍁𗤒𗴺……𗍁𗤒𗴺𗴺[1]；俄 Инв. No. 7893—9《户口手实》中有𗍁𗤒𗴺𗴺𗴺[2]；英藏 0324V（K. K. Ⅱ. 0285b）《人口税账》中有𗍁𗤒𗴺𗴺𗴺、𗍁𗤒𗴺𗴺𗴺[3]；俄 Инв. No. 19—2《牲畜租赁契约》中有𗍁𗤒𗴺𗴺𗴺[4]；俄

---

① 参阅史金波《西夏经济文书研究》（书稿），2012。
② 参阅史金波《西夏经济文书研究》（书稿），2012。
③ 参阅史金波《西夏经济文书研究》（书稿），2012。
④ 参阅史金波《西夏经济文书研究》（书稿），2012。

Инв. No. 2996—3《十八年雇畜契》中有⬚⬚⬚⬚⬚、⬚⬚⬚⬚⬚[1]；俄 Инв. No. 5949—30《应天龙年典牲畜地契》中有⬚⬚⬚⬚、⬚⬚⬚□⬚[2]。

⬚，《音同》《文海》归喉音上声第 14 品韵。⬚，《音同》《文海》归喉音平声第 17 韵。在西夏语音中平声第 17 品韵与上声第 14 品韵正好是一个循环，⬚与⬚声韵相同，为同音字。

⬚⬚、⬚⬚读音相同，字形相近。⬚⬚见于西夏文《杂字·番姓名》，而⬚⬚见于文书与题记当中，疑为同一姓氏在不同出处的异写。

⬚⬚，《西夏〈天盛二十二年卖地文契〉考释》及《中国石窟·安西榆林窟》中均译为"耶和"，依上文分析，亦可译为"野货"。

⬚⬚、⬚⬚均与"野货"对应。

野遇　⬚⬚

野遇，《金史》卷 61《交聘表中》记载："明昌五年四月壬寅，夏御史中丞浪讹文广、副使枢密直学士刘俊才、押进知中兴府野遇克忠来报谢。……八月乙卯，夏武节大夫野遇思文、宣德郎张公辅贺天寿节。"

《西夏姓氏录》和《西夏书·官氏考》中均收录"野遇"。《续通志·氏族略》作"页允"，"页允氏，夏知中兴府页允克忠、武节大夫页允思文"。四库本《金史》中亦作"页允"。

野遇，与西夏文⬚⬚对应。

⬚⬚，俄 Инв. No. 2208 号佛经及俄 Инв. No. 1465 号佛经中有⬚⬚⬚⬚[3]；俄 Инв. No. 7950 号佛经中有⬚⬚⬚⬚⬚[4]。

⬚，夏汉对音资料见于"野马"条，与"野"在语音上相通。

⬚，《音同》《文海》中归牙音上声第 6 品韵，在《番汉合时掌中珠》

---

① 参阅史金波《西夏经济文书研究》（书稿），2012。
② 参阅史金波《西夏经济文书研究》（书稿），2012。
③ Е. И. Кычанов：*Каталог тангутских буддийских памятников*，Киото：Университет Киото，1999，СТР. 47，59.
④ Е. И. Кычанов：*Каталог тангутских буддийских памятников*，Киото：Университет Киото，1999，СТР. 66.

中用"玉""狱"等汉字对音,《类林》中与"玉""御""于"等汉字对音①。中古音中,"遇",牛具遇合三去遇疑,"玉",鱼欲通合三入烛疑。西北方音中韵尾－k失落,"玉"读音与"遇"相通,"遇"在读音上与𗣼亦相通。

依以上夏汉对音资料,𗟻𗣼在语音上与汉文史料中的"野遇"相通,𗟻𗣼、"野遇"相互对应。

嵬啰　𗣼𗣼

嵬啰,《金史》卷61《交聘表中》记载:"大定四年正月丁亥朔,夏遣武功大夫嵬啰执信、宣德郎李师白贺正旦。"

《西夏姓氏录》和《西夏书·官氏考》中均收录"嵬啰"。

嵬啰,与西夏文𗣼𗣼对应。

𗣼𗣼,俄 Инв. No. 1938 佛经中有𗣼𗣼𗣼𗣼𗣼②;M21·003［F135:W75/2026］《乙亥年借麦契》中有人名𗣼𗣼□（中 17·153）;俄 Инв. No. 6342—1《户籍帐》中有𗣼𗣼𗣼𗣼、𗣼𗣼𗣼𗣼𗣼③;俄 Инв. No. 4991—5《迁溜人口税帐》中有𗣼𗣼𗣼𗣼④;俄 Инв. No. 8203《户口手实》中有𗣼𗣼𗣼𗣼𗣼、𗣼𗣼𗣼𗣼𗣼⑤;俄 Инв. No. 4991—5《迁溜人口税帐》中有𗣼𗣼𗣼𗣼𗣼⑥;俄 Инв. No. 7630—2《光定鸡年卖畜契》中有𗣼𗣼𗣼𗣼𗣼⑦;俄 Инв. No. 4079—1《贷粮典畜契》中有𗣼𗣼𗣼𗣼𗣼⑧。

𗣼,夏汉对音资料见于西夏帝君姓"嵬名"条,音与汉字"嵬"相通。

𗣼,夏汉对音资料见于"韦移"条,可注音为"啰"。

① 龚煌城:《类林》西夏文译本汉夏对音字研究,载李范文主编《西夏研究》第8辑,中国社会科学出版社,2008,第457页。
② Е. И. Кычанов: *Каталог тангутских буддийских памятников*, Киото：Университет Киото, 1999, CTP. 239.
③ 参阅史金波《西夏经济文书研究》(书稿),2012。
④ 参阅史金波《西夏经济文书研究》(书稿),2012。
⑤ 参阅史金波《西夏经济文书研究》(书稿),2012。
⑥ 参阅史金波《西夏经济文书研究》(书稿),2012。
⑦ 参阅史金波《西夏经济文书研究》(书稿),2012。
⑧ 参阅史金波《西夏经济文书研究》(书稿),2012。

依以上夏汉对音资料，𗁅𗁲，读音与汉文中的“嵬啄”通，𗁅𗁲与“嵬啄”相互对应。

嵬迎 𗁅𘛽

嵬迎，俄Дх2822《杂字·番姓名》中第36个姓氏（俄6·138）。《西夏番姓译正》考其与西夏文𗁅𘛽勘同。

𗁅𘛽，俄 Инв. No. 210、6340《杂字·番姓名》中第50个姓氏（俄10·48）。俄 Инв. No. 211、212、213《文海》中收录（俄7·143）。

𗁅，夏汉对音资料见于“嵬名”条，音与“嵬”相通。

𘛽，《音同》《文海》归牙音平声第36品韵。𘟪，《音同》《文海》归牙音上声第33品韵。西夏语中，平声第36品韵与上声第33品韵正好是一个循环，𘛽、𘟪声韵相同。𘟪，在《番汉合时掌中珠》中用“迎”注音，𘛽也可音译为“迎”。

据以上夏汉对音资料，《西夏番姓译正》考证不误，𗁅𘛽、“嵬迎”相互对应。

𗁅𘛽，《西夏文〈杂字〉研究》及《文海研究》中均译为“嵬迎”，不误。

嵬悪 𗁅𗪘

嵬悪，《金史》卷61《交聘表中》记载：“（世宗大定十二年）正月庚午朔，夏武功大夫嵬悪执忠、宣德郎刘昭等贺正旦。”

《西夏姓氏录》和《西夏书·官氏考》中均收录“嵬悪”。《续通志·氏族略》作“威纽氏”，“威纽氏，夏武功大夫威纽执忠”。

据《西夏官印姓氏考》，“嵬嘌”的西夏文写法为𗁅𗪘[①]。

𗁅𗪘，俄 Инв. No. 210、6340《杂字·番姓名》中第51个姓氏（俄10·48）。西夏官印中有𗁅𗪘𗉣□□（官32）。

𗁅，夏汉对音资料见于“嵬名”条，音与“嵬”相通。

---

① 史金波：《西夏官印姓氏考》，《中国民族古文字》第2辑，天津古籍出版社，1993。

蔹，夏汉对音资料见于"恶恶"条，用汉字"恶"加口字旁注音，可记作"噁"。

据以上夏汉对音资料，《西夏官印姓氏考》考证不误，黻蔹、"嵬噁"相互对应。

黻蔹，《西夏文〈杂字〉研究》译为"嵬噁"。

铺主　黻䣭

铺主，俄 Дx2822《杂字·番姓名》中第 17 个姓氏（俄 6·138）。《西夏番姓译正》考，"铺主"与西夏文黻䣭勘同。

黻䣭，俄 Инв. No. 210、6340《杂字·番姓名》中第 35 个姓氏（俄 10·48）。俄 Инв. No. 741《新集碎金置掌文》（俄 10·110），俄 Инв. No. 211、212、213《文海》（俄 7·122），俄 Инв. No. 2539《义同》（俄 10·75）中均收录。

黻，《音同》《文海》归重唇音平声第 1 品韵，在《番汉合时掌中珠》中为"泊""蒲""薄""葡""铺""菩"等汉字注音。

䣭，《音同》《文海》归正齿音平声第 2 品韵，在《番汉合时掌中珠》中用"珠""竹""猪""蛛""诸""朱""煮""帚"等汉字对音。

据以上夏汉对音资料，《西夏番姓译正》考证不误，黻䣭、"铺主"相互对应。

黻䣭，《西夏文〈杂字〉研究》《西夏文本〈碎金〉研究》《文海研究》中均译为"普珠"，可改译为"铺主"。

鲁布

《大方广佛华严经海印道场十重行愿常遍礼忏仪》卷 42 记载："传译经者救脱三藏鲁布智云国师"[1]。

据考证，"鲁布智云"即 B11·047［3.15］《现在劫千佛名经》中的

---

① 白滨：《元代西夏一行慧觉法师辑汉文〈华严忏仪〉补释》，《西夏学》第 1 辑，宁夏人民出版社，2006。

"𗧜𗋽𗄼𗟨"①，𗧜𗋽、"鲁布"相互对应。

𗧜𗋽，俄 Инв. No. 210、6340《杂字·番姓名》中第 159 个姓氏（俄 10·49）。

𗧜，《音同》《文海》归来日音上声第 1 品韵，在《番汉合时掌中珠》中为"禄""露""鹿""笼""炉""农""碌"等汉字注音。

𗋽，夏汉对音资料见于"咩布"，与汉字"布"语音相通。

𗧜𗋽，《西夏文〈杂字〉研究》译为"卢布"，《〈西夏译经图〉解》中译为"鲁布"②。可统一译作"鲁布"。

慕容　𗪚𗱧

西夏有"慕容氏"，与西夏文𗪚𗱧对应。

《建炎以来系年要录》卷 38 记载："（环庆）统制官慕容洧，与诸将列告于庭，�叱之曰：'尔等头料未牢。'洧，环州属户，其族甚大，闻此语，惧诛，遂首以兵叛。"

G32·001《凉州重修护国寺感通塔碑》倒数第 4 行有人名𗪚𗱧𗰖𗹭（中 18·92），无相应汉文碑铭。其官职为𗐁𗐂𗐃𗐄𗐅𗐆𗐇𗐈𗐉𗐊，汉文译为"修塔小监行宫三司承旨祭官臣"。

𗪚，《音同》中归重唇音上声第 45 品韵，在《番汉合时掌中珠》中用"谋""牧""墨""木""目""牧""毛"等汉字对音。

𗱧，《音同》中归喉音平声第 56 品，在《番汉合时掌中珠》中用"羊""阳""莺"等汉字对音。在夏译汉文典籍中，𗱧又与"容"对音。如《类林》中就用西夏字𗨁𗱧与"符容"对音③，其中𗱧与"容"对音。而且夏译《孙子兵法》中用𗪚𗱧𗰖来对译汉文中的"慕容垂"，其中𗪚𗱧对应姓氏"慕容"④。所以，𗪚𗱧语音与"慕容"相通。

①　白滨：《元代西夏一行慧觉法师辑汉文〈华严忏仪〉补释》，《西夏学》第 1 辑，宁夏人民出版社，2006。

②　史金波：《〈西夏译经图〉解》，《文献》1979 年第 1 期。

③　龚煌城：《〈类林〉西夏文译本汉夏对音字研究》，载李范文主编《西夏研究》第 8 辑，中国社会科学出版社，2008，第 469 页。

④　林英津：《夏译〈孙子兵法〉研究》，中研院史语所单刊之 28，1994。

姓氏"慕容"源于鲜卑"慕容部",十六国时期在中国北方先后建立前燕、后燕、西燕、南燕等国,姓氏"慕容"广见于史籍文献当中。《北朝胡姓考》"四方诸姓"中的第二姓即为"慕容",隋朝有"慕容三庄",唐有"慕容休明",五代宋初有"慕容延钊"父子。西夏时期,宋夏沿边的环州有"慕家族"①,西夏境内亦有"慕容"姓氏。所以,𗹦𗹢当为姓氏"慕容"的西夏文写法。

蔡令　𗼖𗿫

蔡令,俄 Дх2822《杂字·番姓名》中第 34 个姓氏(俄 6·138)。《西夏番姓译正》将其与西夏官印中的𗼖𗿫对应,并指出𗿫可能为𗹳之误。

𗼖,《音同》《文海》中归齿头音上声第 14 品韵,《类林》用𗼖对译"曹操"之"操"②。

𗼖𗿫或𗼖𗹳皆未见于其他资料,还有待进一步的考证。

鲜卑　𗼻𗿤

鲜卑,见于西夏汉文佛经题记中,蒙元史料中又作鲜卑、西壁。与西夏文𗼻𗿤对应。

𗼻𗿤,俄 Инв. No. 210、6340 西夏文《杂字·番姓名》中第 145 个姓氏(俄 10·49)。俄 Инв. No. 741《新集碎金置掌文》(俄 10·109)、俄 Инв. No. 211、212、213《文海》(俄 7·128)、俄 Инв. No. 2539《义同》(俄 10·76)中均收录;俄 Инв. No. 409 中有 𗰖𗱅𗵐𗽗𗧓𗤦𘄴𗙻𗰔𗬩𗼻𗿤𗾺𘅗③;俄 Инв. No. 6862 中有 𗎫𗄴𗙻𗰖𗰖𗱅𗵐𗕿𗵐𗽗𗧓𗵐𗙻𗰔𗬩𗼻𗿤𗾺𘅗④;G12·

---

① (宋)李焘:《续资治通鉴长编》卷 277 神宗熙宁九年九月乙卯,中华书局,2004,第 6781 页。

② 龚煌城:《〈类林〉西夏文译本汉夏对音字研究》,载李范文主编《西夏研究》第 8 辑,中国社会科学出版社,2008,第 458 页。

③ Е. И. Кычанов: *Каталог тангутских буддийских памятников* Киото：Университет Киото,1999,СТР. 286.

④ Е. И. Кычанов: *Каталог тангутских буддийских памятников* Киото：Университет Киото,1999,СТР. 286.

044 ［Y29（10）］榆林窟第 29 窟中有 𗧘𗴺𗼓𗐓𗧘𗐓𗐓𗷞（中 18·246）；
俄 Инв. No. 2538 西夏文《贤智集序》中有 𗧘𗐔𗷞𗸱𗼓𗐔①。

据史金波先生考证，姓氏"鲜卑"即西北历史上的鲜卑族，西夏文写
作 𗧘𗐔，鲜卑族进入西夏后以族名为姓②。

𗧘，《音同》《文海》归齿头音上声第 28 品韵，在《番汉合时掌中珠》
中为"心""辛""信""新""寻""昔"等汉字注音。

𗐔，《音同》《文海》归重唇音平声第 11 品韵，在《番汉合时掌中珠》
中为"壁""毕""碧"等汉字注音。

另外，俄 Инв. No. 409 及 俄 Инв. No. 6862 中的 𗧘𗐔𗫴𗆈 即为汉文佛经题
记中的"鲜卑宝源"③。故史金波先生考订无误，𗧘𗐔、"鲜卑"相互对应。

播盃　𗔼𗗙

播盃，G12·005 ［M61（1）］莫高窟第 61 洞甬道南壁炽盛光佛像后
（西北）比丘尼旁有题记"扫洒尼姑播盃氏愿月明"（中 18·207）。

"播盃"，西夏番姓，与西夏文 𗔼𗗙 对应。

𗔼𗗙，俄 Инв. No. 210、6340《杂字·番姓名》中第 112 个姓氏（俄 10·
49），俄 Инв. No. 741《新集碎金置掌文》（俄 10·110）、俄 Инв. No. 207
《音同》（俄 7·3）中均收录。西夏官印中有 𗦳𗬬𗧘𗔼𗗙𗼓𗸱𗫡（官 97）；
G21·003 ［15512］西夏《天庆虎年会款单》中有 𗔼𗗙𗜓𗩾𗬹（中 16·
257）；G12·005 ［M61（1）］莫高窟第 61 窟中有 𗧘𗐔𗬬𗩾𗈬𗔼𗗙𗵒𗬬𗫡𗕎
（中 18·207）。

莫高窟第 61 洞甬道南壁炽盛光佛像后（西北）比丘尼旁题记为夏汉合
璧式，其中的 𗔼𗗙、"播盃"相互对应。

𗔼，《音同》《文海》归重上声第 14 品韵。𗗙，《音同》《文海》归重唇音

① 参阅聂鸿音《西夏文〈贤智集序〉考释》所附图版，《固原师专学报》2003 年
第 5 期。

② 史金波：《西夏境内民族考》，《庆祝王钟翰先生八十寿辰学术论文集》，辽宁大
学出版社，1993。

③ 参见罗炤《藏汉〈圣胜慧到彼岸功德宝集偈〉考略》，《世界宗教》1983 年第 4
期。

上声第 7 品韵，"播""盃"为帮母字，所以，"播盃"是諯秂之汉语音译字。

諯秂，《西夏文〈杂字〉研究》《西夏文本〈碎金〉研究》中译为"播杯"，《同音研究》中译为"播丕"，《西夏官印姓氏考》中译为"袜墨"。根据夏汉合璧资料，諯秂可统一译为"播盃"。

諯秂、"播盃"相互对应。

磨讹　叛毦

磨讹，俄 Дx2822《杂字·番姓名》中第 16 个姓氏（俄 6·138），与西夏文叛毦对应。

叛毦，俄 Инв. No. 210、6340《杂字·番姓名》中第 209 个姓氏（俄 10·49）。

叛，《音同》《文海》归重唇音上声第 3 品韵，在《番汉合时掌中珠》中用汉字"莫"注音。中古音中，"莫"，慕各宕开一入铎明，"磨"，莫波果合一平戈明。西北方音中韵尾消失后，"莫"读音同"磨"。

毦，夏汉对音资料见于"嗦讹"条，语音与汉字"讹"相通。

所以，叛毦语音与汉文中的"磨讹"相通，叛毦、"磨讹"相互对应。

三　西夏番姓订正

俍猇

俄 Инв. No. 211、212、213《文海》14·221 猇：猇纇韽繡俍猇敽，憸臝攃絽汖努敽（俄 7·127）。

俄 Инв. No. 211、212、213《文海》35·252 俍：俍纇俍猇敽，臝攃敽，韽繡絽汖努敽（俄 7·137）。

《文海研究》中两者都译为：此者族姓"乞契"也，又刚硬兼之谓也[1]。

显然，俍猇、俍猇当为同一姓氏。

---

[1]　史金波、白滨、黄振华：《文海研究》，中国社会科学出版社，1983，第 413、447 页。

查西夏文《杂字·番姓名》中第 101 个姓氏，俄 Инв. No. 207《音同》（俄 7·13、7·14）、俄 Инв. No. 2539《义同》（俄 7·76）均录为𗀁𗏶，故可知《文海》14·221 中𗀁𗏶误。𗀁，𗀁之异体字。

𗀁，《音同》《文海》归牙音平声第 28 品韵。𗏶，《音同》《文海》亦归牙音平声第 28 品韵，且在同一小类，两者声韵相同。𗏶，在《番汉合时掌中珠》中用汉字"块"注音。

𗏶，《音同》《文海》归牙音平声第 9 品韵，𗴢𗇃切，𗴢的反切上字又为𗙏，𗙏在《番汉合时掌中珠》中用汉字"岂"注音，溪母字，反切下字夏汉对音资料暂未找到。

𗀁𗏶，《西夏文〈杂字〉研究》音译为"吃乞"，《同音研究》译为"仡凄"，《文海研究》译为"乞契"，《夏汉字典》译为"乞契"。

𗏇𗵒

俄 Инв. No. 211、212、213《文海》30·241 𗏇：𗴢𗬀𗋽𗉛，𗏇𗱕𗴟𗄊𗏇𗴢𗉛𗋽𗉛𗏇𗵒𗬀𗵒（俄 7·135）。

《文海研究》中释为：左［逃］中，此者真言中用，又族姓"答末"之谓①。

𗏇，《音同》《文海》归舌头平声第 23 品韵。𗴢𗋽切，𗴢→𗋽→𗍂，形成反切上字连锁。𗍂，在《番汉合时掌中珠》中用"泥"对应，泥母，反切下字的夏汉对音资料暂未找到。

𗵒，《音同》《文海》归正齿音上声第 9 品韵，在《番汉合时掌中珠》中用汉字"水""瑞"注音，在𗏇𗵒等姓氏中𗵒与"税"对音。

𗏇𗵒，《文海研究》译为"答末"，其中𗵒译为"末"，疑将𗵒误识为"𗴮"。"𗴮"，《音同》中归重唇音平声第 80 品韵，在《番汉合时掌中珠》注音为"末"。

𗋽𗇃

俄 Инв. No. 211、212、213《文海》8·252 𗇃，𗇃𗱕𗋽𗇃𗄊𗴟𗄊𗇃𗉛，𗉛𗱕

---

① 史金波、白滨、黄振华：《文海研究》，中国社会科学出版社，1983，第 439 页。

𗥓𗥊（俄 7・124）；俄 Инв. No. 211、212、213《文海》55・262 𗁬，𗁬𗥓𗁬𗁬𗥊𗁬𗥊𗥊𗥊𗥊𗥓（俄 7・147）。

《文海研究》将两处𗁬𗥊均释为："官、族姓之谓"[①]。𗁬𗥊又见于俄 Инв. No. 211、212、213《文海》89・221 处，即𗥓𗥓𗥊𗁬𗥊𗥓𗥓𗥓𗥊𗁬𗥊𗁬𗥊𗥊（俄 7・164）。《文海研究》将其释为："族姓，又'波女'之弟也"[②]。可知，𗥓𗥓、𗁬𗥊为两先人名。从这三处可知，𗁬𗥊既为祖先名，又为姓氏，又为官职，这三层含义之间应存在一定的关系。

克恰诺夫等著的《圣立义海研究》中有𗥊𗥓，音"谋梯"。据上下文，𗥊𗥓为西夏传说中的祖先人名，其身份为"神主"。从含义上看，祖先名可以演变成姓氏，"神主"又和官职有着联系，且𗁬𗥊、𗥊𗥓字形相近，疑《圣立义海研究》中的𗥊𗥓为𗁬𗥊之误。

𗁬，《音同》《文海》归重唇音平声第 49 品韵。𗥓、𗥊，据《音同》《文海》，亦归重唇音平声第 49 品韵，且与𗁬在同一小类，𗁬、𗥓、𗥊为同音字。𗥓、𗥊在《番汉合时掌中珠》中的注音为"播"，所以，𗁬可音译为"播"。

𗥊，《音同》《文海》归舌头音平声第 3 品韵。𗥓，《音同》《文海》亦归舌头音平声第 3 品韵，且与𗥊在同一小类，𗥊、𗥓为同音字。𗥓，在《番汉合时掌中珠》中用"泥六"注音，所以，𗥊可音译为"泥六"。

𗁬𗥊，《文海研究》中译为"波泥六"，《同音研究》中译为"播纽"。

𗥓𗁬

俄 Инв. No. 210、6340《杂字・番姓名》中第 148 个姓氏（俄 10・49），俄 Инв. No. 741《新集碎金置掌文》（俄 10・109）、Инв. No. 2539《义同》（俄 10・76）中均收录。

𗥓，《音同》中归来日音平声第 54 品韵，𗁬，《音同》中亦归来日音上声第 47 品韵，且与𗥓在同一小类，𗥓、𗁬声韵相同。𗁬，在《番汉合时掌中珠》中用"罗"注音，𗥓可音译为"罗"。

① 史金波、白滨、黄振华：《文海研究》，中国社会科学出版社，1983，第 404、477 页。
② 史金波、白滨、黄振华：《文海研究》，中国社会科学出版社，1983，第 526 页。

□、□，《音同》《文海》中皆归齿头音上声第 10 品韵，且在同一小类，□、□为同音字。□，在《番汉合时掌中珠》中用汉字"迹"对音，故□可音译为"迹"。

□□，《西夏文〈杂字〉研究》译为"浪药"。"药"音与□差别较大，疑误识为□。□，《音同》《文海》归喉音平声第 3 品韵，□，《音同》《文海》归喉音平声第 3 品韵，且与□在同一小类，所以，□、□为同音字。□，在《番汉合时掌中珠》中用"药"注音，□也可音译为"药"。所以，《西夏文〈杂字〉研究》的"浪药"当为□□之音译。

□□，《西夏文本〈碎金〉研究》译为"罗即"。

萧□

俄 Инв. No. 210、6340《杂字·番姓名》中第 137 个姓氏（俄 10·49），俄 Инв. No. 741《新集碎金置掌文》（俄 10·110）、俄 Инв. No. 2539《义同》（俄 10·76）中均收录，M21·151［F1：W60/0060］《僧人名单》中有萧□□（中 17·251）。

萧，《音同》《文海》归来日音上声第 38 品韵，在《番汉合时掌中珠》中用汉字"柳"对音。

□，《音同》《文海》归来日音平声 17 品韵，《类林》中□对译"老"[1]。"老"为来母字，□之汉语音译字。

萧□，《西夏文〈杂字〉研究》释读为"鲁君"，疑将□误识为□。

□，《音同》《文海》归牙音平声第 16 品韵，在《番汉合时掌中珠》中用来对译"监军司"之"军"。

□□

俄 Инв. No. 210、6340《杂字·番姓名》中第 153 个姓氏（俄 10·49），俄 Инв. No. 741《新集碎金置掌文》（俄 10·110）、俄 Инв. No. 2539《义同》（俄 10·75）中均收录。

---

① 龚煌城：《〈类林〉西夏文译本汉夏对音字研究》，载李范文主编《西夏研究》第 8 辑，中国社会科学出版社，2008，第 464 页。

𦥑𦦬，据上文考证，与汉文史料中的"妹轻"相对应，是"妹轻"的西夏文写法。而《西夏文本〈碎金〉研究》中译为"格契"。"格"为见母字，与𦦬语音不通，疑误识为𦥑。

𦥑，《音同》《文海》归牙音平声第 78 品韵，语音与"格"相通。

𣲌𣲺

俄 Инв. No. 210、6340《杂字·番姓名》中第 201 个姓氏（俄 10·49），俄 Инв. No. 211、212、213《文海》中均收录（俄 7·164）。

𣲌，夏汉对音资料见于"𣲌𣲺"条。

𣲺，《音同》《文海》归喉音平声第 86 品韵。𤱿，《音同》《文海》亦归喉音平声第 86 品韵，且与𣲺在同一小类，𣲺、𤱿为同音字。𤱿，在《番汉合时掌中珠》中用汉字"乙"注音，所以，𣲺可音译为"乙"。

𣲌𣲺，《西夏文〈杂字〉研究》中译为"浪啰"。"啰"与𣲺语音不符，系将𣲺识为𣲼。

𣲼，《音同》《文海》归来日音去声第 73 品韵，语音上与"啰"通。

《文海研究》中第一个字未译，第二个字译为"乙"。

𦦋𦦞

俄 Инв. No. 2570、4187《天盛改旧新定律令·颁律表》中有 𦦋𦦞𦦝 □□（俄 8·48）。

《天盛改旧新定律令》将𦦋断入前文，将𦦞𦦝定为人名，译为"不心"①。

俄 Инв. No. 210、6340《杂字·番姓名》中第 85 个姓氏即为𦦋𦦞（俄 10·48），《天盛改旧新定律令》将𦦋𦦞断开，误。

𦦋，《音同》《文海》归来日音平声第 61 品韵，在《番汉合时掌中珠》中用"令合"注音。𦦞，在《番汉合时掌中珠》中用"不"注音。

𦦋𦦞，《西夏文〈杂字〉研究》译为"令布"。

---

① 史金波、聂鸿音、白滨等译《天盛改旧新定律令》，法律出版社，2000，第 108 页。

𘎑𘎆

《西夏文〈金光明最胜王经〉序跋考》中有西夏姓氏译文"没氏",仔细观察,是将𘎑𘎆(中4·86)误识为与之形近的𘎑𘎙。

𘎙,见于俄 Инв. No. 211、212、213《文海》77.212(俄7·158)。《文海研究》释为:"氏者妇人之族姓何氏之谓也",即相当于汉文中的"氏"①。

𘎑𘎆见于俄 Инв. No. 121《劝世歌》(俄10·312)、俄 Инв. No. 876《天下共乐歌》(俄10·314)、M21·151 [F1:W60/0060]《僧人名单》(中17·251)等文献中。与汉文史料中的"没细"相对应,详见本书第一章第二节"西夏番姓夏汉勘同"中的"没细"条。

𘎃𘎄

《西夏官印汇考》第46方大德乙卯元年印(官48)、第59方辛未三年印(官61)中的姓氏。《西夏官印汇考》及《西夏官印姓氏考》中将其识为𘎃𘎄,并分别译为"酩底""讹宁"。

第一个字在第46方官印中线条清晰,确为𘎃。第59方较为模糊,只能断定其与第46方字形相近。第二个字亦清晰,西夏文中未见该字,史金波先生推断其为𘎄,与第59方相验证,此推断不误。观察第46方官印,整方官印笔画粗陋,刻画当中很可能缺、多或讹笔画,所以,笔者依𘎄将该姓氏定为𘎃𘎄。𘎃𘎄,俄 Инв. No. 210、6340《杂字·番姓名》中第19个姓氏(俄10·48)。

𘎃见于"令介"条,可音译为"吟"。

𘎄,《音同》《文海》归舌头音平声第36品韵。𘎅,《音同》《文海》亦归舌头音平声第36品韵,且与𘎄在同一小类,所以,𘎄、𘎅声韵相同。𘎅,在《番汉合时掌中珠》用汉字"宁"注音,在西北方音中读如定母。所以,𘎄可用定母字对译。

𘎃𘎄,《西夏文〈杂字〉研究》译为"吟特"。

___

① 史金波、白滨、黄振华:《文海研究》,中国社会科学出版社,1983,第509页。

□□

□□，G32·001《凉州重修护国寺感通塔碑》中的□□□□（中18·89）与汉文碑铭中的"韦移移崖"（中18·91）对应，详细论证见本书第一章第二节"西夏番姓夏汉勘同"部分的"韦移、□□"条。

□□，罗振玉先生将其识为□□，并译为"左支"，误。孙寿龄先生将其识为□□，与"韦移"对应，亦误。

西夏雍宁六年官印中有□□□□（官12），《西夏官印汇考》将其识为□□，译为"任药"。史金波先生认为其写法为□□，应译为"南嗲"。仔细对照《西夏官印汇考》中的图片，笔者认为，从笔画形状上看，第10方中的姓氏当为□□，即"韦移"的西夏文写法。

另外，一方乾祐十五年的官印上有□□（官80），笔画清晰。不过考虑到"西夏印刻款常常省笔、变通的习惯"[1]，□是否就是与之写法相近的□，笔者亦无法肯定。可依据史金波先生的观点，录为□□，译为"南嗲"。

□□

□□，G32·001《凉州重修护国寺感通塔碑》的西夏文碑铭中有□□□（中18·92），与汉文碑铭中的"埋笃皆"对应，□□、"埋笃"相互对应。详细论证见本书第一章第二节"西夏番姓夏汉勘同"中的"埋笃、□□"条。

罗振玉将此姓氏识为□□□，并与汉铭文中的"梁行者乜"对应。史金波先生将其识为□□□，并与汉铭文中的"埋马皆"建立对应关系。

史金波先生所识的"马"当为"笃"之误，依"马"之西夏语音所识的"□"当为"□"之误。

不过，在这里有个问题，就是□在语音上与"笃"并不相通，这是因为西夏文中有与□字形相近，且读音为"笃"的西夏文？还是□有"笃"之音？暂将疑问置于此，以求方家指教。

---

① 史金波：《西夏官印姓氏考》，《中国民族古文字》第2辑，天津古籍出版社，1993。

茲悢

G32·001《凉州重修护国寺感通塔碑》倒数第 4 行第 15～18 个字分别为茲悢瓾諓（中 18·92），无相对应的汉文碑铭。其中的茲悢当与姓氏"慕容"对应，详细论证见本书第一章第二节"西夏番姓夏汉勘同"部分的"慕容、茲悢"条。

罗振玉将该人名释为"木杨□男"，孙寿龄先生将其释为"木杨讹㗲"，"木杨"对应"茲悢"。西夏汉文史料中并无姓氏"木杨"，而有与茲悢在语音上相通的"慕容"，所以，罗、孙所释不妥。

頯祇

《西夏陵墓出土残碑粹编》中有頯祇①。頯祇，《西夏陵墓出土残碑粹编拾补》译为"兀啰"②。

頯祇，俄 Инв. No. 210、6340《杂字·番姓名》中第 31 个姓氏（俄 10·48）。G12·044 ［Y29（17）］安西榆林窟第 29 窟中有頯祇黻㪍番（中 18·248）。与汉文史料中的"讹啰"相对应，详见本书第一章第二节"西夏番姓夏汉勘同"中的"讹啰"条。

"兀啰"音与頯祇不符，疑将頯的注音"鱼各"误作"鱼骨"。"鱼骨"双字注音，音同"兀"。

磁㪍

俄 Инв. No. 210、6340《杂字·番姓名》中第 97 个姓氏（俄 10·49）。

磁，《音同》中归正齿音平声第 19 品韵，在《番汉合时掌中珠》中为"毡""折""者"等汉字注音，《文海研究》中译为"折"。

㪍，《音同》《文海》归来日音上声第 71 品韵。㪍、㪍、䵣，《音同》《文海》亦归来日音上声第 71 品韵，且与磁在同一小类，㪍、㪍、䵣、㪍声韵相同。㪍、㪍、䵣在《番汉合时掌中珠》中均用"冷"加口字旁注音。

磁㪍，《西夏文〈杂字〉研究》译为"折吟"。夏汉对译中，来母加口

---

① 参见李范文《西夏陵墓出土残碑粹编》，宁夏人民出版社，1984。

② 史金波：《西夏陵墓出土残碑粹编拾补》，《西北民族研究》1986 年第 1 期。

字旁变为日母，"呤"为来母，不妥。所以，此处可仿"嗲"，保留原有字样，𗾲𗾋可译为"折呤"。

𗾋𗉶

俄 Инв. No. 210、6340《杂字·番姓名》中第 194 个姓氏（俄 10·49），俄 Инв. No. 741《新集碎金置掌文》（俄 10·110）中收录。

《西夏文〈碎金〉研究》中译为"女斗"，"女"取𗾋之意，不符合西夏姓氏音译的习惯。

𗾋，《音同》《文海》归重唇音平声第 32 品韵，𘓞𗉶切。𗾋→𘓞→𗀚形成反切上字连锁。𗀚，在《番汉合时掌中珠》中注音"麻"，明母。𗾋→𗉶→𗀉形成反切下字连锁。𗀉，在《番汉合时掌中珠》中注音"。七""疾"，质韵。所以，𗾋可用明母质韵字对译，中古西北方音中韵尾 -t 消失，𗾋音 mji。

𗉶，《音同》《文海》归舌头音平声第 43 品韵。𗉱，《音同》《文海》亦归舌头音平声第 43 品韵，且与𗉶位于同一小类，两者声韵相同。𗉱，在《番汉合时掌中珠》中为"斗""兜""枓""刀""到"等汉字注音，所以，𗉶音 twe。

𗾋𗉶，《西夏文〈杂字〉研究》中译为"米笃"，依上文分析，可译为"米斗"。

𗼨𗉝

俄 Инв. No. 210、6340《杂字·番姓名》中第 208 个姓氏（俄 10·49），俄 Инв. No. 207《音同》（俄 7·13、俄 7·18）中收录。

《同音研究》将其释为地名，误，当为姓氏。

四　西夏汉姓考

俄 Дх2822《杂字·汉姓名》缺题名，现可见的姓氏开始于"梁陈苏辛"，结束于"党门柔萌"，共 138 个汉姓。俄 Инв. No. 210、6340《杂字·汉姓名》中有西夏文汉姓 84 个。俄 Инв. No. 741《新集碎金置掌文》第 42

联至第 53 联由 120 个具有双关含义的汉姓组成①。另外,《文海》《音同》《义同》以及西夏社会文书、碑刻、传统宋元史料中都有大量汉姓信息。汉姓是西夏姓氏的重要组成部分,包括汉文、西夏文两种文字资料。从现公布的姓氏人名信息看,这些汉姓中有相当部分的汉姓或与番名组合,构成汉姓番名,或与汉名组合,实则为党项番人。这些特殊的汉姓,对于研究西夏社会发展、民族融合等问题有着重要意义,故将此部分单独论述。

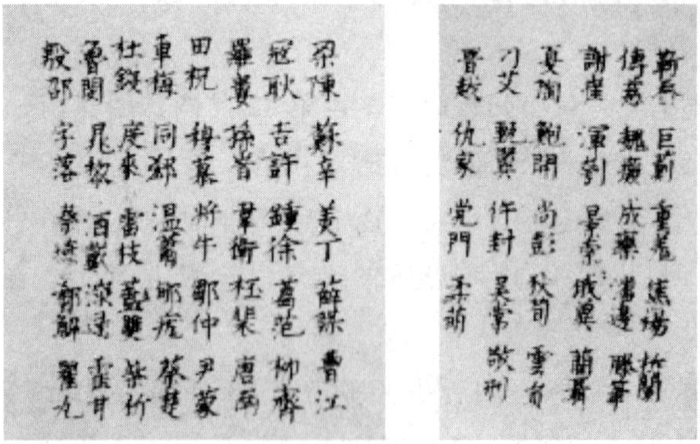

图 10　俄 Дх2822《杂字·汉姓名》

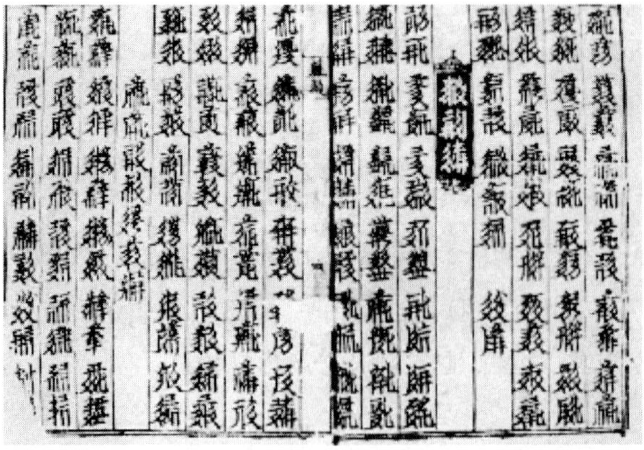

图 11　俄 Инв. No. 210、6340《杂字·汉姓名》

---

① 聂鸿音、史金波:《西夏文本〈碎金〉研究》,《宁夏大学学报》1995 年第 2 期。

马氏

俄 TK49P《西夏天庆年间裴松寿典麦契》中有"知见人马能嵬"（俄2·38）。《金史》卷61《交聘表中》（世宗大定十一年）正月丙子朔有"夏遣武功大夫煞执直、宣德郎马子才贺正旦"。

"能嵬"，番名。

俄 Инв. No. 207《音同》有𗤉，释为"族姓"（俄7·4）。

𗤉，《音同》中归重唇音上声第20品韵，在《番汉合时掌中珠》中为"马""玛""麻""嫚"等汉字注音，与姓氏"马"在语音上相通。

王氏

G32·001《凉州重修护国寺感通塔碑》记载："护国寺感通塔番汉四众提举赐绯僧王那征迁、（石匠）王真"。《长编》卷507哲宗元符二年丁巳条记载："吕惠卿言，讨荡西界鲁逊满达勒等处，胁降到王固策，称系西界衙头，服事小大王，王差往宥州统领处充走马。诏特与右侍禁，添差充太平州指使。"《潞公文集》卷17《奏议》记载："探得西界首领王罗、杨诰部领人马，于闰七月十四日夜，往乾州堡放箭，当夜却回，见在吹箓谷住坐。"

"那征迁"为西夏番人名；"西界首领"疑为西夏番部首领；"西界衙头"疑为番族。此处"王"姓为党项人所用。

俄 Инв. No. 210、6340《杂字·汉姓名》（俄10·50）、俄 Инв. No. 741《新集碎金置掌文》（俄10·110）、俄 Инв. No. 207《音同》（俄7·6）、俄 Инв. No. 211、212、213《文海》60·271（俄7·149）中皆有姓氏𗋽；俄 Инв. No. 5949—31《光定虎年众会契》有𗋽𘝾𗤆①。

𗋽，据《音同》《文海》，为轻唇音平声第54品韵，在《番汉合时掌中珠》中与汉字"亡"对应。另外，俄 Дx2957、10280《西夏光定十三年千户刘寨杀了人口状》中被杀人口"王望喜"中的"王"旁注有𗋽（俄6·160）。所以，𗋽当与汉文姓氏"王"对译。

G11·048［D.0208］《大朝戊午年印佛经残页》中有𗋽𗙊𗙏（中16·154），说明蒙元时期仍有"王"姓西夏遗民。

---

① 参阅史金波《西夏经济文书研究》（书稿），2012。

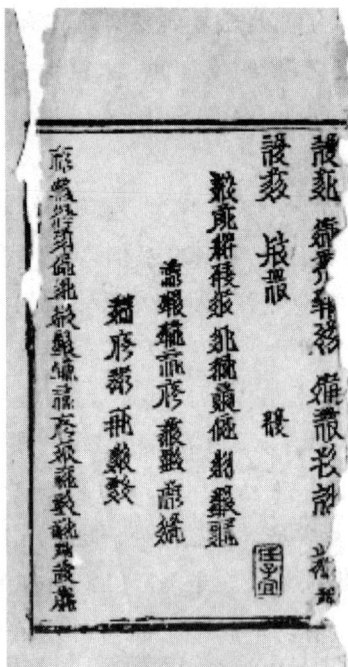

图 12　G11·048〔D.0208〕《大朝戊午年印佛经残页》（中 16·154）

韦氏

俄 Дx2822《杂字·番姓名》中收录"韦氏"（俄 6·137）；英藏 Or. 12380—3291〔K. K. Ⅱ. 0238.1.iv〕《汉文杂物账》中有"韦吃□"（英 4·88）。

"吃"多见于番名音译字中，如《宋会要》兵 6 之 19 中有"米吃多"，兵 8 之 19 中有党项人名"吃罗"等，故"韦吃□"为番名。

白氏

俄 Дx2828《西夏乾祐二年漫土与材柏帐》中有"白伴狗"（俄 6·156）。《元刊梦溪笔谈》卷 13 记有"元昊乳母白姥"。

"伴狗"，党项番名。

俄 Инв. No. 210、6340《杂字·汉姓名》中有"貏"。貏，据《音同》

《文海》，为重唇音平声第9品韵，在《番汉合时掌中珠》中与"白""珀"
"帛""拍"等对音，与汉文中的姓氏"白"语音相通。

B11·047［3.15］《现在劫千佛名经》中有𗷓𘊟𗼑𗥃𗀔（中5·187）；
G32·001《凉州重修护国寺感通塔碑》中有𗼑𘉞𗉛（中18·89）；B11·
052《过去庄严劫千佛名经》发愿文中有𗷓𘊟𗼑𗫲𗈁……（𗼑）𗥃𗀔（中
6·57）。

据史金波先生考证，𗼑𗫲𗈁、（𗼑）𗥃𗀔即西夏景宗元昊时的国师白法
信和惠宗秉常时主持译经的国师白智光①，两者很可能是来自龟兹的回鹘王
族②。

所以，西夏境内的"白"姓番人，其姓氏可能源于汉姓，也可能源于
河西地区。

朱氏

《长编》卷487哲宗绍圣四年五月甲子条记载："向日归明朱智用，久
已向汉，然为夏国各有把截卓望口铺，无缘遂达中土。后因事至邈川，先与
溪心手下首领作般擦到熙州，密谕归顺之意，后阖家间行归汉。"

据"向明""归汉"判断，"朱智用"可能是汉名番人。

任氏

G32·001《凉州重修护国寺感通塔碑》汉文碑铭中有石匠"任遇子"
（中18·91）。

俄 Инв. No. 210、6340《杂字·汉姓名》（俄10·50）、俄 Инв. No. 741
《新集碎金置掌文》（俄10·110）、俄 Инв. No. 211、212、213《文海》
60·271（俄7·149）、俄 Инв. No. 2539《义同》（俄10·75）中皆有姓氏
𗎁（俄10·130）。G32·001《凉州重修护国寺感通塔碑》中有西夏文人名
𗎁𗦲𗑱（中18·89）。

---

① 史金波：《西夏文〈过去庄严劫千佛名经〉发愿文译证》，《世界宗教研究》
　　1981年第1期。
② 史金波：《西夏佛教史略》，宁夏人民出版社，1988，第79页。

《凉州重修护国寺感通塔碑》中的𗙱𗙱𗙱与汉文碑铭中的"任遇子"对应。𗙱，《音同》中属来日音平声第 61 品韵，在《番汉合时掌中珠》中与汉字"壬""仁"等对音。𗙱，汉姓"任"的西夏文写法。

刘氏

英藏 Or. 8212/727K. K. Ⅱ. 0253［a］《西夏天庆年间裴松寿典麦契》中有"立文人刘折兀埋"（斯 1・198）；俄 Дx. 18993《西夏光定十二年正月李春狗等凭租饼房契》中有"立文字人刘番家"（俄敦 17・320）；G32・001《凉州重修护国寺感通塔碑》中有"修塔寺小监行宫三司正栗铭臣刘屈栗崖、修塔寺结瓦□土刘狗儿"（中 18・91）。

"折兀埋""屈栗崖"为音译西夏名，"番家""狗儿"为意译西夏名。

《涑水记闻》卷 12 记载："宝元二年九月，金明都监李士彬捕得元昊伪署环州刺史刘乞驼，送京师，斩于都市"。

"乞驼"为番名，此番名在《长编》卷 124 仁宗宝元二年九月甲辰条中记为："斩伪环州刺史刘奇彻于都市。奇彻名重信"。"乞驼"与"奇彻"为同音异译，"重信"疑为汉文意译。

俄 Инв. No. 210、6340《杂字・汉姓名》（俄 10・50）、俄 Инв. No. 741《新集碎金置掌文》（俄 10・110）、俄 Инв. No. 211、212、213《文海》60・271（俄 7・146）、俄 Инв. No. 207《音同》（俄 7・25）、俄 Инв. No. 2539《义同》（俄 10・76）中皆有姓氏𗙱（俄 10・130）。

𗙱，《音同》《文海》归来日音平声第 45 品韵，在《番汉合时掌中珠》中与汉字"刘""琉""榴""留"等对音，故𗙱与汉文中的姓氏"刘"对音。

俄 Инв. No. 121《赋诗》（俄 10・268）、《大诗》（俄 10・271）的作者皆为"𗙱𗙱𗙱"（刘法雨）。M21・151［F1：W6010060]《僧人名单》中有𗙱𗙱（刘师）、𗙱𗙱𗙱𗙱（刘□茂师）（中 17・251）。

𗙱𗙱𗙱（刘法雨）中的𗙱（法）指佛法，而𗙱𗙱（刘师）、𗙱𗙱𗙱𗙱（刘□茂师）中的𗙱（师），即指僧人法师。此人保留俗家姓，应当不是汉人，而是西夏党项人。

孙氏

俄 Дx2822《杂字·汉姓名》中有姓氏"孙"（俄 6·137）；G32·001《凉州重修护国寺感通塔碑》中有"孙都儿、孙□都、孙惹子"（中 18·91）；俄 B61《乾祐二年材柏帐》中有"孙猪苟"（俄 6·60）；俄 Дx2828《西夏乾祐二年漫土与材柏帐》中有"孙猪狗"（俄 6·156）。

"都儿""惹子""猪苟""猪狗"为番名，此处"孙"姓为番人所用。

苏氏

俄 Дx2822《杂字·汉姓名》中有姓氏"苏"（俄 6·138）；俄 Инв. No. 8026《短麻皮等账物》中有"苏木丑辛"（俄 6·321）；《宋史》卷 485《夏国传》记载："（景祐二年）遣其令公苏奴儿将兵二万五千攻唃厮啰，败死略尽，苏奴儿被执。"《长编》卷 100 仁宗天圣元年二月庚申条记载："西界内附万子苏渴嵬三班奉职，仍赐姓名李文顺，令居陈州。"

"苏木丑辛""苏奴儿""苏渴嵬"为番名。

另外，《长编》卷 76 大中祥符四年九月甲申条记载："赵德明遣军校苏守信"。苏守信，据《西夏书事》卷 9 记载："西凉人也……其子罗麻"。从其子名"罗麻"看，苏守信当是西凉番人。"守信"是个汉化很明显的名字。

俄 Инв. No. 210、6340《杂字·汉姓名》（俄 10·50）、俄 Инв. No. 741《新集碎金置掌文》（俄 10·110）、俄 Инв. No. 211、212、213《文海》60·271（俄 7·123）、俄 Инв. No. 207《音同》（俄 7·175）、俄 Инв. No. 2539《义同》（俄 10·75）中皆有姓氏蘱（俄 10·130）；俄 Инв. No. 2570、4187《天盛改旧新定律令·颁律表》中有人名蘱皿訛（俄 8·48）；G21·003〔15512〕西夏《天庆虎年会款单》（中 16·257）中有蘱縂犕蓕；B92·002西夏文铜牌中有人名蘱蓕祧（中 20·81）；B52·004西夏文铜牌中有人名蘱蓕祧（中 20·83）。

蘱，《音同》《文海》归齿头音平声第 1 品韵，《类林》中用"蘱"来对译"苏武"中的"苏"[1]。所以，蘱可与汉文中的姓氏"苏"对音。不

---

[1] 龚煌城：《〈类林〉西夏文译本汉夏对音字研究》，载李范文主编《西夏研究》第 8 辑，中国社会科学出版社，2008，第 458 页。

过,《义同》中纚与番姓一起排列。

李氏

《辽史》卷115《西夏传》记载:"兴宗即位,以兴平公主下嫁李元昊,以元昊为驸马都尉……李谅祚……(大安元年)十二月,李乾顺遣使上其父秉常遗物。四年七月,册乾顺为夏国王";卷22《道宗纪》2记载:"冬十月……戊辰,册李秉常为夏国王";《金史》卷4《熙宗纪》75记载:"诏册李仁孝为夏国王";卷10《章宗纪》2记载:"遣国子祭酒刘□册李纯祐为夏国王";卷12《章宗纪》4记载:"泰和六年九月……辛丑,遣尚书左司郎中温迪罕思敬册李安全为夏国王";卷13《卫绍王纪》记载:"(崇庆元年)三月,遣使册李遵顼为夏国王";《蒙兀儿史记》卷44《脱栾传》记载:"李德旺受遵顼内禅,不承有侵侮蒙兀之言";《元史》卷1《太祖纪》记载:"是月,夏主李睍降"。

李元昊、李谅祚,李秉常、李乾顺、李仁孝、李纯祐、李安全、李遵顼、李德旺、李睍为西夏历代诸帝。"李"姓为唐所赐,五代夏州政权首领皆用此姓。北宋赐赵姓,史书中常有赵保吉、赵德明、赵元昊等。元昊立国时自号"嵬名"。又《长编》卷199仁宗嘉祐八年七月丙辰条记载:"(夏国主)谅祚所上表辄改姓李,赐诏诘之,令守旧约。"即北宋对西夏王族仍以赵姓相称,或直呼其名,故西夏"李"姓王族只见于《辽史》《金史》《元史》、元清文集及方志中,而不见于北宋史料。

《儒林公议》卷8记元昊自卫队队长"李讹移岩名";《建炎以来系年要录》卷181有"副使李屈移"。另外,俄 Дx.18993《西夏光定十二年正月李春狗等凭租饼房契》中有"光定十二年正月廿一立文字人李春狗、同立文字人李来狗、同立文字人李喜狗"(俄敦17·320);俄 Дx2828《西夏乾祐二年纳材植帐》中有"李贺、脚户李猪儿、脚家李遇的"(俄6·50);俄 Инв. No.8026《短麻皮等账物》中有"李家奴"(俄6·321)。

"讹移岩名""屈移""遇的"为番语音译人名。西夏文人名中有"𗼩""𗹬"等字,相当于汉语中的"狗"。

俄 Инв. No.741《新集碎金置掌文》汉姓对联中有𗼨(俄10·110);M21·151[F1:W60/0060]《僧人名单》(中17·251)中有人名𗼨𗼩□□

𗣜、𗣜𗾔𗤗𗣜；G31·004［6728］《乾定猴年典糜契约》（中 16·389）中
有𗤗𗼱𗥃𗣓、𗤗𗯨𗀔𘁿、𗤗𗵆𗯨𗀔𗳴、𗤗𗙼□𘁿。其中，𗤗，《音同》中属
来日音上声第 9 品韵，在《番汉合时掌中珠》中用"利""吏"等汉字注
音。𗤗与汉文姓氏"李"对音。

综上所述，西夏境内使用李姓的党项人有两类，一部分为西夏历代诸
帝，其姓名用词与汉地人名无异；另一部分为其他党项人，名字或与汉人名
相同，或具有明显的党项特点。

另外，在宋夏边境也有大量的李姓党项人，这些党项人受宋朝影响，多
取汉名。如《长编》卷 137 仁宗庆历二年六月壬辰条记载："以延州厥屯族
军主香埋、归娘族军主阿讹并为副都军主，厥屯副军主吃埋、揭家族副军主
李朝政并为军主，悖家族都虞候迥讹、苏尾族都虞候拓德遇、李文信并为副
军主，鄜延部署司言其击贼有功也。"卷 504 元符元年十二月乙未条记载：
"枢密院言环庆路归明蕃官宥州刺史、横山至宥州一带都巡检使李阿雅卜并
男三班奉职李襄渠卜到阙，诏李阿雅卜赐名怀名，男襄渠卜赐名世忠"。
《东都事略》卷 128《夏国传》记载："大观间，环庆蕃将李遇昌及其父亲
李讹嗦叛归其国，渐用事，引夏人入寇。"

杨氏

俄 Дx2822《杂字·汉姓名》中有姓氏"杨"（6·138）。

《姑溪居士后集》卷 20《折渭州墓志铭》记载："朝廷既城绥德，夏人
遣其亲信杨已良者，分画地界，经略司命领军就收其要领，而以公从行，公
语其间，反复屡折之，已良至不敢仰视，立界堠，筑中山堡而归。"《长编》
卷 230 神宗熙宁五年二月辛酉条记载："仍令知绥德城折克隽以此事理与夏
人折难商量。先是，秉常有此奏，而近羌议地界首领杨巴凌等与克隽议，乃
抵以为初未尝约二十里，中间立堠开壕而已。"

两处所记为同一事件，其中"杨巴凌"即"杨已良"。"巴""已"形近，
"凌""良"音近，"杨巴凌""杨已良"当为同一西夏番名的不同译法。

《潞公文集》卷 17《奏议》记载："探得西界首领王罗、杨诰部领人
马，于闰七月十四日夜，入乾州堡放箭，当夜却回，见在吹箋谷住坐"。

"杨诰"，西界首领，当为番人。

俄 Инв. No. 741《新集碎金置掌文》中有姓氏愼（俄 10・110）；俄 Инв. No. 6342—1《户籍帐》中有愼𘚥𗅱𗋽𘞤①；俄 Инв. No. 4762—7《贷粮契》中有愼𗢺𗳉𗂪②等。

愼，《音同》中归喉音平声第56品，在《番汉合时掌中珠》中与"羊""阳""鸯"等汉字对音。所以，愼与汉文姓氏"杨"对应。

"杨"、愼为西夏番人所用姓氏。

吴氏

俄 Дх2822《杂字・汉姓名》中有姓氏"孙"（俄 6・138）；G32・001《凉州重修护国寺感通塔碑》中有"修寺准备吴箇，行宫三司正、凑铭臣吴没兜"（中 18・91）；G12・005［M61（9）］莫高窟第61窟中有"助缘僧吴惠满像"（中 18・209）；《金石萃编》卷147《折克行神道碑》中有"斩伪钤辖吴埋保等"。

"箇""吴没兜""吴埋保"为西夏番语名。"吴惠满"为僧人，保留俗家姓，可能为西夏党项人。

另外，《长编》卷505哲宗元符二年正月甲子条记载："西界钤辖吴名革……有弟吴名山"。

"吴名革""吴名山"兄弟二人姓名皆以"吴"开头，"吴"为姓无疑，且中间皆有"名"字，命名方式与汉文化相同，当为汉化程度较高之部族。

俄 Инв. No. 741《新集碎金置掌文》（俄 10・110）、俄 Инв. No. 211、212、213《文海》60・271（俄 7・125）、俄 Инв. No. 207《音同》（俄 7・13）中皆有姓氏𗣼；G21・003［15512］《天庆虎年会款单》中有人名𗣼𘚥𗂪□𘞤（中 16・257）；G31・003［6727］1—2《武威乾定鸡年卖牛契》中有人名𗣼𘕯𗎥𗦻（中 16・387）；西夏官印中有人名𗏣𗦻𘕯𗣼𘜶𗎥（中 20・53）。以上𗣼后所接皆为番名。

G12・005［M61（9）］莫高窟第61窟中有"𘌺𗨙𗄈𗣼𘞽𘏰"（中 18・

① 参阅史金波《西夏经济文书研究》（书稿），2012。
② 参阅史金波《西夏经济文书研究》（书稿），2012。

209）。[西夏文]，据《音同》《文海》，为牙音平声第 5 品韵，莫高窟第 61 洞甬道北壁供养比丘第六身旁有夏汉合璧题名"助缘僧吴惠满像"与"[西夏文]"，其中"吴"与"[西夏文]"对应。所以，汉文姓氏"吴"与西夏文[西夏文]对音。

庐氏

俄 Инв. No. 8026《短麻皮等账物》中有"庐阿苟□"（俄 6·321）。

"阿苟□"为番名。

汪氏

《金史》卷 101《仆散端传》记载："兰州葩俄族都官汪三郎等，皆相继内附。汪三郎赐姓完颜，后为西方名将。"

"汪三郎"，夏葩俄族首领。此处汉姓"汪"被番族使用。

张氏

英藏 Or. 8212/727K. K. Ⅱ. 0253［a］《西夏天庆年间裴松寿典麦契》记载："知见人张绪□、知见人张屈栗"（斯 1·199）。

其中的"张绪□""张屈栗"亦为番名。

另外，《长编》卷 301 元丰三年十二月己亥条记载："梁乙埋遣蕃官张灵州奴伪为汉人，入边侦事，为泾原游兵所获。"

由"蕃官""伪为汉人"等，可知"张灵州奴"为西夏番人。中华书局标点本《长编》中将"张灵州"断为人名，误。

俄 Инв. No. 210、6340《杂字·汉姓名》（俄 10·50）、俄 Инв. No. 741《新集碎金置掌文》（俄 10·110）、俄 Инв. No. 211、212、213《文海》60·271（俄 7·150）、俄 Инв. No. 207《音同》（俄 7·20）、俄 Инв. No. 2539《义同》（俄 10·76）中皆有姓氏[西夏文]；G32·001《凉州重修护国寺感通塔碑》中有[西夏文]（中 18·89）；G12·039［Y13］榆林石窟第 12 至 13 窟通道内有[西夏文]（中 18·240）。

[西夏文]，《音同》《文海》归正齿音平声第 56 品韵，在《番汉合时掌中珠》

中与汉字"张""獐""帐"等对音。《类林》中用𗙫来对应"张纲"之"张"①。所以，姓氏𗙫当与汉文姓氏"张"对应。

"张"、𗙫为汉姓，为西夏番人所使用。

画氏

G12·005［M61（5）］莫高窟第 61 窟甬道北壁供养比丘第十身旁有"助缘僧画惠嵩"（中 18·208）。

罔氏

俄 Дx2822《杂字·汉姓名》中有姓氏"罔"（6·138）；《宋史》卷 486《夏国传》记载："夏主受册而二砦不归，且欲先得绥州，遣罔萌讹以誓诏来言……元祐元年二月，始遣使入贡。五月，遣鼎利罔豫章来贺哲宗即位……元祐元年十月，以父殂，遣使吕则罔聿谟等来告哀"；《宋会要》蕃夷 7 之 26 记载："（康定元年）二月六日，夏国遣使丁弩罔聿则来贡御马橐驼，自是岁来贡"；《长编》卷 83 记载："（十月）己未，夏国使者罔育讹来谢封册。"

"罔萌讹""罔豫章""罔聿则""罔育讹"皆番名。

图 13　G12·005［M61（5）］
莫高窟第 61 窟

史料中也有大量的罔姓汉名，如《宋史》卷 486《夏国传》记载："仁孝，崇宗长子也。……十二月，纳后罔氏。"《金史》卷 61《交聘表中》中有"罔荣忠""罔进忠""罔永德""罔敦信"等。

另外，据史料记载，李继捧祖母、李继迁母、李德明母皆为"罔氏"。《咸平集》卷 29 记载李继捧祖母为"河西罔氏"，"特进西河郡太夫人"。

---

① 龚煌城：《〈类林〉西夏文译本汉夏对音字研究》，载李范文主编《西夏研究》第 8 辑，中国社会科学出版社，2008，第 460 页。

《长编》卷32太宗淳化二年七月己亥条记"封其（继迁）母罔氏西河郡太夫人"。

"西河"即"河西"，自春秋时期就有这一概念，所指不一，不过大体上在今天陕、晋、蒙相接之处。汤开建先生曾指出，唐中后期的河西及河西党项均指银夏诸州①。两相印证，可知李继迁妻、李仁孝妃罔氏应为银夏故地大姓。西夏境内的罔姓，当是番化了的罔姓。

周氏

俄 Инв. No. 7779A《西夏天盛十五年王受贷钱契》中有"同立文字人周遇僧"（俄6·321）。

"遇"有可能为西夏字"𗏟"的音译。

孟氏

俄 Дx2828《西夏乾祐二年漫土与材柏帐》中有"孟阿永"（俄6·158）。

赵氏

俄 Инв. No. 7465V 号文书记载："赵猪狗、捍纱文书赵猪狗"（俄6·321）。

"赵猪狗"为西夏番名。

俄 Инв. No. 210、6340《杂字·汉姓名》（俄10·50）、俄 Инв. No. 211、212、213《文海》中均收录姓氏𗼨（俄7·146），G31·003［6727］1—2《武威乾定鸡年卖牛契》中有𗼨𘈈𗄭𗼩（中16·387）。

𗼨，据《音同》《文海》，为正齿音平声第45品韵，《类林》中与"赵整"之"赵"对应②。𗼨与汉文姓氏中的"赵"对音。

胡氏

俄 TK49P《西夏天庆年间裴松寿典麦契》中有"胡住儿"（俄2·37）；

---

① 汤开建：《隋唐时期党项部落迁徙考》，《暨南学报》1994年第1期。

② 龚煌城：《〈类林〉西夏文译本汉夏对音字研究》，载李范文主编《西夏研究》第8辑，中国社会科学出版社，2008，第455页。

俄 TK16V《西夏典麦契》中有"同立文人胡僧的（押）、文字人胡住儿"（俄 1·226）。

"住儿""僧的"为番名。

浑氏

俄 Дx2822《杂字·汉姓名》中有姓氏"浑"。

据姚薇元《北朝胡姓考》，北朝内入诸姓中有"浑氏"，出自西部鲜卑族，鲜卑吐谷浑归化后以名为氏，又省读为"谷浑氏""浑氏"。西夏"浑氏"当源于北魏之"浑氏"。西夏将其归入汉姓，但有汉姓番名。如 G32·001《凉州重修护国寺感通塔碑》中有"书番碑旌诜典集冷批浑嵬名遇"（中 18·91）。"嵬名"为西夏王室姓，"浑"与其组合而成的人名"浑嵬名遇"应该是党项人。

除番名以外，史料还记载有西夏浑姓的汉名。如《金史》卷 61《交聘表中》中的"夏武功大夫浑进忠"，卷 62《交聘表下》中的"夏武节大夫浑进忠"。

𗧓，俄 Инв. No. 207《音同》中注为姓氏（俄 7·22）。在俄 Инв. No. 2539《义同》中，𗧓与汉姓一起排列。

𗧓，据《音同》，为喉音上声第 13 品韵。在《番汉合时掌中珠》中𗧓与汉字"婚"对音。又《凉州重修护国寺感通塔碑》中"浑嵬名遇"与𗧓𘑡𗏹𗄭对应，𗧓与"浑"对音。所以，西夏文姓氏中用𗧓对译"浑"。

西夏文中有诸多𗧓姓的人名。除𗧓𘑡𗏹𗄭外，还有如俄 Инв. No. 6342—1《户籍帐》中的𗧓𗙏𘑗𗅳[1]，俄 Инв. No. 5120—2《天庆鼠年贷粮典畜契》中的𗧓𗥃𘑒𗙏[2]等。

"浑"、𗧓为西夏姓氏，既有番名，也有部分汉名。

郭氏

《陇右金石录》卷 4《黑河建桥敕碑》中有"郭那正威"。

英藏 Or. 8212/727K. K. Ⅱ. 0253（a）《西夏天庆年间裴松寿典麦契》中有"立文人夜利那征"（斯 1 · 198）；G32 · 001《凉州重修护国寺感通塔碑》中有"护国寺感通塔番汉四众提举赐绯僧王那征迁"（中 18 · 91）。

"正""征"同音异译。"那正"为党项人名中常用字，"郭那正威"为郭姓党项人。

席氏

俄 Инв. No. 316《收取席智□榷场贸易税呈状》中有"本府住户席智"（俄 6 · 282）。

酒氏

俄 Дx2822《杂字·汉姓名》中有"酒"（俄 6 · 137）；G32 · 001《凉州重修护国寺感通塔碑》中有"酒智清"（中 18 · 91）；俄 Инв. No. 307《收取酒五斤等榷场贸易税呈状》中有"本府住户酒五斤"（俄 6 · 279）。

G32 · 001《凉州重修护国寺感通塔碑》中有蒬嵤嬴（中 18 · 89）；俄 Инв. No. 2570《天盛改旧新定律令·颁律表》中有蒬嫋殁（俄 8 · 48）。

《凉州重修护国寺感通塔碑》西夏文碑铭中的蒬嵤嬴与汉文碑铭中的"酒智清"对应，蒬为"酒"的西夏文写法。

曹氏

俄 Инв. No. 210、6340《杂字·汉姓名》中有犾（俄 6 · 137）；B11 · 047［3.15］《现在劫千佛名经》中有犾嫐祾（中 5 · 187）。

犾嫐祾即"曹广智"[1]。另外，俄国的 K · 萨莫秀克在《西夏艺术作品中的肖像研究及史实》（《国家图书馆学刊》西夏研究专号，2002）一文中，从其面部特征、服饰等方面判断，认为此人不是汉族；而且从其居于中心人物右边第一个的排位上来看，认为其地位是相当重要的。元昊尽有河西诸地时，僧界有大量曹姓僧人，此"曹广智"当出自河西粟特曹姓。西夏境内有部分"曹"、犾姓人氏源自河西粟特。

---

① 史金波：《〈西夏译经图〉解》，《文献》1979 年第 1 期。

崔氏

俄 Дx2822《杂字·汉姓名》中有姓氏"崔"（俄 6·137）；俄 B61《乾祐二年纳材植帐》中有"崔那正"（俄 6·60）；俄 Дx2828《西夏乾祐二年纳材植帐》中有"崔那正、崔的成"（俄 6·50）。

"那正"为党项人名中的常用字。

康氏

G32·001《凉州重修护国寺感通塔碑》中有"康蒟蒟"（中 18·91）；英藏 Or. 8212/727K. K. Ⅱ.0253（a）《西夏天庆年间裴松寿典麦契》中有"立文人康吃□"（斯 1·198）。

"蒟蒟""吃□"为音译西夏语人名。

梁氏

《宋史》卷 16《神宗纪》记载："十月……乙丑，泾原兵至磨哆隘，遇夏人，与其统军梁大王战，败之，追奔二十里，斩大首领没啰卧沙、监军使梁格嵬等十五级"；卷 32《赵卨传》记载："元祐初，梁乙埋数扰边"；卷 486《夏国传下》记载："国统军梁哆啰。"

"梁格嵬""梁乙埋""梁哆啰"皆为番名。

出土文献中亦有梁姓番名。G32·001《凉州重修护国寺感通塔碑》记载："庆寺都大勾当铭冠赛正嘎挨黎臣梁行者乜"（中 18·90）；英藏 Or. 8212/727K. K. Ⅱ.0253（a）《西夏天庆年间裴松寿典麦契》记载："立文人梁吃……（梁）折兀埋（押）"（斯 1·198）。

𗇃，俄 Инв. No. 741《新集碎金置掌文》（俄 10·110），俄 Инв. No. 211、212、213《文海》62·172（俄 7·150），俄 Инв. No. 207《音同》（俄 7·26），俄 Инв. No. 2539《义同》（俄 10·75）中均收录。

𗇃，《音同》《文海》归来日音平声第 56 品韵。另外，莫高窟第 61 窟的夏汉合璧题记中"梁惠觉像"旁残存有西夏文𗇃，𗇃当是"梁"的西夏文写法。所以，汉文姓氏"梁"与西夏文𗇃对应。

西夏出土文献中有大量𗇃。如俄 Инв. No. 5010《天盛二十二年卖地文契》中有𗇃𘝞𘗐𗤁、𗇃𘚇𘄷（俄 14·2）；俄 Инв. No. 6342—1《户籍帐》

中有𗂤□𗊱、𗂤𗣼𗾔𗃬𗼄、𗂤𗣼𗾔𗃬𗙼、𗂤𗤑𗰖𗤋、𗂤𗣼𗤑𗟻、𗂤𗏁𗥔𗋽[1]
等。

"梁"、𗂤为西夏番人普遍使用的姓氏。需要注意的是，在《新集碎金置掌文》及《义同》中，𗂤皆与番姓排列在一起。

傅氏

俄 Дx2822《杂字·汉姓名》（俄 6·138）中有姓氏"傅"；俄 Б61《乾祐二年纳材植帐》中有人名"傅六斤"（俄 6·60）；俄 Дx2828《西夏乾祐二年纳材植帐》中有人名"傅六斤、傅丑奴"（俄 6·50）。

"六斤""丑奴"为西夏番名。

焦氏

俄 Дx2822《杂字·汉姓名》中有姓氏"焦"（俄 6·138）；英藏Or. 12380—3291［K. K. Ⅱ. 0238. 1. iv］《汉文杂物账》中有人名"焦阿遇"（英 4·88）。

"遇"为党项人名中常用字。

鲁氏

俄 Дx2822《杂字·汉姓名》中有姓氏"鲁"（俄 6·137）；英藏Or. 12380—3291［K. K. Ⅱ. 0238. 1. iv］《汉文杂物账》中有人名"鲁吃怛"（英 4·88）。

"吃怛"，党项人名。

慕氏

俄 Дx2822《杂字·汉姓名》中有姓氏"慕"（俄 6·137）。

"慕"即"慕容"。

《宋史》卷486《夏国传下》记载："（宣和四年）十月，环庆路统制慕洧叛，降于夏国。……夏枢密使慕洧弟慕濬谋反，伏诛。"另外，《建炎以

---

[1] 参阅史金波《西夏经济文书研究》（书稿），2012。

来系年要录》卷 38 记载："（环庆）统制官慕容洧"。此处将"慕洧"记作"慕容洧"，可知"慕"即"慕容"。

据姚薇元《北朝胡姓考》，北朝"四方诸姓"中第二姓即为"慕容"，"慕容本鲜卑中部一酋长之名，其后强盛，遂以此酋长之名，名其部落，因以为氏"。魏晋南北朝时期，内迁鲜卑慕容氏曾建立前燕、后燕、西燕、南燕；乞伏氏曾建立西秦。西夏姓名中的"慕"源于"慕容"，而且出现了如"慕洧""慕濬"等完全汉化了的人名。

裴氏

俄 Инв. No. 8026《短麻皮等账物》中有"裴没哩埋"（俄 6·321）。

"没哩埋"为番名。另外，宋夏沿边也有"裴"姓番人，不过人名已汉化。如《长编》卷 123 仁宗宝元元年二月癸酉条记载："庆州言，柔远寨蕃部巡检珪威，招诱白豹寨都指挥使裴永昌以族内附。诏补永昌三班借职，本族巡检。""白豹寨"为西夏党项族聚居区，"裴永昌"为番族巡检，亦当为番人。

翟氏

莫高窟第 61 窟甬道北壁供养比丘第十二身旁有题记："助缘僧翟崽名九。"

归义军时代河西有大姓"翟"，"崽名九"为党项人名。

小　结

本节通过考证，共辑出番名汉姓 35 个，这些汉姓在种类、分布及内容上呈现出以下特点。

第一，西夏番人使用频率较高的汉姓有李、梁、苏、刘、张、浑、王、吴。

第二，从种类上看，除大部分为传统汉姓外，也有一些鲜卑及党项曾使用过的单音节姓氏，如浑、慕、余、党等。

　　第三，从分布地域上看，最突出的当为银夏地区的姓氏及河西大姓。银夏地区的大姓有梁、罔、苏等，河西地区的大姓有张、翟、画、吴等。另外，还有一些河西地区的姓氏如白、曹、康等可能属昭武九姓。

　　另外，有些人名从表面上看是汉名，实际上为番族，如"苏守信""裴永昌"等。

第二章　西夏人名考证

与姓氏相比，人名更为丰富多样。多样的西夏人名，尤其是西夏文人名，包含了丰富的语言资料，而这些语言资料又是按照当时的社会习惯、习俗甚至个人偏好组合在一起的，受社会文化、文化交流、个人身份等诸多因素影响。所以，这些人名不但能为语言文字的研究提供资料，更能为我们进一步认识和了解西夏社会文化、价值取向提供直接的信息。

目前发现的西夏人名也有汉文与西夏文两类。汉文史料中的人名，一类如"旺荣""保忠"等有具体含义的人名。这类人名大都从西夏语意译而来，我们大体上可以从字面了解其取名的意向。另一类如含有"讹""屈""皆"等字的人名，皆从西夏语音译而来，含义无从解释。而大量的西夏文人名[①]则为我们解决这一问题提供了可能。我们可以直接从西夏文出发分析其原本意义，同时，也可以利用西夏文人名反过来理解汉文史料中的音译人名。所以，本章将考证的重点放在西夏文人名上。

一　西夏人名种类

一、表达期望、祝愿的人名。这类人名又可进一步分为表达祝愿茂盛、权势、吉祥、福寿、快乐、富有等几类。

（一）表达祝愿茂盛、昌盛、富贵、有好的发展势头的人名。这类人名

---

① 下文所引西夏文人名，若无特殊说明，皆参阅史金波先生的《西夏经济文书研究》（书稿），2012。

图 14　Инв. No. 210、6340《杂字·人名》

中常含有𗣼、𗳦、𗥔等字词。如俄 Инв. No. 6342—1《户籍帐》中的𗣼𗣼
𗣼、𗳦𗣼𗳦、𗥔𗳦𗷉𗥔等。

𗣼 wejr，俄 Инв. No. 211、212、213《文海》（79·141）解释为
"茂盛""荣""增"等[1]，俄 X1《同音》（丁 11B41 背注）解释为"茂
盛为大"，形容词[2]；𗳦 phu，形容词，俄 X1《同音》（丁 9A66 背注）
解释为"枝条长大"[3]；𗥔 yiwe，俄 Инв. No. 211、212、213《文海》
14·241 解释为"权势""强力""贵""强大"，名词[4]。含有这类西夏
字的人名，自然也就表达了祝愿被命名者"繁荣""昌盛""兴旺""发达"
的含义，与汉语中含有"昌""荣""茂""旺"等的人名相似。

（二）表达期望拥有财富或者表达将被命名者视为珍宝的人名。这类人

---

[1]　史金波、白滨、黄振华：《文海研究》，中国社会科学出版社，1983，第 512
页。

[2]　韩小忙：《〈同音背隐音义〉整理与研究》，中国社会科学出版社，2011，第 154
页。

[3]　韩小忙：《〈同音背隐音义〉整理与研究》，中国社会科学出版社，2011，第 118
页。

[4]　史金波、白滨、黄振华：《文海研究》，中国社会科学出版社，1983，第 413
页。

名中含[illegible]，如俄 Инв. No. 6342—1《户籍帐》中的[illegible]、[illegible]等。[illegible] ljị，《文海》75 · 172 解释为“财宝”“宝物”，名词[1]。

（三）表达祝愿、吉祥的人名。这类人名中含有的字词有[illegible]、[illegible]、[illegible]。如俄 Инв. No. 6342—1《户籍帐》中的[illegible]、[illegible]；俄Инв. No. 210、6340《杂字》人名部中的[illegible]、[illegible]（俄 10 · 49）等。

[illegible] gju̱，在西夏文俄 X1《同音》（丁 27A73 背注）中解释为“使安乐者”[2]，在《番汉合时掌中珠》中解释为“瑞”，音“玉”；[illegible] gju̱ - rjur，俄Инв. No. 211、212、213《文海》81. 251 解释[illegible]与[illegible]为同义词[3]，同义词联用，其意思当与[illegible]相同；[illegible]，孙昌盛在《西夏文〈吉祥遍至口合本续〉第四卷研究》中已有过论述：“这两个西夏字在西夏语中只用作译音，‘夏注’当是梵文词音译，梵文词如何拼写不详。其意在西夏文辞书《同音文海宝韵合编》中作‘吉祥、安乐’解。又在《真实相应大本续》中对应为 mchog，意为‘妙’、‘殊胜’”[4]。[illegible]、[illegible]、[illegible]均可与汉语中的“吉祥”“祥瑞”对译。

（四）表达祝愿快乐、安乐的人名。这类人名中含有的字词有[illegible]、[illegible]、[illegible]。如俄 Инв. No. 6342—1《户籍帐》中的[illegible]；俄 Инв. No. 5124—7、8《天庆虎年正月卖地契》中的[illegible]；俄 Инв. No. 210、6340《杂字》中的[illegible]（俄 10 · 49）。

[illegible] bie̱j，俄 X1《同音》（丁 10A14 背注）解释为“安稳、无忧”[5]；[illegible] gja̱，俄 X1《同音》（丁 22A58 背注）解释为“安乐”[6]，形容词；[illegible] xji，

---

① 史金波、白滨、黄振华：《文海研究》，中国社会科学出版社，1983，第 507 页。

② 韩小忙：《〈同音背隐音义〉整理与研究》，中国社会科学出版社，2011，第 402 页。

③ 史金波、白滨、黄振华：《文海研究》，中国社会科学出版社，1983。

④ 孙昌盛：《西夏文〈吉祥遍至口合本续〉第四卷研究》，博士学位论文，南京大学，2006。

⑤ 韩小忙：《〈同音背隐音义〉整理与研究》，中国社会科学出版社，2011，第 128 页。

⑥ 韩小忙：《〈同音背隐音义〉整理与研究》，中国社会科学出版社，2011，第 319 页。

《文海》（18·122）解释为"心喜也""族姓人名"，形容词①。含有这类词的人名，显然表达了对被命名者快乐成长、拥有快乐生活的期望与祝愿。

（五）表达祝愿福禄、长寿的人名。这类人名中含有的字词有𗼲、𗗙𗴀。如俄 Инв. No.954《光定羊年谷物借文书》中的𗏆𗐆𗼲𗵐𗗙、𗗙𗴀𗐓等。𗼲 ljo，俄 Инв. No.211、212、213《文海》（57·271）解释为"禄财"②，形容词。𗗙𗴀，其中的𗗙 zjọ-，在《番汉合时掌中珠》中与"人寿百岁"的"寿"对译，𗴀 dzjo，汉语借词"长"，𗗙𗴀与"长寿"相通，名字含有此字，当是祝愿被命名者"健康""长寿"之意。

二、含有事物名称的人名。这类人名中的名称又分为动物名称、金属名称、民族名称以及自然界物体名称。

（一）含用动物名称的人名。动物主要有"狗"、"猪"、𗴊、𗴊𗴊、𗴉、𗴈𗴊等。

西夏出土文献中出现了诸多带"狗""猪"的人名，如 G32·001《凉州重修护国寺感通塔碑》中的"修塔寺结瓦□土刘狗儿"（中 18·91）；俄 Дх.18993《西夏光定十二年正月李春狗等凭租饼房契》中的"李春狗""李来狗""李喜狗"（俄敦 17·320）等。含有"狗""猪"等动物名称的人名，亦常见于中原汉人的乳名及敦煌文书中。之所以会起这样的人名，可能是因为人们认为被冠以这类人名的人身份低贱，鬼神嫌弃，生命旺盛，容易养活。

除带有"狗""猪"的汉文人名外，西夏还有更多的含有𗴊、𗴊𗴊、𗴉等字词的西夏文人名。如俄 Инв. No.6342—1《户籍帐》中的𗏁𗤁𗼲𗴊、𗐆𗵯𗐆𗴊𗴉；G21·003［15512］西夏《天庆虎年会款单》中的𗵷𗄈𗴊𗴊𗴝（中 16·257）。

𗴊 ta，俄 Инв. No.211、212、213《文海》22·161 解释为"小狗也，狗也，番犬也，戌也，看守家门也"③；𗴊𗴊 kə-ta，与汉文中的"小狗"

---

①　史金波、白滨、黄振华：《文海研究》，中国社会科学出版社，1983，第 418 页。

②　史金波、白滨、黄振华：《文海研究》，中国社会科学出版社，1983，第 480 页。

③　史金波、白滨、黄振华：《文海研究》，中国社会科学出版社，1983，第 425 页。

对应，与单独的𗋑比较，𗢍𗋑似乎更多了些可爱和亲切。𗢏 khjwɨ，在《番汉合时掌中珠》中，𗢏释义为汉字"狗"。所以，𗋑、𗢍𗋑、𗢏皆与汉字"狗"对译，这类人名自然也就可以直译为"狗"字人名。

𗒀𗒉 ljɨ-liʉr，在《番汉合时掌中珠》中与汉字"驴"对应，注音"勒嵬"。现发现 4 个含𗒀𗒉的人名，具体为俄 Инв. No. 6342—1《户籍帐》中的𗒀𗒉𗰜；俄 Инв. No. 5124—16《天庆虎年二月卖地契》中的𗆐𗒀𗒉𗕥；俄 Инв. No. 5120—2《天庆鼠年贷粮典畜契》中的𗰔𗋽𗒀𗒉𗅂；西夏官印中的𗰔𗋽𗒀𗒉𗅾（官 53、54）。

（二）含有金属类名称的人名。如俄 Инв. No. 6342—1《户籍帐》中的𗱕𗒲𗤁𗤁、𗷅𗋽𗤁𗰜𗱸 等。其中的𗤁 sjow，在《番汉合时掌中珠》中意为"铁"，音"尚"。𗱸 kiẹ，在《番汉合时掌中珠》中意为"金"，即汉字中"金银"之"金"，音"皆"。

（三）含有自然界物体名称的名字。如俄 Инв. No. 6342—1《户籍帐》中的𗢏𗬺𗵽𗇋𗘂、𗆐𗲆𗵬𗘂 等。其中的𗘂 śjā，俄 Инв. No. 211、212、213《文海》（32·142）解释为"山也""地名"[1]。在《番汉合时掌中珠》中用来为汉字"山"注音，𗘂当为汉语"山"的借词。𗵬 zjɨr，在《番汉合时掌中珠》中与汉字"水"对译。含有"山""水"的人名也常见于汉地人名中。

三、含有记忆性或者标记性功能的人名。这类人名主要含有月份、某某家、民族名称、地名、身份、出生时斤两等。

（一）𗼑 lhji，在《番汉合时掌中珠》中解释为"月份"之"月"，音"力"，前面加数字即为汉语中的月份。现发现的此类姓名有 25 个，其中𗢷𗼑（正月）7 个、𗰉𗼑（十月）6 个、𗥃𗼑（十月）3 个、𗘂𗼑（九月）3 个、𗋽𗼑（七月）2 个、𗄽𗼑（四月）1 个、𗿒𗼑（五月）1 个、𗑭𗼑（八月）1 个、𗮀𗼑（腊月）1 个。除以上月份外，另有人名中含有𗮀𗼑。如俄 Инв. No. 6342—1《户籍帐》中的𗫨𗰜𗵽𗼑𗳜、𗱕𗵽𗼑𗅂、𗫨𗰜𗲆𗵽𗼑𗱸。其中𗵽 new，俄 X1《同音》（丁 13A23 背注）中解释为"不

---

① 史金波、白滨、黄振华：《文海研究》，中国社会科学出版社，1983，第 430 页。

劣"①, 俄 Инв. No. 211、212、213《文海》41·121 解释为"善心", 所以, 𗼲𗼪可直译为"善月"。"善月", 佛教中谓农历正月、五月、九月为斋戒之月, 此三月宜行善事以求福。西夏人名中的"善月", 当取自佛教。

(二)含有𗼲𗼪、"家"的人名。如《户籍帐》(俄 Инв. No. 6342—1)中的𗼲𗼪𗼧; 俄 Дx. 18993《西夏光定十二年正月李春狗等凭租饼房契》中的"刘番家"(俄敦 17·320)等。

𗼲𗼪, 𗼲 da, 俄 X1《同音》(丁 15A56 背注)解释为"父母居处家"; 𗼪 kia, 俄 Инв. No. 211、212、213《文海》25·222 解释为: "宅门也, 父母老住(老人房)之谓也"②。

由𗼲𗼪组成的人名格式为姓氏 + 𗼲𗼪 + 单音节, 个别为姓氏 + 𗼲𗼪。从由此组成的人名看, 疑即相当于汉文中的"家"。其后缀有𗼵、𗼶、𗼷、𗼸、𗼹、𗼺、𗼧等字。可直译为"父母家的宝贝""父母家茂盛""父母家有""父母家吉祥""父母家快乐""父母家光明", 这类人名显然表达了将被命名者视为给家里带来吉祥、昌盛、快乐之人, 也表达了对命名者的祝愿, 相当于汉文化中的"家祥""家乐""家明"等人名。其后缀有𗼻、𗼼、𗼽、𗼾等名称的, 可直译成"父母家山""父母家铁""父母家金""父母家狗"。其后缀有𗼿、𗽀、𗽁的, 可直译成"父母家子""父母家女孩""父母家舅"等。其中的𗽁 mju, X1《同音》(丁 9A64 背注)解释为"姑之嫡亲"; 俄 Инв. No. 211、212、213《文海》(8·151)也解释为"姑之嫡亲"③。史金波先生在《西夏语的"买"、"卖"和"嫁"、"娶"》一文中, 从"男""娶""女""嫁""婆母""姑""岳父"等出发, 结合皇

---

① 韩小忙:《〈同音背隐音义〉整理与研究》, 中国社会科学出版社, 2011, 第 173 页。

② 史金波、白滨、黄振华:《文海研究》, 中国社会科学出版社, 1983, 第 441 页。

③ 史金波、白滨、黄振华:《文海研究》, 中国社会科学出版社, 1983, 第 402 页。

帝婚姻及户籍中婆媳同姓等资料，证实了西夏社会姑舅表婚盛行①。□出现在人名当中，也许是这种婚姻的体现。

（三）含有民族族称的人名。这类人名中含有的族称主要有□、□□、□□□。如俄 Инв. No. 6342—1《户籍帐》中的□□□□；俄 Инв. No. 4079—2《贷粮典畜契》中的□□□□□；俄 Инв. No. 210、6340《杂字》中的□□□（俄 10·49）等。

□，俄 Инв. No. 211、212、213《文海》33·141 有□：□□□□，□□□□□□□□□□□□□□。汉译为"此者戎羌也藏也〔番〕国人之谓也"②，□即指吐蕃；□□ ɣwej - ɣuɛ，与族称"回鹘"勘同。□□ mi - na，与汉文中的"弥药"③ 对应，是唐代吐蕃对党项的称呼。

族称出现在人名中，当是被命名者民族身份或血缘的标记。如人名□□，意为"羌子"，其民族身份表征非常明显。□前搭配的姓氏有□□、□、□、□、□□、□、□□。这些姓氏中□□、□□、□□为典型的西夏番姓，□、□、□则为番汉共用姓，□为汉姓。这是当时西夏境内番、汉、吐蕃共同生活，互相影响、渗透的很好实例。出现在人名中的□□亦当是其"回鹘"身份或"回鹘"血缘的一种表示。西夏境内有大量的回鹘人存在。

（四）含有地名的人名。俄 Инв. No. 2570《天盛改旧新定律令·颁律表》中有□□□（俄 8·48）；俄 Инв. No. 1712、Инв. No. 1449 号佛经中有□□□（КТБП56）；G12·043〔Y25〕安西榆林窟第 25 窟中有□□□□（中 18·242）；俄 Инв. No. 210、6340《杂字》中有□□□、□□□、□□□（俄 10·49）；《长编》卷 301 中有"张灵州奴"。

以上地名中，汉文"灵州"及西夏文□□（甘州）、□□（沙州）、□□（贺兰）、□□（天都）、□□（灵州）等皆为西夏境内重要的地名。□□音与"泾州"同，不知是否宋夏交界的"泾州"。西夏取地名为人名的现象，在《宋史》中也有记载。西夏毅宗谅祚，其小名"两岔"，就取自其出

---

① 史金波：《西夏语的"买"、"卖"和"嫁"、"娶"》，《民族语文》1995 年第 4 期。

② 史金波、白滨、黄振华：《文海研究》，中国社会科学出版社，1983，第 441 页。

③ 王静如、李范文：《西夏文〈杂字〉研究》，《西北民族研究》1997 年第 2 期。

生地"两岔河"。以上地名也可能与出生地、籍贯等信息有关。

除此之外，俄 Инв. No. 211、212、213《文海》51·272，綫 pjij，解释为"界也、边也、侧也、边也、界侧也，又人名亦是"①。显然，綫是表示边界的汉语借词，用于人名中，当是被命名者与此类地理特征有着密切的关系。

（五）含有表示身份的人名。这类词有䝤、䎃、䎃、䎃、奴。如俄 Инв. No. 6342—1《户籍帐》中的䎃䎃綫䎃䝤、䎃䎃䎃、䎃䎃䎃、䎃䎃䎃䎃䎃；俄 Инв. No. 8026《短麻皮等账物》中的"李家奴"（俄 6·321），以及《长编》卷 301 中的"张灵州奴"等。

䝤 zji，俄 Инв. No. 211、212、213《文海》18·131 解释为"男""雄性""童子"②；在《番汉合时掌中珠》中与"男女"之"男"对译，注音"嗲"；䎃 yji，在《番汉合时掌中珠》中与"阿舅外甥"中的"舅"对译；俄 Инв. No. 211、212、213《文海》36·233 解释为"母之舅""上辈"③；䎃 mja，俄 Инв. No. 211、212、213《文海》28·121 解释为"妇性人""母牲畜"④；䎃 tśhjwor，《文海》解释为"奴仆""仆役"。

与汉文化中的"奴仆"相较，西夏人名中的䎃，似乎并不是身份的说明。如《户籍帐》中的䎃䎃䎃䎃䎃、䎃䎃䎃皆为户主，且䎃与䎃、䎃等表示祝愿的字联用，更不会是无身份地位的奴仆，这里的䎃当为谦称。这点也可以从汉文中带"奴"的人名中得到证明。俄 Инв. No. 8026《短麻皮等账物》中有"李家奴"（俄 6·321）；俄 Дx. 2828《西夏乾祐二年纳材植帐》中有"傅丑奴"（俄 6·50）；俄 TK299《旧连袋等物账》中有"闹奴"（俄 4·387）；《儒林公议》卷上夏景宗元昊自卫队队长中有"五里奴"。这几个人的身份都与奴仆无关，尤其是其中的"五里奴"，身份为元昊的自卫队队

---

① 史金波、白滨、黄振华：《文海研究》，中国社会科学出版社，1983，第 470 页。

② 史金波、白滨、黄振华：《文海研究》，中国社会科学出版社，1983，第 448 页。

③ 史金波、白滨、黄振华：《文海研究》，中国社会科学出版社，1983，第 418 页。

④ 史金波、白滨、黄振华《文海研究》第 434 页将其译为"人男性""雄畜"，误。

长，这一角色不大可能是"奴仆"可以担任的。所以，这里的"奴"可能是谦称或贱称。

（六）含有斤两的人名。俄 Инв. No. 307《收取酒五斤等榷场贸易税呈状》中有"本府住户酒五斤"（俄6·279）；俄 B61《乾祐二年纳材植帐》中有人名"傅六斤"（俄6·60）等。"五斤""六斤"这类重量词也常见于汉地人名当中，取自出生时的斤两。西夏人名中采用这类词的，也应当是这种情况。

四、具有宣扬推崇品德、德行之意的人名。其中表达品德、德行含义的字词有◻、◻、◻、◻等。如俄 Инв. No. 4762—6（1）《天庆虎年贷粮契》中的◻◻◻，俄 Инв. No. 5124—（6）《天庆虎年雇畜契》中的◻◻◻◻，俄 Инв. No. 2570、4187《天盛改旧新定律令·颁律表》中的◻◻□◻（俄8·47），N42·010［M2W·124］《西夏陵残碑》（中19·147）中的◻◻◻◻等。

◻ tśh，在《番汉合时掌中珠》中与"禀德"之"德"及"清正"之"正"对译，可以理解为汉文中的"品德""道德""德行"等，名词。

◻ dźijwu，在《番汉合时掌中珠》中与"仁义忠信"之"仁"对译，名词。李范文《西夏陵墓出土残碑粹编》考证◻◻◻◻即为汉文史料中的"野利仁荣"[1]，其中◻对应"仁"。

◻·jwɨr，在《番汉合时掌中珠》中与"文字"之"文"对译，名词。文献中发现两个含◻的名字，一为◻◻□◻，出现在《刻本天盛改旧新定律令·颁律表》中，是《天盛改旧新定律令》的编纂者，前面的文字不清，难以识别，无法考证其作为名字用字的具体含义；另一个与◻即"茂盛"联用，可以理解为有文采或者有文化之类。

五、含有宗教色彩的人名。这类人名主要包含◻◻、◻◻、◻◻、◻、◻。如俄 Инв. No. 6342—1《户籍帐》中的◻◻◻◻◻◻、◻◻◻◻◻，俄 Инв. No. 210、6340《杂字》中的◻◻◻（俄10·49）。

◻◻ śjā-djɨj，俄 Инв. No. 207《音同》中解释为汉语借词"禅定"[2]。

现发现含有该词的人名5个。具体为俄 Инв. No. 6342—1《户籍帐》中的◻◻◻◻◻◻；俄 Инв. No. 4762—6（1）《天庆虎年贷粮契》中的◻◻◻

---

① 李范文：《西夏陵墓出土残碑粹编》，宁夏人民出版社，1984，第199页。
② 李范文：《同音研究》，宁夏人民出版社，1986，第403页。

𗿛𗾊；俄 Инв. No. 4762—6（2）《天庆虎年贷粮契》中的𗾑𗾊𗿛𗾊；俄 Инв. No. 4762—7《贷粮契》中的𗽝𗿓𗿛𗾊𗾊；莫高窟第 464 窟 G12·021 ［M464（6）］中的𗾱𗿓𗿛𗾊𗾊𗾌（中 18·220）。

𗽀𗾊 pa - rja，与"般若波罗蜜多"中的"般若"对应。

现发现含有该词的人名 11 个。具体为俄 Инв. No. 6342—1《户籍帐》中的𗾙𗾓𗽀𗾊𗾊、𗾚𗾊𗽀𗾊𗾊；俄 Инв. No. 4762—6（1）《天庆虎年贷粮契》中的𗾑𗽀𗾊𗿛；俄 Инв. No. 6377—16《光定兔年贷粮契》中的𗾊𗾎𗽀𗾊𗾏；G31.004［6728］《乾定猴年没瑞隐隐狗贷粮契》中的𗾱𗾒𗾊𗾱𗽀𗾊𗾌；俄 Инв. No. 4194《西夏天庆猴年卖地房契》中的𗾱𗾎𗽀𗾊□□；G31·003［6727］1—2《武威乾定鸡年卖牛契》中的𗾊𗾱𗽀𗾊𗾌；俄 Инв. No. 2996—3《十八年雇畜契》中的𗾙𗾓𗽀𗾊𗾏；俄 Инв. No. 5949—30《应天龙年典牲畜地契》中的𗾱𗾌𗽀𗾊𗾏；俄 Инв. No. 1970 号佛经中的𗾑𗾋𗾑𗽀𗾊（КТБП64）、俄 Инв. No. 1584 号佛经中的𗾋𗾒𗽀𗾊𗾊（КТБП66）。

𗾜𗾈 bə - du，𗾜，俄 X1《同音》（丁 13A52 背注）解释为"舍利有处墓"[1]。据此，𗾜𗾈 可以理解为"舍利塔"。

现发现含有这类字词的人名 2 个，其中𗾜𗾈𗾑被俄 Инв. No. 210、6340《杂字》收录（俄 10·49），另一个为𗾛𗾌𗾜𗾈𗾑，出现在西夏官印（官 81）当中。

𗿓 ljwi，俄 Инв. No. 211、212、213《文海》（21·252）解释为"经典中用；又人名亦是也"[2]。《文海》中的经典当指佛教经典，𗿓是个佛教真言用语，可以用作人名。现暂未在社会文书中发现含有该字的人名。

𗾐 kjiw，俄 Инв. No. 211、212、213《文海》54·141 解释为："人名、地名；又真言中用"[3]。现暂未在社会文书中发现含有该字的人名。

① 韩小忙：《〈同音背隐音义〉整理与研究》，中国社会科学出版社，2011，第 176 页。

② 史金波、白滨、黄振华：《文海研究》，中国社会科学出版社，1983，第 424 页。

③ 史金波、白滨、黄振华：《文海研究》，中国社会科学出版社，1983，第 474 页。

二 西夏人名中的几个现象

(一) 西夏人名中的用词

西夏名字用词较为集中，表达祝愿茂盛、昌盛或者发展势头好的人名最多，其次为含有"狗"的人名，而表达仁义道德说教及光宗耀祖期望的人名较少。

西夏人名中的𘟪、𘝞、𘊝、𘜶、𘜶𘉃、𘈬𘏞、𘎑、𘏓、𘊴、𘈈𘊖、𘜶等词，既可互相结合，又可与其他类词共同组成人名。如𘘣𘛛𘟪𘜶（俄 Инв. No. 5010《天盛二十二年卖地文契》）中的𘟪与𘜶皆为表达祝愿的字；𘞵𘈬𘊴𘟪（俄 Инв. No. 6342—1《户籍帐》）中，与𘊴组合的是动物名称𘟪（狗）；𘝞𘏞𘈈（俄 Инв. No. 5124—12、13《天庆虎年二月卖地契》）中，与𘝞𘏞组合的为金属名称𘈈（铁）；𘈬𘏶𘟪𘏕（俄 Инв. No. 2570、4187《天盛改旧新定律令·颁律表》）中，与𘟪组合的为自然物体名称𘏕（山）；𘊴𘏗𘟫𘈬𘟪（俄 Инв. No. 6342—1《户籍帐》）中，与𘟪组合的是表示时间的月份𘟫𘈬（十月）；𘈬𘏳𘈈𘏙𘟪（俄 Инв. No. 6342—1《户籍帐》）中，与𘟪组合的是标记来源的𘈈𘏙（家）；𘘣𘛛𘍯𘏞𘟪（俄 Инв. No. 5010《天盛二十二年卖地文契》）中，与𘟪组合的是表示族称的𘍯𘏞（回鹘）；𘏪𘏗𘈬𘝞（G32·001《凉州重修护国寺感通塔碑》）中，与𘝞组合的是表示身份的𘈬（子）；𘈬𘏗𘈈𘟪、𘛛𘏅𘜶𘉃𘈈（俄 Инв. No. 8203《户口手实》）中，与𘟪、𘜶𘉃组合的是表示人性品质的𘈈（善）；𘘣𘛛𘈞𘈘𘟪（俄 Инв. No. 2996—3《十八年雇畜契》）中，与𘟪组合的是有宗教色彩的𘈞𘈘（般若）；𘝞𘏗𘉗𘝞（官35）中，与𘝞组合的是表音字𘉗。与各类字词结合组成人名，应当是该类字词在人名中被广泛应用的重要依据。

现已发现许多含有𘟪、𘊝𘟪、𘊴的人名，以及含"狗"的汉文人名。这类人名在数量上仅次于表达茂盛、昌盛一类的人名。而这类西夏人名在构成上也较为丰富。有关此问题，下文将进行详细论述。

已在西夏人名中发现的与仁义道德有关的字有𘊴、𘙜两个，共 8 个人名，详见上文考证。其中含𘊴的 5 个人名中，有 3 个与表示吐蕃的𘍯组合，

1 个与宗教人名中的常用字𣀱组合，为敦煌石窟中的助缘人，另一个为𢙻𥹊𧆑，可能是敦煌石窟的布施人。这 5 个中的前 4 个都与儒家道德没有多大的关系。含𥄘的人名，现在发现的有𦇚𣹟𥄘𦉴（嵬名仁谋）、𦁅𥹊𥄘𥬖（寂利仁有）、𦞙𥹊𥄘𧫵（野利荣仁）。这 3 个有仁义含义的人名中，𦞙𥹊𥄘𧫵为西夏的造字者，𦇚𣹟𥄘𦉴为《天盛改旧新定律令》的编纂者，其文化层次较高，不能代表整个西夏社会。与道德有关的还有另外两个字，即𥉮、𥄘。不过𥉮、𥄘重在强调人性"不劣""善心""慧心"，与其搭配的也多是表达茂盛、昌盛、吉祥、卑贱或无感情色彩的中性词。已发现的这类人名有 30 个，其数量远远高过含𥹊、𥄘的人名。所以，西夏人名在道德方面主要强调人性、本质，而非经过教化以后形成的仁、义、礼、智、信等。

（二）西夏的"狗"字人名

西夏社会文书中有大量含有汉字"狗"或者西夏文"𣀱""𥹊𣀱""𥉮"的人名，数量仅次于表示茂盛、昌盛一类的人名。如前文所考，"𣀱""𥹊𣀱""𥉮"与汉文中的"狗""小狗"相通，所以，我们姑且将此类人名称作"狗"字人名。

其中，含有"狗"字的人名有 G32·001《凉州重修护国寺感通塔碑》中的"修塔寺结瓦□土刘狗儿"（中 18·91）；俄 Дx. 18993《西夏光定十二年正月李春狗等凭租饼房契》中的"李春狗""李来狗""李喜狗"（俄敦 17·320）；俄 Дx. 2828《西夏乾祐二年纳材植帐》中的"孙猪狗""白伴狗"（俄 6·156）；俄 Инв. No. 7465 V《赵猪狗捍纱文书》中的"赵猪狗"（俄 6·321）。

另外，俄 B61《乾祐二年纳材植帐》（俄 6·60）中有"孙猪苟"，这里的"孙猪苟"应该与俄 Дx. 2828《西夏乾祐二年纳材植帐》中的"孙猪狗"为同一人，"苟"通"狗"。敦煌写卷中的"狗"字，多数写作"苟"，是一种通假，少数加了反犬旁。① 而西夏汉文文献中则多用"狗"。

含有𣀱（狗）字的人名有俄 Инв. No. 6342—1《户籍帐》中的𥰟𣵴𦉴

---

① 高启安：《唐宋时期敦煌人名探析》，《敦煌研究》1997 年第 4 期。

[illegible]；俄 Инв. No. 1454—2V《耕地水税帐》中的[illegible]；俄 Инв. No. 5124—2《天庆虎年正月二十四日邱娱犬卖地契》中的[illegible]；俄 Инв. No. 5124—4《天庆虎年二月卖地契》中的[illegible]、[illegible]；俄 Инв. No. 2858－1《天庆牛年卖畜契与光定年间告牒》中的[illegible]；俄 Инв. No. 5949—30《应天龙年典牲畜地契》中的[illegible]□[illegible]；俄 Инв. No. 5949—31《光定虎年众会契》中的[illegible]；俄 Инв. No. 4079—2《贷粮典畜契》中的[illegible]。

含有[illegible]（小狗）的人名有 G21·003［15512］《天庆虎年会款单》中的[illegible]（中 16·257）；俄 Инв. No. 954《光定羊年谷物借文书》中的[illegible]；西夏官印中的[illegible]（官 72）；俄 Инв. No. 6342—1《户籍帐》中的[illegible]、[illegible]；俄 Инв. No. 5124－3（5、6）《天庆虎年卖畜契》中的[illegible]；俄 Инв. No. 7893—9《户口手实》中的[illegible]；俄 Инв. No. 1454—2V《耕地水税帐》中的[illegible]；俄 Инв. No. 4526《贷粮契》中的[illegible]；俄 Инв. No. 4193《西夏天庆戊午五年正月五日麻则老父子卖地房契》中的[illegible]；俄 Инв. No. 5124—2《天庆虎年正月二十四日邱娱犬卖地契》中的[illegible]；俄 Инв. No. 2546—2、3《天庆猪年卖畜契》中的[illegible]；俄 Инв. No. 7630—2《光定鸡年卖畜契》中的[illegible]、[illegible]；俄 Инв. No. 4702 号佛经中的[illegible]（КТБП47）；俄 Инв. No. 1681 号佛经中的[illegible]（КТБП240）。

含有[illegible]（屈）字的人名有俄 Инв. No. 4991《迁溜人口税帐》中的[illegible]；俄 Инв. No. 6342—1《户籍帐》中的[illegible]；俄 Инв. No. 5124－4《天庆虎年二月卖畜契》中的[illegible]；俄 Инв. No. 6342—1《户籍帐》中的[illegible]、[illegible]□[illegible]、[illegible]、[illegible]、[illegible]；俄 Инв. No. 8203《户口手实》中的[illegible]、[illegible]；俄 Инв. No. 7893—9《户口手实》中的[illegible]、[illegible]、[illegible]；俄 Инв. No. 4991—5《迁溜人口税帐》中的[illegible]；俄 Инв. No. 4991—8《迁溜人口税帐》中的[illegible]、[illegible]；俄 Инв. No. 4762—6（1）《天庆虎年贷粮契》中的[illegible]□[illegible]；俄 Инв. No. 4762—6（2）《天庆虎年贷粮契》中的[illegible]；俄 Инв. No. 4762—7《贷粮契》中的[illegible]；俄 Инв. No. 6377—16《光定兔年贷粮契》中的[illegible]、[illegible]、[illegible]；俄 Инв. No. 7892—8《贷粮契》中的[illegible]；G31.004［6728］《乾定猴年没瑞隐隐狗贷粮契》中的[illegible]、

麦薿祇瓲；俄 Инв. No. 5010《西夏天盛二十二年寡妇耶和氏宝引母子卖地房契》中的羊瓲绖；俄 Инв. No. 4194《西夏天庆猴年卖地房契》中的羊瓲慌灇、豽瓲□蓊；俄 Инв. No. 5124—2《天庆虎年正月二十四日邱娱犬卖地契》中的瓲毵；俄Инв. No. 5124—9、10《天庆虎年二月卖地契》中的薓薓歚瓲燚；俄 Инв. No. 5124—4《天庆虎年二月卖地契》中的薓薓狲弦瓲；俄 Инв. No. 5124—16《天庆虎年二月卖地契》中的瓬瓲羧歚羧燚；俄 Инв. No. 5124—6《虎年正月二十九日苏老房势等包租地契》中的灅慨焘瓲；俄 Инв. No. 2546—1《天庆猪年卖畜契》中的灅祂赢玁瓲；俄 Инв. No. 2546—2、3《天庆猪年卖畜契》中的耕祂瓲绢稜、瓬瓶瓲、後瓲蒎；俄 Инв. No. 6377—15《天庆鼠年卖畜契》中的羊瓲劲□；G31·003［6727］1—2《武威乾定鸡年卖牛契》中的谥歾瓳瓲；俄 Инв. No. 2996—3《十八年雇畜契》中的羊瓷瓲瓬瓲；俄 Инв. No. 4079—1《贷粮典畜契》中的瓲薇；俄 Инв. No. 5120—2《天庆鼠年贷粮典畜契》中的韒後贡□瓲；俄 Инв. No. 5185《天庆羊年典畜契》中的麦瓲羧；俄 Инв. No. 5949—31《光定虎年众会契》中的頪瓷□瓲、雺漀漀瓲；俄 Инв. No1473 号佛经中的绪瓸瓲稜；俄 Инв. No. 2208、Инв. No. 1465 号佛经中的祋瓸瓲稜；俄 Инв. No. 2199 号佛经中的祋啜瓯瓲、绖晥薥瓲；俄 Инв. No. 2141 号佛经中的绖晥裑夏瓲；俄 Инв. No. 1457 号佛经中的荔痊瓲羧；俄 Инв. No. 1754 号佛经中的荔痊瓲贱；G32·001《凉州重修护国寺感通塔碑》中的缎瓲霶；G21·003［15512]《天庆虎年会款单》中的歚歚瓲□貗；G31·004［6728］《乾定猴年典糜契约》中的缎肠瀛瀛瓲（中16·389）。

"狗"字人名也常见于敦煌文书中。如莫高窟第 465 窟的米狗义，第 387 窟的苟子、苟住，第 263 窟的索苟住，S. 0542 的安苟苟、翟苟儿，P. 3946 的苟子，S. 0514 的金苟，S. 2703 的李玉苟，P. 3354 的王苟仁，P. 3555 的刘狗奴，S. 2041 的马苟子、宋苟子，P. 3249 的卫苟子、阴苟子，S. 4643 的宋苟奴①以及梁狗奴、索猪狗、张猪苟②等。

对于敦煌文书中的"狗"字人名，研究者认为，起这样的名字是因为

① 高启安：《唐宋时期敦煌人名探析》，《敦煌研究》1997 年第 4 期。
② 沙梅真：《敦煌吐鲁番文书中的人名研究》，硕士学位论文，西北师范大学，2007。

"民间认为，给娃娃起一个贱丑名，可以起到让阎王爷轻视的作用，在勾魂时会认为这是一条狗、一只猪或别的什么动物、东西，因而放弃勾魂，使有这类名字者长寿"①。或者是人们认为"人的命是天定的，作为一个贱丑的人，只有起一个与他命运、身份、地位相符合的名字，才能保持他应得的寿命；如果起了与他命运、身份、地位不相符合的名字，则会损寿。这些要么是一种早期语言和文字崇拜的遗留，要么受佛教观念的影响"②。从类型上看，敦煌文书中的该类人名也比较简单，或带"奴"字，或后直接缀个"子"，含义朴素，甚至带有卑贱色彩。相比之下，西夏"狗"字人名的构成显得丰富多样。

其一，与表达珍惜、宝贵的▢▢组合。如▢▢▢▢▢、▢▢▢□▢、▢▢▢▢▢、▢▢、▢▢▢等。

其二，与表达祝愿茂盛、昌盛的▢、▢等组合。如▢▢▢▢▢、▢▢▢、▢▢▢、▢▢▢▢。

其三，与祈求吉祥的▢、▢▢、▢▢等组合。如▢▢▢▢、▢▢▢▢▢、▢▢▢等。

其四，与祝愿快乐的▢组合。如▢▢▢、▢▢等。

其五，与物体名称组合。如▢▢▢▢▢、▢▢▢等。

其六，与标记功能的字组合。如▢▢▢▢▢、▢▢▢、▢▢▢▢、▢▢▢等。其中的▢、▢、▢▢、▢▢都具有标记功能。

其七，与表音字组合。如▢▢▢▢▢等。

从以上我们可以看出，西夏"狗"字人名中除了"狗"字本身外，并无其他表示卑贱或有卑贱色彩的字词。非但如此，与其搭配最多的还是▢（宝物）、▢（茂盛）、▢（快乐）等表示爱惜、茂盛、快乐的字词。所以，史学界仅凭一"狗"字就将此类人名归于贱名的说法，可能还需要商榷。其所传递的希望孩子平安、健康成长的愿望与汉文化、敦煌文化是一样的，不同的是，由于西夏人名中与其搭配的多为表达祝愿的字词，使得命名者的愿望更直接、直观地流露了出来。

---

① 高启安：《唐宋时期敦煌人名探析》，《敦煌研究》1997 年第 4 期。
② 高启安：《唐宋时期敦煌人名探析》，《敦煌研究》1997 年第 4 期。

（三）西夏带有宗教色彩的人名

在已发现的西夏人名中，含𗃲𘄒的人名有 5 个，含𗰖𗭪的人名有 11 个，含𗙸𗩾的人名有 2 个。这类带有宗教色彩的人名，在数量上并不算多，但从构成上却可以发现另外的情况。

其一，与表示珍贵、爱惜的𗹦组合。如俄 Инв. No. 4762—6（2）《天庆虎年贷粮契》中的𗙸𗃲𘄒𗹦；俄 Инв. No. 4762—7《贷粮契》中的𗤒𗰖𗃲𘄒𗹦；G12·021［M464（6）］莫高窟第 464 窟中的𗌰𗂧𗃲𘄒𗹦�（中 18·220）等。

其二，与表示祝愿昌盛的�组合。如俄 Инв. No. 2996—3《十八年雇畜契》中的𗐯𗫔𗰖𗭪�；俄 Инв. No. 5949—30《应天龙年典牲畜地契》中的𗃲𗍺𗰖𗭪�。

其三，与说明品行的𘌺组合。如俄 Инв. No. 4762—6（1）《天庆虎年贷粮契》中的𗭪𗭪𗃲𘄒𘌺；俄 Инв. No. 4762—6（1）《天庆虎年贷粮契》中的𗙸𗰖𗭪𘌺。

其四，与表征妇女性别的𘝞组合。如俄 Инв. No. 6342—1《户籍帐》中的𗐯𗫔𗰖𗭪𘝞、𘃝𘖒𗰖𗭪𘝞。

其五，与物体名称𗍢、�等组合。如俄 Инв. No. 6377—16《光定兔年贷粮契》中的𘄴𗵆𗰖𗭪𗍢；G31.004［6728］《乾定猴年没瑞隐隐狗贷粮契》中的𗸕𗤛𘓺𘟤𗰖𗭪�；G31·003［6727］1—2《武威乾定鸡年卖牛契》中的𘓺𘟤𗰖𗭪�；G12·021［M464（6）］莫高窟第 464 窟中的𗌰𗂧𗃲𘄒𗹦�（中 18·220）等。

与之搭配的词几乎涉及西夏人名用字的各个种类，也就是说，人名中这类词的使用并不是很受限制，可以广泛地和各类词搭配形成人名，所以，含有这类词的人名也不会只是某一特定人群的名字。与其搭配的字词是世俗人名中的常用字，传达着世俗的愿望。这些人名中除莫高窟与 Тангутских 外，其余均出自世俗生活的社会经济文书，就其身份看，或为借粮者，或为卖房者，或为租佃牲畜者，都是从事生产、经营生活的普通百姓。所以，这些带有宗教色彩的人名应该是一些普通世俗人的名字。这种世俗人取带有宗教色彩的名字，应该是佛教文化与日常生活紧密联系的反映。佛教文化的普遍传播、渗透，不但使世俗人的日常生活与佛教密切相关，也使世俗人有着一定的宗教情结，喜用带有宗教色彩的名字。敦煌文书①及藏族人名②中也有此类人名。

（四）西夏名字关连问题

此处所说的名字关连，指有血缘关系的人，名字中含有共同字的现象。如我们熟知的同辈兄弟之间的名字关连。和这个相似的还有连名制。"连名制是广泛存在于世界各地的一种文化现象"③。连名一般要通过几代人的名字来观察。遗憾的是，现发现的西夏血亲人员资料，最多只有父子或母子两代，我们很难依据两代人名中有共同的字就推断或认定西夏人名中存在连名现象，所以，暂且把这种现象称为"名字关连"。

为尽可能观察血缘亲子间的人名关系，应该选取记载全家户口的户籍文书。编号为 Инв. No. 6342—1 的西夏文户籍文书，是已发现的包含户籍资料最多、内容最完整的户籍文书。这份户籍文书记有 30 户的简明资料，其中有 12 户的人名中存在关连现象。为便于分析，现列表如下。

表 1　俄 Инв. No. 6342—1 号《户籍帐》关连名字一览表

父亲	母亲	儿子	女儿	类别
［西夏文］	［西夏文］	［西夏文］	［西夏文］	父子、父女、母子连名
	［西夏文］		［西夏文］	母女连名
			［西夏文］	
	［西夏文］	［西夏文］	［西夏文］	
		［西夏文］		
［西夏文］	［西夏文］	［西夏文］	［西夏文］	
［西夏文］	［西夏文］		［西夏文］	
			［西夏文］	

---

① 高启安：《唐宋时期敦煌人名探析》，《敦煌研究》1997 年第 4 期。
② 张联芳：《中国人的姓名》，中国社会科学出版社，1992，第 520 页。
③ 那日碧力戈：《姓名论》，社会科学文献出版社，2002，第 74 页。

续表

父亲	母亲	儿子	女儿	类别
[西夏文]	[西夏文]	[西夏文]	[西夏文]	母子连名
[西夏文]	[西夏文]	[西夏文]		
		[西夏文]	[西夏文]	
		[西夏文]		兄弟连名
		[西夏文]		
[西夏文]	[西夏文]	[西夏文]		
		[西夏文]		
	[西夏文]	[西夏文]		
		[西夏文]		
[西夏文]		[西夏文]	[西夏文]	
		[西夏文]		

从表 1 可以看出，西夏名字关连比较丰富，存在于父子、父女、母子、母女、兄弟之间，这和汉文化中讲究辈分的兄弟间名字关连不同。有的一户里几种连名形式同时存在。如第一户 [西夏文]，存在父子、父女、母子三种连名形式。这里需要说明的是，我们现在还不能凭一份 30 户的户籍资料就判断哪种关连多、哪种关连少，也很难推测为什么会有此种类的名字关连以及选择关连的规则或原因。即便如此，我们依然能从中看出一些西夏的社会习惯。

第一，西夏民间社会中并不重视或者不存在严格的避讳。这一点在父子、父女、母女关连的名字中体现得最为明显。

第二，长幼名字关连（即父子、父女、母子、母女名字关连）既可以是父母辈与所有孩子关连，也可以是有选择性的关连。在 6 户有多个孩子的家庭中，[西夏文] 一户，父亲的名字既与儿子的名字关连，又与女儿的名字关连；母亲的名字 [西夏文] 只与儿子的名字 [西夏文] 关连，而与女儿的名字 [西夏文] 不存在关连。其他 5 户皆为父亲或母亲的名字只与其中的一个孩子连用。[西夏文] 一户，母亲名字 [西夏文] 只与两个女儿中的 [西夏文] 关连；[西夏文] 一户，母亲名字 [西夏文] 只与女儿 [西夏文] 关连；[西夏文] 一户，母亲名字 [西夏文] 只与女儿 [西夏文] 关连；[西夏文] 只与两个女儿中的□□□关连；□□□□一户，母亲名字□□□□只与儿子□□□关连。

第三，西夏民间社会比较重视母系血统。这主要体现在母子、母女名字关连上。女儿、儿子名字中含有母亲名字中的字，而女儿成为母亲后，她和孩子的名字又会有关连字。由于资料缺乏，我们不能肯定一辈辈的关连字有何关系，是同一个字，还是发生一些规律性的变化，但对和母亲名字关连的女儿、儿子来说，自然会由此而联系母亲的血缘，将母亲作为自己血脉所出。《文海》对母亲的解释为"长辈女也，母也，源本生处根也"①。从这一点来说，西夏女子的名字在一定程度上起着标识血脉，主要是母系血脉流传的功能。也许正是由于这种功能，西夏女子即使在为人妻后仍然保留着自己的名字，只是在姓氏后会加上表示妇女的□，这一点和汉文化中以某氏代称的习惯不一样。该户籍文书中绝大多数成年女性的姓名为姓氏＋□＋名的格式。

第四，女儿作为血缘宗族成员是受到认可的。孩子名字中的关连字在一定程度上是血缘继承的标志，是家庭成员的一种标志，而这种标志在汉文化中，只有男孩才能拥有，而西夏父女、母女名字的关连，则说明女孩也具有拥有这种标志的资格和机会，这应该只有在女孩被视为家庭成员，是血脉继承者时才能出现。如□□□□□一户，儿子、女儿名字中都有父亲名字中的□□。在有的家庭中，存在关连名字的往往是女儿而不是儿子，如□□□□□□□一户中，与母亲名字关连的就不是儿子，而是女儿□□□。这更能说明，西夏社会中有着不同于汉文化的子嗣观念，女儿是被当成家庭成员，尤其是血缘继承者来看待的。

除此《户籍帐》外，其他一些文献中也存在一些零星的名字关连现象。不过，由于不是专门的户籍资料，所记户口并不全，很难反映一个家庭中各个成员名字的关连情况，但可以提供一些佐证，所以，在此亦列表附下。

---

① 参阅史金波、白滨、黄振华著《文海研究》，中国社会科学出版社，1983，第435页。

表 2　其他文书中所见名字关连一览表

父亲	母亲	儿子	女儿	资料
𗣼𗥃𗤦𘜶①		□□𘜶		《天庆虎年梁老房西等卖地舍契》（俄 Инв. No. 5124—1）
𗣼𗉜𘜶	𗥃𗥃𗣼𗥃𗥃	𗥃𗥃𗣼𗣼𗣼𘜶		《天庆虎年二月卖地契》（俄 Инв. No. 5124—9、10）
𗥃𗥃𗤦𗣼𘜶		𗥃𗣼𘜶		《十八年雇畜契》（俄 Инв. No. 2996—3）
𗠁𗥃𗥃𗣼𘜶		𗥃𗣼𗥃□□𘜶		《乾祐甲辰二十七年卖使军奴仆契》（俄 Инв. No. 5949—29）

在此需要说明的是，上表资料源于经济文书，其所呈现出的父子名字关连为主要类型的现象，只能说明西夏社会中参与社会经济活动的主要是男子，并不能说明父女、母子、母女名字没有关连或关连很少。

（五）西夏人名中的性别问题

西夏人名中的一些常用字，几乎在男、女名中都存在。如𘜶，《户籍帐》该类人名中 16 个有性别信息，其中男性名字有𗣼𗥃𘜶、𗥃𗤦𘜶、𗥃𗥃𘜶、𗥃𗣼𘜶、𗥃𘜶𗥃等；女性名字有𗣼𗥃𗥃𗥃𘜶、𗉜𘜶𗥃𗣼𘜶、𗠁𗥃𗣼𗤦𗣼𘜶、𗥃𘜶𗥃𘜶、𗥃𘜶𗥃𗥃𘜶、𗥤𗥃𘜶□𘜶、𗥥𗤦𘜶𗥤𘜶� 、𗥃、𗥃𘜶、�幡𘜶、𘜶𘜶等。

与𘜶组合构成男性名字的�、�𗤦等也出现在女性人名中。如�𗤦𘚴、𘜶�𘜶�𗤦𘜶等。

与𘜶组合构成女性人名的��、𗤦�等也出现在男性人名中。如��𘜶、𗤦��等。

---

① 该文书中其两兄弟名字分别为�𗤦𘜶、��𘜶，兄弟名字关连。

一些有性别特征的字，也同样会同时出现在男女人名中。

□，表示"妇性"或"母牲畜"，多见于女性人名中，如俄 Инв. No. 6342—1《户籍帐》中的□□□□、□□等。同时也出现在男性人名中，如俄 Инв. No. 5124—4（7）《虎年二月二日梁小善麻等包租地契》中的□□□□等。

又如□、□□。在俄 Инв. No. 6342—1《户籍帐》中的□□、□□□□ 为男性人名，而□□□□□、□□ 为女性人名。俄 Инв. No. 6342—1《户籍帐》中的□□□、□□□□□□ 为女性，而俄 Инв. No. 7893—9《户口手实》中的□□□ 为男性。

此类现象也见于其他人名用字当中。所以，西夏人名用字无明显的性别限制。当然，也有个别字会出现一些性别趋向，如□多出现在男性人名中，而□、□则多出现在女性人名中。

西夏人名中人名用字无明显的性别限制，一方面可能是因为在西夏人的观念中，这些字并没有性别色彩，或者说性别特征并没有和这些词联系起来。另一方面，应当是西夏父女名字关连、母子名字关连的命名习惯所致。

通过以上分析，可知西夏社会文书中的人名与汉族、藏族人名有着诸多相似之处。如：汉族人名中的"昌""盛""茂""宝""乐"等就与"□""□""□""□"等相近；与"□""□□""□""□""□""□""□"对应的"狗""金""铁""山""水"等字也经常出现在汉族人名中；孩子出生时的体重、出生地等也都是汉族命名的方式；"□""□□""□□""□□"等表示吉祥长寿及宗教信仰的人名又多见于藏族人名中；尤其是藏族人名中的"普赤"，意为"领个男孩来"①，与西夏人名中的"□□□□□"（吉祥氏子来）的含义完全一样，而两者的寓意又都近于汉文化人名中的"招弟"。另外，西夏人名中的父子、母子、母女名字关连，又和藏族"七天座王"中的"父子、母子连名并存"② 现象有着相似性。西夏人名与汉族、藏族人名的相似性，应该是西夏境内党项、汉、吐蕃互相交流、融合的反映，也与人类文化在某些方面存在普同性有关。

---

① 张联芳：《中国人的姓名》，中国社会科学出版社，1992，第 521 页。
② 张联芳：《中国人的姓名》，中国社会科学出版社，1992，第 510 页。

第三章　西夏姓名若干问题研究

一　西夏番姓来源考论

作为历史文化的产物，姓氏来源反映着一个民族独特的自然环境、历史发展过程、社会文化，包含着一个民族对天文、地理、人事等方面的独特认识和理解。史金波先生在《西夏文化》中，从西夏文字的含义出发，指出了与身体部位有关、与植物有关、与动物名称有关、与数字有关、与天干地支有关的几种姓氏，同时，提出姓氏中采用的西夏语语音与汉语语音等问题①。聂鸿音先生在《西夏文献中的"柔然"》一文中，从音韵学角度出发，将薿薿比定为"茹茹"，指出姓氏薿薿源于河西历史上的柔然。本章则从文献出发，对文献中反映的西夏姓氏来源进行逐一考订，希望对西夏历史及社会文化的研究有所裨益。

（一）以民族族称命名的姓氏

翭翭 \ 鲜卑：鲜卑族是我国北方阿尔泰语系游牧民族，汉至唐初中国北方草原上的重要民族。前文已介绍过，西夏姓氏翭翭即源于西夏历史上的"鲜卑族"。

蕎蕎 \ 契丹：俄 Инв. No. 211、212、213《文海》63·161 有："菔，菔

---

① 史金波：《西夏文化》，吉林教育出版社，1983，第184～188页。

𘟦𘝶𘚮𘈩𘏲𘟙𘜶𘓐𘓐𘞽𘄊𘂠𘈪",释为:"夷,九姓回鹘、契丹等之谓"①。"契丹"与九姓回鹘并称,当为建立辽朝的契丹民族,𘓐𘓐为"契丹"的西夏文写法。𘓐𘓐还见于俄 Инв. No. 741《新集碎金置掌文》,对联中有:"𘈪𘂠𘗊𘎩𘋩,𘓐𘓐𘖤𘞤𘉮"(俄 10·110),释为:"弥药勇健行,契丹步履缓"②。此𘓐𘓐即民族称号。另外,日本龙谷大学收藏的吐鲁番所出"不明内容论典"残卷有:"𘝳𘍝、𘞽𘞽𘍝、𘝷𘍝、𘝾𘍝、𘈪𘍝、𘓐𘓐𘍝、𘝮□𘍝𘄊𘗊𘍝𘏆𘔅𘏾",释为:"梵语、回鹘语、番语、藏语、汉语、契丹语、女□语等中言语不同"。③ 𘓐𘓐是与回鹘、藏、汉等对应的民族称号。

俄 Инв. No. 211、212、213《文海》31·132 𘓐及 36·171 𘓐条中,都将𘓐𘓐解释为"族姓之谓"④。黑水城出土的 Инв. No. 8005 – 3 号文书中有借贷者"契丹□"⑤。俄 Инв. No. 5949—31《光定虎年众会契》中有𘓐𘓐□□𘍿⑥。

可见,𘓐𘓐即汉文史料中的"契丹",既指民族,又是姓氏。

𘓐,𘗧𘏲切。𘗧,反切上字,在《番汉合时掌中珠》中用汉字"逐"注音,澄母 tṣh-。反切下字𘏲,在《番汉合时掌中珠》中用"。勒"对音,德韵。𘓐可用澄母德韵字对应,中古西北方音中 – k 韵尾消失,𘓐音 tṣhjɨ。

𘓐,《同音》《文海》归舌头音平声第 24 品韵。𘏲,《同音》《文海》亦归舌头音平声第 24 品韵,且与𘓐在同一小类,𘓐、𘏲声韵相同。𘏲,在《番汉合时掌中珠》中为"丹""胆"等汉字注音,所以,𘏲可音译为"丹"。

从语音上判断,中古"契"为牙音溪母 k –,在语音上与𘓐𘓐并不相通。据聂鸿音先生的研究成果,西夏语中的𘓐𘓐一词来自吐蕃,而非契丹或

① 史金波、白滨、黄振华:《文海研究》,中国社会科学出版社,1983,第 42 页。
② 聂鸿音、史金波:《西夏文本〈碎金〉研究》,《宁夏大学学报》1995 年第 2 期。
③ 西田龙雄:《西夏语と西夏文字》,西域文化研究会编《中央アジア古代语文献》,《西域文化研究》4,1961,第 451 页。
④ 史金波、白滨、黄振华:《文海研究》,中国社会科学出版社,1983,第 439、448 页。
⑤ 杜建录、史金波:《西夏社会文书研究》,上海古籍出版社,2010,第 121 页。
⑥ 参阅史金波《西夏经济文书研究》(书稿),2012。

中原。

𘜶𘘣\回鹘：𘜶𘘣，ywej–ywə，《广韵》中，"回"蟹摄合一平灰韵匣母，"鹘"户骨臻合一入没匣，"回鹘"，𘜶𘘣之汉语音译。上文"契丹"条中𗦺𘝿𘜶𘘣即"九姓回鹘"之称，𘜶𘘣即"回鹘"，族称。日本龙谷大学收藏的吐鲁番所出"不明内容论典"也有𘜶𘘣，族称。

俄 Инв. No. 211、212、213《文海》的35·112𘘣及44·142𘜶条又将𘜶𘘣释为"族姓"①。俄 нв. No. 7741号文书中的借贷者为"回鹘后"②，俄 Инв. No. 5010《天盛二十二年卖地文契》中𘜶𘘣还出现在西夏番姓之后，即𗯨𘓉𘜶𘘣𘚳，成为人名的组成部分③。西夏文献中常有姓氏置于另一姓氏之后的现象，如"梁嵬名山""浑嵬名遇"等，这里的𘜶𘘣也可以理解为姓氏，𘜶𘘣，既指民族，又指姓氏。

𘋍𘈪\回纥：上文已介绍，《西夏番姓译正》已考证，西夏文《杂字·番姓名》中有𘋍𘈪，在语音上与西夏汉文《杂字·番姓名》中的"回纥"相通。

又俄 Инв. No. 211、212、213《文海》10·272有："𘈪，𘈪𘜶𘝿𘚟𘈪𘕿𗴛𗠝𘗽𘜶𘘣𘕿𗀔𗤎𗤁𘕿𘚟𗤑"（俄7·125），译为："吴者族姓吴之谓；又亦回鹘之本根生出处也"④。"回鹘之本根生出处"，当与"回鹘"在唐以前的称呼"回纥"有关，所以"回纥"、𘋍𘈪既是民族族称，又是姓氏。

"回纥"是"回鹘"在唐德宗以前的称号，两者一脉相承，但一个以汉字的形式出现在汉文《杂字·番姓名》当中，另一个以西夏文形式出现在文书当中，这表明西夏可能从不同途径引进了这两个词。

𗀔𘚟\匈奴：俄 Инв. No. 211、212、213《文海》92·142𘚟条中，将

---

① 史金波、白滨、黄振华：《文海研究》，中国社会科学出版社，1983，第446、461页。

② 杜建录、史金波：《西夏社会文书研究》，上海古籍出版社，2010，第121页。

③ 黄振华：《西夏天盛二十二年卖地文契考释》，《西夏史论文集》，宁夏人民出版社，1984。

④ 史金波、白滨、黄振华：《文海研究》，中国社会科学出版社，1983，第407页。

懒嬾解释为族姓①，此二字还见于《义同·尊敬篇》中，与族姓一起排列，故当为姓氏。

在《类林》中，西夏文懒嬾用来对应汉文的"匈奴"②，所以《文海》中的懒嬾当为族名"匈奴"之对音字，以族名为姓氏。

"匈"晓母字，"奴"泥母字。懒，《同音》中归舌头音上声第28品韵，嬾，《同音》中归牙音平声第92品韵，在语音上"匈奴"与懒嬾并不相符，这可能是西北方音的缘故，也有可能是类似于"契丹"的情况，其语音并不是源于汉语，而是源于其他少数民族语言。

（二）以党项部族名命名的姓氏

野利：西夏文写法为"荔䫈"。李继迁妻"顺成懿孝皇后"、元昊"宪成皇后"、元昊大臣"野利仁荣""野利遇乞"均为"野利氏"，源于野利部，唐史料中已说明其为党项部族。

唐初年，西北庆州地区有党项"野利氏族五"，绥州、延州等地亦安置有"野利部"。唐中期，"以党项、吐谷浑部落散处盐、庆等州，其地与吐蕃滨近，易相协中，即表徙静边都督、夏州、乐容等六府党项于银州之北、夏州之东，宁朔州吐谷浑住夏西，以离沮之。"③ 这里六府党项的主体是野利越诗、野利龙儿、野利厥律、儿黄、野海、野窣等野利部族。经过长期迁徙整合，逐渐形成了以野利部为核心的南山党项，至宋代其势力布及西北。《长编》卷35淳化五年正月癸酉条记载："党项界东自河西银、夏，西至灵、盐，南距鄜、延，北连丰、会，厥土多荒隙，是前汉呼韩邪所处河南之地。从银、夏至青、白两池，地唯沙碛，俗称平夏；拓跋，盖番姓也。鄜、延以北，地多土山柏林，谓之南山野利；野利，盖羌族之号也。"雍熙元年（984）十二月，李继迁聚兵黄羊平，以"李氏世有西土"招徕蕃众时，"羌

---

① 史金波、白滨、黄振华：《文海研究》，中国社会科学出版社，1983，第530页。

② 聂历山：《类林释文》，《国立北平图书馆馆刊》西夏文专号第4卷第3号，1932。

③ （宋）欧阳修、宋祁：《新唐书》卷221上《党项传》，中华书局，1975，第6217页。

豪野利等族皆以女妻之"①，野利氏开始步入西夏政权的核心。

破丑：夏州政权中李重建、李仁宝、李光睿、李光琏等三代四人的妻子皆出自破丑氏②。西夏陵残碑中又出现"破丑氏先封"③，该内容可能是对五代夏州政权的追忆。所以，西夏"破丑"当源于此。

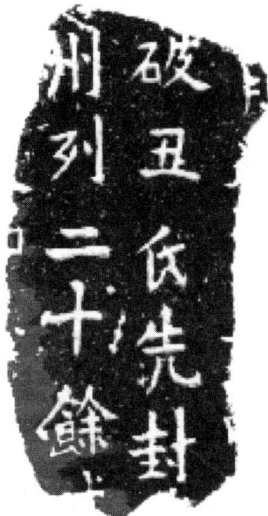

图 15　N42·022［P9：1］西夏陵残碑（中 19·332）

此外，《宋史》卷485《夏国传上》记载："（李继迁）遂与弟继冲、破丑重遇贵、张浦、李大信等起夏州，乃诈降，诱杀曹光实于葭芦川，遂袭银州据之，时雍熙二年二月也。"卷335《种世衡传》记载："赂蕃部破丑以达野利兄弟，而泾原路王沿、葛怀敏亦遣人持书及金宝以遗遇乞"。

唐代有"雪山党项，姓破丑氏"，"破丑……皆入朝"④，"河西党项破

---

① 龚世俊等：《西夏书事校证》卷4，甘肃文化出版社，1995，第43页。
② 《中国藏西夏文献》卷18，甘肃人民出版社、敦煌文艺出版社，2009，第31、50、55、74页。
③ 《中国藏西夏文献》卷19，甘肃人民出版社、敦煌文艺出版社，2009，第332页。
④ （后晋）刘昫：《旧唐书》卷198《党项羌传上》，中华书局，1975，第5292页。

丑氏"①，"庆州有破丑氏族三"② 等记载。从"雪山党项"到"河西党项"
"庆州""夏州"的地理转变，正好是隋唐党项内迁路线。所以，北宋前期
与李继迁在夏州起事的"破丑重遇贵"当为唐五代破丑氏之后人。破丑，
党项部族。

卫慕：李继迁母、德明妃、元昊妃均出自"卫慕"姓氏，与西夏文𗣼
𗟲对应。

"卫慕，银夏大族"③。《长编》卷40至道二年九月己卯，夏州、延州
行营言："两路合势破贼于乌、白池，斩首五千级，生擒二千余人，获其酋
未慕军主、吃啰指挥使等二十七人，马二千匹，兵器铠甲万数，贼首李继迁
遁去。"

"未慕"族与宋交战的乌、白池与银夏地区相邻，与"卫慕"在地域上
相符，"卫慕""未慕"音同，所以，"卫慕"当即"未慕"，银夏大族。银
夏，夏州政权的发祥地，党项聚居地。"卫慕"，党项大族也。

没藏：西夏汉文《杂字·番姓名》中收录，西夏文写法为𗣼𗟲。元昊
后、谅祚生母为"没藏氏"，其兄为"没藏讹庞"。

史书记载："没藏，大族也"④。《宋史·李继周传》记载："败末藏、
末腋等族于浑州西山"。据汤开建先生《五代辽宋时期党项部落的分布》
考，"末藏"即"没藏"，浑州西山即横山地区。横山，党项聚集地。"没
藏"，党项大族。

庞静：西夏汉文《杂字·番姓名》中收录，《金史·夏国传》及《金史·
交聘表下》中有谢横赐使"夏武节大夫庞静师德"。

《长编》卷132仁宗庆历元年五月甲戌条记载："刘谦、高继嵩等破庞
青诸族，任福袭白豹城，皆指为有功者也"。

据汤开建先生《五代辽宋时期党项部落的分布》考，"庞青"与"庞
静"为译音之异，姓氏"庞静"出自族名"庞青"。

---

① （后晋）刘昫：《旧唐书》卷57《刘师立传》，中华书局，1975，第2299页。
② （宋）欧阳修、宋祁：《新唐书》卷221《党项传》，1975，第6217页。
③ 龚世俊等：《西夏书事校证》卷11，甘肃文化出版社，1995，第127页。
④ （宋）李焘：《续资治通鉴长编》卷162仁宗庆历八年正月辛未，中华书局，
2004，第3901页。

中古音中，"静"，疾郢梗开三上静从；"青"，仓经梗开四平青清。中古西北方音中从母清化，读同清母，"青""静"同音，汤开建先生考证不误。姓氏"庞静"音同族名"庞青"，以族名为姓氏。

另外，"庞青族"乃袭"白豹城"时所破，当为白豹城附近之部族。白豹城为西夏党项部族聚居地，庞青当为该地的党项部族。

保细：《东都事略》卷127有"保细吃多已"，"保细"为西夏番姓。

《宋史·党项传》记载："保细族结集扇动诸部，夏州巡检使梁迥率兵讨平之"。

"保细"在夏州附近，当为党项族。

猥才：《儒林公议》卷上记元昊自卫队第六队队长"隈才浪罗"。

《宋史·党项传》中记载："继迁奔地斤泽，貌奴、猥才二族夺其牛畜二万余。"

"隈才"即"猥才"，音同形近，"隈才"取自部族名。

"猥才族"居住地在地斤泽附近，当为党项大族。

（三）以吐蕃部族名命名的姓氏

都啰：西夏汉文《杂字·番姓名》中有姓氏"都啰"；元昊后妃中有"都啰氏"；秉常时有权臣"都罗重进""都啰马尾"；仁宗仁孝时有"都罗刘酉"。

汤开建先生在《五代辽宋时期党项部落的分布》中提出，"都啰"出自"凉州都啰族"。《宋史·吐蕃传》记载："知西凉府左厢押落副使折逋喻龙波、振武军都罗族大首领并来贡马"。"都罗族"出自《宋史·吐蕃传》记载，且在公元1003年李德明攻占凉州之前，凉州为六谷吐蕃政权，故"都罗族"当为吐蕃族。

咩布：西夏汉文《杂字·番姓名》中有姓氏"咩布"；G32·004《甘肃武威市西郊西夏墓汉文朱书木牍》中有西苑外卖土地人"咩布勒嵬"（中18·267）；《金史·交聘表》中有"咩布师道"。

汤开建先生在《五代辽宋时期党项部落的分布》中提出，"咩布"出自镇戎军的"咩逋"族。《长编》卷50真宗咸平四年十二月乙卯条记载："正当回鹘、西凉六谷、咩逋、贱遇、马臧梁家诸族之路"。

中古音中，"逋"，博孤遇合一平模帮母字，"布"，博故遇合一去暮帮母字，两者声韵地位相同，当为同音字。另外，"咩布勒鬼"亦为凉州人，地域上亦与"咩逋"族相符，所以，姓氏"咩布"出自"咩逋"族，应当不误。从时间上来看，"咸平四年"在西夏入凉州之前，当时的西凉咩逋为吐蕃部族。

庄浪：西夏汉文《杂字·番姓名》中第47个姓氏（俄6·138）。《金史·交聘表》中有"庄浪义显"。

《金史》中有"庄浪四族，一曰吹折门，二曰密臧门，三曰陇逋门，四曰庞拜门，虽属夏国，叛服不常"[1]。

"庄浪"所在"积石军"在金天会年间才归于西夏，之前一直为吐蕃居地，且其下"陇逋门"为吐蕃的重要部族，所以，"庄浪"为吐蕃族。

夦鬼：西夏汉文《杂字·番姓名》中有"夦鬼"。《金史》卷62《交聘表下》有"夦鬼英"。

据汤开建先生《五代辽宋时期党项部落的分布》考证，"夦鬼"出自族名"熟鬼族"。《宋史》卷492《吐蕃传》记载："（景德三年）渭州言妙娥、延家、熟鬼等族率三千余帐，万七千余口及羊马数万款塞内附"。"熟鬼"出自《吐蕃传》，且在渭州上言中提及，当为渭州附近之部族。渭州为吐蕃聚居地，故"熟鬼"属渭州吐蕃。

野马：西夏汉文《杂字·番姓名》中有姓氏"野马"。

《宋史》卷7《真宗纪》记载，咸平六年"西凉府者龙、野马族来贡"。

咸平六年，西夏党项势力还未入西凉，故"野马"当为西凉吐蕃。

人多：又作"仁多"，秉常时，西夏有人多族与梁氏"二族分据东西厢兵马"[2]，其族人有"人多唛丁""人多保忠"。《长编》卷467哲宗元祐六年十月甲戌条记其"久据西南部落，素为桀黠，与邈川首领温溪心邻境相善，已令温溪心委曲开谕招致，许除节度使，令保守旧土，自为一番"。《铁围山丛谈》卷2亦有："西羌唃氏久盗有古凉州地，号青唐，传子董毡，

---

① （元）脱脱：《金史》卷91《结什角传》，中华书局，1975，第2017~2018页。

② （宋）李焘：《续资治通鉴长编》卷404元祐二年八月丁未，中华书局，2004，第9852页。

死，其子弱而群下争强，遂大患边。一曰人多零丁，一曰青宜结鬼章，而人多零丁最黠，鬼章其亚也。"

由"久据西南部落"，且与"与邈川首领温溪心邻境相善"，当为河湟地区的吐蕃部族。《宋史·夏国传》记载，政和六年春，"刘法、刘仲武合熙、秦之师十万攻夏仁多泉城"。此"仁多泉"当为"人多族"居地。

以上只是一些族属较为明晰的姓氏考证，更多的姓氏或由于语音，或由于融合，已无法甄别。尤其是西北地区的党项、吐蕃，自唐以来就交错居住，长期共同生活，在北宋时期已"风俗相类"，宋人也难以分辨。所以，源出吐蕃的西夏姓氏当不止以上所举。

（四）以传说中祖先名命名的姓氏

𗫉𗫡：俄 Инв. No. 210、6340《杂字·番姓名》中收录（俄 10·49）。俄 Инв. No. 211、212、213《文海》55·272 中有𗫉，𗏵𗆧𗾦𗬳，𗫉𗫢𗫉𗫡𗼃𗬥𗫂𗆐𗤬𗆜𗬠𗤁𗨁𗥃（俄 7·147）；俄 Инв. No. 211、212、213《文海》7·212 中有𗫡，𗏵𗆐𗆜𗆧，𗫡𗫢𗫉𗫡𗼃𗬥𗆐𗬥𗬠𗤁𗨁𗥃𗼃（俄 7·123）。两者都将𗫉𗫡解释为"做得也先人名是也"①。

𗫳𗫪：俄 Инв. No. 2539《义同》中归入"尊敬篇"（俄 10·75），与姓氏一起排列，《文海》中解释为先人名。《文海》杂 20·161 解释𗫳𗫪为先人名②。

𗫴𗫶、𗫩𗫨：𗫴𗫶在俄 Инв. No. 211、212、213《文海》89·221𗫶条中解释为："族姓，又'波女'之弟也"③。而译为"波女"的西夏文𗫩𗫨在俄 Инв. No. 211、212、213《文海》中又解释为："族姓也，官也"④。

---

① 史金波、白滨、黄振华：《文海研究》，中国社会科学出版社，1983，第 477 页。
② 史金波、白滨、黄振华：《文海研究》，中国社会科学出版社，1983，第 555 页。
③ 史金波、白滨、黄振华：《文海研究》，中国社会科学出版社，1983，第 526 页。
④ 史金波、白滨、黄振华：《文海研究》，中国社会科学出版社，1983，第 404 页。

《圣立义海》中有神主𗊱𗩾①。𗡬𗩾、𗊱𗩾分别在西夏文俄 Инв. No. 210、6340《杂字·番族姓》（俄 10·49）中及俄 Инв. No. 2539《义同·尊敬篇》（俄 10·76）中收录，皆为姓氏，可以看出𗡬𗩾、𗊱𗩾源于传说中的人名，且本为兄弟，这反映了部族繁衍、分支立姓的现象。

𗴺：俄 Инв. No. 207《音同》（俄 7·3）中释为族姓。俄 X1《同音》（丁 07A45 背注）中解释为："𗴺，𗵒𗊋𗮔𗆐，即先番之兄"②。

𗒹𗴾：𗒹𗴾在俄 Инв. No. 211、212、213《文海》杂 18·232 中释为："先人名是也"③；𗒹𗴾又见于 Инв. No. 211、212、213《文海》48·262 条，释为："族姓，先人名"④。𗒹𗴾，取先人名为姓。

𗊱𗒜：西夏文《杂字·番姓名》和《碎金》番姓名对联中皆收录。《夏圣根赞歌》中有𗊱𗒜𗮔𗴋，西夏先祖"啰都七子"之一⑤。

𗊱𗒹：西夏文《杂字·番姓名》、《碎金》、西夏官印、莫高窟第 322 窟、俄 Инв. No. 792⑥及俄 Инв. No. 2153⑦号佛经中皆有姓氏𗊱𗒹。《夏圣根赞歌》中有𗊱𗒹𗰣𗊱，西夏先祖"啰都七子"之一⑧。

𗧘𗧘：西夏文《杂字·番姓名》、《文海》、西夏官印及出土社会经济文书中皆有𗧘𗧘，源于历史上的西北民族𗧘𗧘。此姓氏与西夏先人也有着密切

---

① 克恰诺夫、李范文、罗茅昆《圣立义海研究》中识为"𗊱𗩾"，译为"谋梯"，当误。

② 韩小忙：《〈同音背隐音义〉整理与研究》，中国社会科学出版社，2011，第 85 页。

③ 史金波、白滨、黄振华：《文海研究》，中国社会科学出版社，1983，第 404 页。

④ 史金波、白滨、黄振华：《文海研究》，中国社会科学出版社，1983，第 465 页。

⑤ 克恰诺夫、李范文、罗茅昆：《圣立义海研究》，宁夏人民出版社，1995，第 11 页。

⑥ Е. И. Кычанов：*Каталог тангутских буддийских памятников*，Киото：Университет Киото，1999，СТР. 108.

⑦ Е. И. Кычанов：*Каталог тангутских буддийских памятников*，Киото：Университет Киото，1999，СТР. 212.

⑧ 克恰诺夫、李范文、罗茅昆：《圣立义海研究》，宁夏人民出版社，1995，第 11 页。

关系。《夏圣根赞歌》中有□□□□，西夏先祖"啰都七子"之一①。

　　□□：《夏圣根赞歌》中有□□□②。□□虽不见于目前已发现的文献，但"□""□"分别见于其他姓氏当中，如□□、□□、□□、□□、□□、□□、□□及□□、□□、□□、□□、□□、□□、□□、□□、□□等。

　　□□，俄 Инв. No. 211、212、213《文海》33·251 中释为"黑头之父先人名是也"③。另外，《圣立义海》中有人名□，"谋略韬深"④。□，在《番汉合时掌中珠》中释为"男""子"。所以，姓氏□□当与传说中的人名□有关。

　　□□，□，俄 Инв. No. 211、212、213《文海》68·171 中释为"祖先之族姓"。□，在《番汉合时掌中珠》中释为"女"，构成形式同□□。

　　仔细分析，以上人名姓氏可以分为以下几种类型。

　　第一，某一先人名直接被采用为姓氏。如□□、□□。

　　第二，以某一先人诸子名为姓氏。如□□、□□、□□等。

　　第三，取先人名中的一个字，与别的字组成姓氏。如□□、□□等。

　　这些类型反映出西夏姓氏的一些发展变化情况。

　　第一，随着部族的繁衍发展，各支系分立，独立发展，出现新的部族、新的姓氏。这主要表现在□□、□□、□□这类以兄弟名命名的姓氏中。由此可以确定，部族名是早期西夏姓氏的主要来源。

　　第二，原来姓氏中的用字与别的字结合，形成新的姓氏。这类姓氏除了上文中的□□外，在其他几个先人名姓氏中也存在。与□□相关的有：□□、□□、□□、□□、□□、□□；与□□相关的有：□□、□□、□□

---

① 克恰诺夫、李范文、罗茅昆：《圣立义海研究》，宁夏人民出版社，1995，第11页。

② 克恰诺夫、李范文、罗茅昆：《圣立义海研究》，宁夏人民出版社，1995，第11页。

③ 史金波、白滨、黄振华：《文海研究》，中国社会科学出版社，1983，第444页。

④ 克恰诺夫、李范文、罗茅昆：《圣立义海研究》，宁夏人民出版社，1995，第11页。

𗼑、𗤋𗼑、𗼑𗢨、𗛤𗼑；与𗣼𗣼相关的有：𗣼𗣼、𗣼𗣼；与𗣼𗣼相关的有𗣼
𗢨；与𗣼𗣼相关的有𗣼𗢨。这可能反映了部族繁衍发展过程中各分支改易姓
氏、另立新族的现象。

至于这种改易的原则，《天盛改旧新定律令》中也透露了一些信息。

𗛤𗤋𗢨𗣼𗣼𗣼𗢨𗛤𗤋𗣼𗤋𗢨𗢩𗛤𗢨𗢨𗢨𗣼𗛤𗤋𗢨𗣼𗢨𗢩𗢨𗢨𗣼�¨�¨�¨𗣼𗣼𗛤�¨�¨�¨�¨�¨�¨�¨�¨�¨�¨�¨�¨，译为："一西名自五子以上𢀿名姓已变，取后
姓。允许为婚。西名五子以下依节变姓者，依取用前姓施行，不许为婚，违
律时与同姓为婚一样判断。"① 这段材料中所包含的有关姓氏改易的信息是
明确的。

第一，姓氏在几代（可能是五代）后要发生改变，即"𢀿名姓已变，
取后姓"。

第二，有一支是需要保留原有姓氏的，即"依取用前姓施行"。这可能
相当于汉族宗法制里的"庶嫡之别"，嫡出保留原姓，而庶出则在五代或若
干代后改易姓氏，另立门户。

第三，新旧姓氏依然保持着一定的联系。从𗛤𗤋、𗛤𗤋看，新姓氏是在
继承原有姓氏部分成分的基础上形成的，即以原有姓氏中的一个字，结合其
他字构成新姓氏。这既有了新姓氏或新部族的标志，又在一定程度上保留了
与原姓氏或宗族的传承关系。

以传说中的某一人名为部族、家族的姓氏，是党项人对共同祖先的追认
或对源于同一祖先的构想，其中以兄弟名或先人名中用字组成的姓氏、姓氏
裂变及与其他字组成新姓氏等现象，又反映了部族早期的发展变迁信息。所
以，分析姓氏用字的构成可能会对党项部族、宗族的发展变迁研究有重要意
义。

（五）以地名命名的西夏姓氏

𗣼𗣼：西夏文《杂字·番姓名》和《文海》中均收录，《圣立义海》
"山之名义"中有山名𗣼𗣼。

---

① 史金波、聂鸿音、白滨：《天盛改旧新定律令》，法律出版社，1999，第603
页。

鞑𗙾：西夏文《杂字·番姓名》《同音》中收录，西夏官印中有鞑𗙾𗙾𗙾，《圣立义海》"山之名义"中有山名鞑𗙾。

沙州：英藏 Or. 12380—3291（K. K. Ⅱ. 0238. 1. iv）《汉文杂物账》中有"沙州皆"。"沙州"与𗼃𗙾对应，是以居住地命名的姓氏。

《文海》中还有"夏州""盐州""金唐"等诸多解释为"此者族姓也地名之谓"的词条。此外，汉文文献中也有许多与地名相对应的姓氏，如"仁多"与"仁多泉"，"没嘛"与"磨嘛隘"，"乃来"与"乃来平"，"骨婢"与"骨婢井"等。由于资料缺乏，暂时无法判断是因居住地名取姓，还是因姓取居住地名。

（六）以节气名命名的姓氏

冬至＼𗈁𗙾：汉文史料中有西夏姓氏"冬至"。𗈁𗙾，《文海》中解释为汉语中"冬至"的借词，又俄 Инв. No.2539《义同·尊敬篇》族姓中有𗈁𗙾。"冬至"、𗈁𗙾既是二十四节气中的"冬至"，又是西夏的姓氏。由此也可以推断，节气名也当是西夏姓氏的重要来源。

（七）继承鲜卑姓氏

这类姓氏中最具有代表性的当为"慕容""浑""党"等，论述详见上文。

（八）真言用语

一些姓氏用字源于真言经契，如鞑、禘、鈤、彭𧰼等，这当和西夏佛教的兴盛有关。

以上只是就文献反映出来的一些信息进行的考证。西夏姓氏是西夏独特社会历史文化的产物，更深入的研究还有待于对西夏文及西夏文化的进一步理解。

二　西夏姓氏反映出的民族问题

西夏作为一个少数民族建立的政权，与汉、契丹、女真、吐蕃、回鹘、鞑靼等民族同时并存，往来频繁；在西北历史上，又上承五代之民族纷争，下启蒙元之大一统。所以，西夏的民族问题是其社会历史活动的重要组成部分。民族问题渗透于国家的政治、经济、军事活动当中，这一点可以从西夏姓氏中清楚地反映出来。

第一，西夏番姓反映出党项族的发展壮大与历史上西北诸民族的融合密不可分。

据《旧唐书》记载，早期党项有"八大姓"，即"细封氏、费听氏、往利氏、颇超氏、野辞氏、房当氏、米擒氏、拓拔氏，而拓拔氏最强"。此八大姓亦见于其他史籍中的"党项传"部分，只是记法略有不同。其中，"细封氏"，《宋史》卷491《党项传》中记为"细风氏"；"往利氏"，《五代会要》卷29《党项传》中记为"析利氏"；"野辞氏"①，《宋史》卷491《党项传》中记为"野乱氏"；"房当氏"，《资治通鉴》中记为"旁当氏"；"米擒氏"，《新唐书》卷221上《党项传》及《五代会要》卷29《党项传》中记为"米禽氏"，《宋史》卷491《党项传》中记为"来擒氏"。见于唐五代的人物也是"拓拔氏"最多，"野利"次之，再有"细封""把利""折氏"等，姓氏种类数量较少。西夏时期，仅番姓就有300余个。姓氏数量的激增，一方面是党项部族繁衍、分支的结果，另一方面则是党项在发展过程中吸纳、融合了西北历史上其他少数民族的结果。

党项与其他民族的融合，表现在姓氏方面，一为西夏姓氏中有以鲜卑、匈奴、回纥、柔然等民族称号命名的姓氏；二为西夏姓氏中仍保留着诸多西北民族曾使用过的姓氏，如慕容、浑、余等。

鲜卑是我国古代东胡系统的民族之一。先秦时游牧于大兴安岭山脉中部与北部。东汉三国以后，不断南迁，遍布于东起辽东、西至陇右一带。西晋末十六国初，在河西走廊、湟水流域一带形成了河西鲜卑，陇右地区形成了陇西鲜卑。后拓跋鲜卑兴起，建立了统一中国北方的北魏政权，疆域东北起辽西，西至新疆东部，南达秦岭、淮河，北抵蒙古草原。其中的吐谷浑部，在宋辽西夏时期，部族已布及青海、河西、河套南北、山西等地。

回纥，隋唐时期兴起于漠北，并建立了回纥汗国，汗国被灭后，诸部纷

---

① 见于新旧《唐书》《资治通鉴》等处的有部族"野利"，而无"野辞氏"，"野辞"当为"野利"之误。

纷逃散，南迁回纥先生降唐，被安置于中原各地。西迁回纥"有西奔葛逻禄，一支投吐蕃，一支投安西"①。投吐蕃者，到达河西地区，后发展为河西回鹘。投安西者，后发展为西州回鹘。西奔葛逻禄者建立了黑汗王朝。

匈奴，我国古代北方的重要游牧民族，发源于今天内蒙古自治区大青山一带，于西汉初年建立了我国历史上第一个边疆民族政权。东汉初年，分为南北两部，南部开始内迁，魏晋时形成了甘肃、陕西、山西、河西走廊、青海、河套、陕北等几个聚居地，并先后建立了前赵、北凉、赫连夏等几个政权。

公元 11 世纪时建立的西夏，其版图内的河套、河西、青海等地，正是原鲜卑、匈奴等民族的聚居地，西夏前身夏州政权所在地，还是匈奴所建立的赫连夏国定都之地。

相互重叠、前后相继的地缘关系，使这些民族在其政权覆灭或族群衰落后纷纷进入后来的强势民族——党项，西夏时期的民族称号姓氏及这些民族曾使用过的姓氏，应当是这些民族的一种标识或记忆。由此，我们也可以推断，西夏很可能也融合了西北历史上曾活动过的其他少数民族，如突厥、沙陀等。不过，限于材料，现还不能从姓氏上找出依据。

第二，西夏的民族称号姓氏及少数民族使用过的姓氏，反映出这些民族在进入党项族后，都经历了党项化的过程。

不管是民族称号的姓氏还是少数民族曾经使用过的姓氏，在西夏时期都显示出明显的党项特征。如"鲜卑氏千张""鲜卑命溺"②"浑嵬名遇"等都是党项色彩很浓厚的人名，元代译经人员中的"鲜卑小狗""鲜卑土青"③等也都是党项式的人名。这证明这些民族进入党项后，随着密切的交流，逐渐党项化，成为党项民族的组成部分。所以说，西北历史上的其他民族是西夏党项民族发展壮大的源泉之一。

第三，西夏汉姓反映出西夏主体民族党项在发展过程中融合了西北地区大量汉族居民。

---

① （后晋）刘昫：《旧唐书》卷 195《回纥传》，中华书局，1975，第 5213 页。

② 史金波：《西夏社会》，上海人民出版社，2007，第 31 页。

③ 史金波：《西夏文〈金光明最胜王经〉序跋考》，《世界宗教研究》1983 年第 3 期。

西夏境内的许多汉族为西北地区的原有居民，他们在党项迁入之后，尤其是在夏州政权的影响下，逐渐党项化，成为番化的汉人。夏州政权中有梁氏，与夏州王室有着稳定的婚姻关系。《中国藏西夏文献》中编号为 M42·003 的《后周绥州刺史李彝谨墓志铭》中有："祖讳思（恭），祖母梁氏，封魏国太夫人。"编号为 M42·001 的《大晋故虢王李仁福妻渎氏墓志铭文》中亦有："李仁福有女四人：长曰适李氏……次适刘氏……次适梁氏……次曰适梁氏。"而西夏时期则出现了"梁乙埋""梁乙逋"等党项色彩明显的"梁"氏后族集团，这应该是长期通婚带来的汉姓番化。"苏"在夏州政权时，亦为夏州王室的通婚姓氏。《中国藏西夏文献》中编号为 M42·002 的《后汉沛国郡夫人里氏墓志铭》及 M42·003《后周绥州刺史李彝谨墓志铭》中记载，李彝谨次子李光琏之妻及李彝谨次女婿皆出自苏氏。西夏时期，出现了大量的苏姓番名，此类现象，还见于"李""刘"等其他汉姓当中。这些汉姓显然已经不同于汉文化下的姓氏，而是西夏社会的有机组成部分。

第四，西夏姓氏反映出西夏境内居住着多个民族。

出土社会经济文书是民间日常经济活动的记录，这些文书中的人名姓氏应当是西夏境内的民族构成的真实反映。从考证的情况看，出土文书中包含的姓氏除党项姓氏外，还有以下几类。

①卜氏、左氏、刘氏、吴氏、张氏、邓氏、李氏、杨氏、韦氏、赵氏、郝氏、唐氏、曹氏、祁氏、画氏、孙氏、苏氏、孟氏、郭氏、高氏、焦氏、鲁氏、胡氏、马氏、康氏、酒氏、傅氏、席氏、崔氏、裴氏、庐氏、梁氏；②契丹；③白、回鹘等。

这些姓氏中的第一类为汉姓。在这些姓氏当中，汉名特征很明显的有 12 个，这是西夏境内有汉人生活，且保留汉文化特征的真实记录。

历史上伴随着屯田、移民及逃荒，有大批汉人进入西北地区。西夏时期，亦有汉人源源不断地进入西夏境内。元丰四年九月甲申朔，知镇戎军种诊言："兴、灵州等处多旧汉人，皆元昊所掳致者"①。这些被掠去或流入西

---

① （宋）李焘：《续资治通鉴长编》卷 316 元丰四年九月甲申，中华书局，2004，第 7637 页。

夏的汉人，或至军前使唤，或从事各类手工业，或迁至河外耕作，这就使西夏各个地区、各个生产部门中都出现了汉人，他们以自己的优长，参与创造了西夏的社会历史。文书中反映出的汉人有小手工业者，有高利贷者，也有从事农耕者。

第二类为契丹。姓氏契丹当是流入西夏境内契丹人的标志。

契丹建立的辽与西夏相邻并存，关系密切，加上西夏对边界人口争夺一向积极，早在元昊时就曾支持辽夏边界的呆儿等族离辽归夏。辽中后期，受金所迫，居民四处流散，西夏更是为其大开方便之门，一时间，西夏成了辽朝上至帝王下至百姓的避难所。相邻的地缘条件与西夏争取人口的政策，使西夏境内有了大量的契丹人。这些契丹人居住在西夏境内，成为西夏居民，并以"契丹"为姓。上文提到的黑水城出土的 Инв. No. 8005 – 3 号文书中有"契丹□"，应当是黑水城地区的契丹族居民。当然，也有部分契丹人，受西夏国内政治或居住环境等条件影响，采用了其他姓氏。如夏州统军李合达"本萧姓，为辽国挞马，扈成安公主至夏，有口才，骁勇长骑射。乾顺留之，始授文思使，转右侍禁，尝从征讨有劳，升副都统，赐国姓"。①

第三类为回鹘、白。这类姓氏是西夏境内的回鹘人或者"昭武九姓"的标识。

西夏统治的甘、肃、瓜、沙及合罗川等地，或曾是回鹘的政治中心，或曾是回鹘的聚居地②，高昌回鹘又是西夏西部近邻，回鹘人善于经营商贸，西夏的河西地区又是丝绸之路的组成部分，所以，西夏境内存在大量回鹘人。文书中的"回鹘□"当是进入西夏地区的回鹘人。除此之外，回鹘原有的姓氏也随着人员的流入而进入西夏。西夏著名的译经师"白法信"亦有可能源于回鹘。西夏文"回鹘"及"回纥"作为姓氏在西夏文辞书中的出现，表明有相当数量的回鹘人放弃了原有姓氏，而改用民族称呼作为姓氏。

除回鹘外，河西地区的粟特等民族也随着居住地的入夏而成为西夏的居

---

① 龚世俊等：《西夏书事校证》，甘肃文化出版社，1995，第 407 页。

② 程朔洛：《甘州回鹘始末与撒里畏兀儿的迁徙及其下落》，《西北史地》1988 年第 1 期。

民，所以，在对待"白""曹""石""史""康"等姓氏时，要注意区分汉姓与"昭武九姓"。

除出土社会文书中的几类反映民族属性的姓氏外，文献中还有大量以吐蕃部族命名的姓氏，如都啰、咩布、庄浪、钹觥、野马、人多等，这些是原河西陇右地区吐蕃部族的延续。

在西夏文献记载的姓氏中没有发现鞑靼，这可能是因为其举名不记姓的习惯或文献的缺失。但鞑靼诸部处于西夏北部，西夏境内有大量的鞑靼人是没有问题的。

孟楠在《论克烈人与西夏的关系》一文中，对自李继迁开始的蒙古克烈部与西夏的关系进行了详细论证，文章提出，西夏中后期"克烈人与西夏保持了持久而又稳固的联系，许多克烈人曾进入西夏境内，有的定居于西夏，有的则在西夏逗留一段时间后，又返回了克烈部境内。"而《长编》卷407哲宗元祐二年十一月丁未条中亦有："许其管勾人马者，不过如威明特克济、沙克星多贝中、彻辰之类三数人而已，是皆梁氏之忌且畏者，方日夜求端，欲得除去，恨无自以发之者。"其中的"彻辰"为蒙古语，当为定居西夏境内且进入其统治阶层的蒙古人的代表。

总之，与西夏同时存在的其他民族或政权的民众，由于地缘或政治、经济上的关系，进入西夏境内。这些民族或本无姓氏，或虽有姓氏，但在进入西夏后，相当部分都采用了原有民族称号或部族称号作为姓氏。产生这种现象的原因还有待进一步的研究，但不管原因如何，这些姓氏都是"西夏是一个多民族居住的区域性政权"的有力依据。

第五，西夏姓氏反映出西夏政权的多民族性。

西夏是党项族建立的政权，其政治上层除了党项族外，还有汉、回鹘、吐蕃等其他民族。《天盛改旧新定律令》中明确规定："任职人番、汉、西番、回鹘等共职时，位高低名事不同者，当依各自所定高低而坐"①。可见，西夏境内的各个民族都有在西夏各级行政机构中任职的机会。西夏政治生活中出现的姓氏也反映了这一点。而且，这些姓氏还反映出，在不同的历史阶段，各民族在社会政治中的地位会有所不同。

---

① 史金波：《西夏社会》，上海人民出版社，2007，第48页。

汉人在西夏立国斗争中位居高职，如李继迁、李德明时有张浦、何宪、郑美等，元昊时有张元、吴昊、张陟、张绛、杨廓、徐敏宗、张文显，谅祚时有景询。西夏中后期，权力核心区出现汉人。乾顺妃曹氏、任氏，仁孝后罗氏皆出汉族。与汉女入宫为妃伴随而来的是汉族权势的膨胀。乾顺妃任氏之父任得敬，因其女而官至国相，进位楚王、秦晋国王，权倾朝野，欲分国自立。仁孝后罗氏，史书中对她的政治影响虽没有明确记载，但字里行间却反映出其独有的特权地位。

《金史·西夏传》中的罗太后："泰和六年（1206）三月，仁孝弟仁友子安全，废纯祐自立，再阅月死于废所。七月，使纯祐母罗氏为表，言纯祐不能嗣守，与大臣定议立安全为王，遣使奏告。夏使私问馆伴官：'奏告事诏许否？'馆伴官曰：'此不当问也。'夏使曰：'明日当问诸客省，若又不答，则升殿奏请。'上闻之，使客省谕以许所祈之意，乃赐罗氏诏询其意，夏人复以罗氏表来，乃封安全为夏国王"。

从这段记载可以看出，不管是仁友的废主自立，还是金对此事的认可，都不能绕开罗氏，罗氏当是西夏政坛上很重要的角色。

汉人是西夏社会中别于党项宗族的另一种社会力量，这种力量进入政治核心，无疑会冲淡或排斥原有宗族的势力。与王室建立集权统治的目标相比，宗族具有明显的"分权"特征。纵观西夏历史，我们会发现，西夏中前期王权与宗族分权的斗争此起彼伏，王室利用某一宗族打击专权后妃势力，往往又造成新一轮的后妃集团专权。如元昊时打击野利氏而没藏氏起，谅祚族灭没藏氏而梁氏兴。乾顺时期，立汉女任氏为后，其父得以专权，西夏历史上第一次出现了汉人专权的局面。与以往专权不同的是，任得敬被诛后，没有再出现另一后族的专权，而是中央集权的强化。从这一点来看，任氏及其父是西夏王室用来打击排斥宗族势力的重要力量，其短暂的专权，是王室利用其打击宗族分权所带来的一时副作用。汉人姓氏在后妃集团中的出现，是西夏社会在王室集权与宗族分权斗争过程中的选择，也是中央集权加强的体现。

《天盛改旧新定律令》中的"西番"当即吐蕃。

其实，吐蕃一开始就在西夏社会政治中占有重要地位，不过，由于初期西夏与吐蕃的斗争，以及一些吐蕃的姓氏未被甄别，这种地位没有引起应有的重视。元昊时期后妃中有"都啰"氏,秉常时有权臣"都罗重进""都啰马尾",仁宗仁孝时有"都啰刘西"等。"都啰",据前文考证,为河西吐蕃大族。除"都啰"外,还有西南地区的"仁多族"首领"仁多凌丁"及其子"仁多保忠",父子世袭西夏卓罗右厢监军,是谅祚、秉常两朝西夏辖制西南吐蕃及与宋交战的主要将领。再如西夏驸马、统军禹藏花麻,本是西使城及兰州一带的吐蕃,在夏宋争夺过程中权衡利弊而入夏,西夏妻以宗室女。元符年间进攻北宋的西夏监军白峇牟亦为吐蕃人。西夏政权中的吐蕃,基本上出自河西与西南地区。这既有河西地区本为吐蕃聚居地这样的历史原因,又有西夏与北宋争夺河湟吐蕃的现实因素。

回鹘人在西夏政权中的地位,可能主要源于佛教在西夏社会中的地位,而回鹘僧人又是传教译经的主体。元昊时,就"于兴庆府东……建高台寺及诸浮图,俱高数丈……广延回鹘僧居之,演译经文,易为蕃字"。

总之,从西夏政治活动中的姓氏可以看出,西夏政权中包含党项、汉、吐蕃、回鹘等多个民族,这与《天盛改旧新定律令》的相关规定一致。

第六,西夏姓氏反映出西夏境内存在着普遍的民族通婚。

有关西夏的族际通婚,传统史料及当今史学界的研究都集中在夏与辽、夏与吐蕃等政权上层的政治婚姻上,而西夏姓氏则为我们保存了一些发生在西夏境内各民族普通百姓之间的族际通婚资料。与政治婚姻相比,这种婚姻更能如实地反映西夏的民族融合状况。

出土文书中有一些特殊的人名,如"芭里嵬名""槐厥嵬名""张讹三",这些人名中含有两种姓氏元素,是两种姓氏的连用。有关这种现象出现的原因,史料中透露出一些信息。《长编》卷356元丰八年五月丙辰条有"西界宥州正监军、伪驸马槐厥嵬名"。"嵬名"为西夏王室姓,既为驸马,"槐厥"当为其本姓,所以,这些连用"双姓"当是族际婚姻的产物。搜罗资料,连用姓氏有如下实例。

表 3　西夏连用姓氏表

姓氏	资料来源
拽厥嵬名	《长编》
李讹啰	《长编》
李讹移岩名	《儒林公议》
细母嵬名	《儒林公议》
讹藏嵬名	《英藏黑水城文献》
浑嵬名遇	《凉州重修护国寺感通塔碑》
𗾟𘕕𘏨𗩈	《凉州重修护国寺感通塔碑》
𗴺𗧾𘜼𘝞𘝀	《天盛二十二年卖地文契》
𘀄𘝞𘝀𘝀	俄 Инв. No. 4079—2《贷粮典畜契》
𘀄𘏨𘜼𗩈	西夏官印
𘝵𘏨𘜼𗩈	西夏官印
翟嵬名九（□𘏨𘏨□）	莫高窟榆林窟西夏文题记
𘜻𘝚𘏨𘏨𘜻	西夏官印
𗔀𗄽𗔀𘜹	西夏官印
𗼨𘜽𘏨𘜼𗩈	西夏官印
𗼧𘜻𘏨𘜼𘝀	西夏官印
𘀄𗸱𗸱𗸮	英藏 0324V（K. K. Ⅱ. 0285b）《人口税帐》
𘀄𘜻𘝚𘝀	英藏 0324V（K. K. Ⅱ. 0285b）《人口税帐》
𘀄𘏨𘜼𘜹	英藏 0324V（K. K. Ⅱ. 0285b）《人口税帐》
𗴺𘜽𘝞𗩙𘝀	俄 Инв. No. 5124－3（5、6）《天庆虎年卖畜契》
𗩙𗴺𘏨𘜼𘝉	《金光明最胜王经》序

　　上表中的连用姓氏①，连用形式主要有以下几种。

---

① 史金波先生在《西夏姓氏和亲属称谓》一文中还列有"嵬名那征乐""骨匹那征铁""如定那征乐"等，考虑到现在还不能确定"那征"是西夏姓氏还是人名中常用词，故在此未列。

①党项番姓联用。如细母嵬名、讹藏嵬名、▯▯▯▯▯、▯▯▯▯▯、▯▯▯▯▯、▯▯▯▯▯、▯▯▯▯▯等。

②汉姓与番姓联用。如"李讹哆""李讹移岩名""浑嵬名遇""翟嵬名九"、▯▯▯▯、▯▯▯▯、▯▯▯▯▯、▯▯▯▯、▯▯▯▯、▯▯▯▯等。

③民族特征姓氏与其他姓氏联用。如▯▯▯▯▯、▯▯▯▯。

以上三种类型,可以反映出民族间通婚的为第二类与第三类,其数量虽然有限,但仍反映出西夏民族通婚的一些特点。

①民族通婚存在于西夏境内的各民族之间。

"李""浑""张""翟"等皆为明显的汉姓,其与党项番姓连用,当是汉族与党项族通婚的表现。▯▯,据上文所考,本为汉文史料中的族名"回鹘",在西夏演变成为姓氏,其与党项姓氏的连用,反映出西夏境内回鹘与党项之间的婚姻。

②西夏民族通婚表现出一定的广泛性。▯▯▯▯为西夏官印,可能出自西夏腹地。"浑嵬名遇"出自凉州,"翟嵬名九"、▯▯▯▯等出自河西敦煌,▯▯▯▯▯、▯▯▯▯、▯▯▯▯、▯▯▯▯等出现在黑水城地区。腹地、凉州、敦煌、黑水城等几个地点,是西夏版图内各个区域的代表,所以,可以推断,族际通婚普遍存在于西夏境内。

由此也可以推断,西夏境内的族际婚姻并不只是发生在我们看到的汉与党项、回鹘与党项通婚当中,而是普遍存在于西夏境内的各个民族之间。之所以现在只看到汉与党项、回鹘与党项之间的通婚,当缘于史料的缺失。

③西夏民族通婚从西夏一直延续至蒙元的西夏遗民当中。▯▯▯▯▯出现于《金光明最胜王经》序,为蒙元时期刻本,▯▯▯▯▯为参与经文刻印的西夏遗民。

所以,西夏境内各民族之间存在着普遍的通婚,这种普遍存在的通婚是西夏境内各民族"大多数成员在政治、经济、文化、语言、宗教和风俗习惯等各个方面达到一致或者高度和谐",各民族之间"存在广泛的社会交往"① 的反映,同时,通婚又会反过来进一步促进这种和谐交往。

---

① 马戎:《民族与社会发展》,民族出版社,2001,第166页。

三 西夏社会政治中的大姓宗族

（一）西夏皇室宗族

表4 汉文史料中的西夏皇族姓氏表

时期	人名	职务	出处
元昊时期	嵬名守全	主谋议	《长编》卷120
	嵬名山	夏绥州将	《宋史》卷485《夏国传》
	嵬名聿	入宋谢册命	《长编》卷156
	嵬名环	旺令,入宋议和	《长编》卷138
谅祚时期	嵬名聿则	祖儒,入宋告哀	《长编》卷184
	嵬名聿正	祖儒,入宋贺正旦	《东原录》卷34下
秉常时期	嵬名浪遇	执国政	《元刊梦溪笔谈》卷25
	嵬名	统军	《宋会要》兵8之26
	嵬名嘤荣	昴聂	《长编》卷226
	嵬名妹精嵬	统军	《长编》卷327
	嵬名怀普	吕则	《长编》卷360
	嵬名姚麦	部落大首领	《宋会要》蕃夷6之32
	嵬名嘌寨	使臣	《宋大诏令集》卷214
	嵬名挨移	使臣,入宋议易绥州	《宋大诏令集》卷235
	嵬名谟铎	丁努	《长编》卷358
乾顺时期	嵬名麻胡	乙逋亲信	《长编》卷456
	嵬名谕密	映吴	《宋史》卷486
	嵬名革常	管勾国事	《长编》卷417
	嵬名阿埋	统军	《长编》卷506
	嵬名律令	南路都统	《长编》卷506
	嵬名密	南路都统书	《长编》卷506
	嵬名科通	庆瑭	《长编》卷508
	嵬名布哆聿介	使臣	《长编》卷508
	嵬名寨		《长编》卷510
	嵬名乞遇	钤辖	《长编》卷516、《宋史》卷486
	嵬名济哂	西南都统	《长编》卷506

续表

时期	人名	职务	出处
乾顺时期	嵬名	统军	《宋会要》兵 8 之 26
	嵬名济寨	令能	《宋会要》兵 8 之 36
	嵬名特克济沙	西夏首领	《长编》卷 503
仁孝时期	嵬茖仁显	武功大夫	《金史》卷 61
	嵬茖彦	使臣	《金史》卷 61
	嵬名仁忠	中书令	史金波著《西夏社会》
纯祐时期	嵬茖世安	武节大夫	《金史》卷 62
	嵬名圣由嵬	典麦者	俄 TK49P《西夏天庆年间裴松寿典麦契》
安全时期	嵬名令公	夏将,与蒙古军战	《元史》卷 1《太祖纪》14、24
遵顼时期	嵬名令公	夏将,与蒙古军战	《元史》卷 1《太祖纪》14、24
	嵬名公辅	夏将,攻秦、巩等州	《宋史》卷 486《夏国传》
德旺时期	嵬名令公	夏将,与蒙古军战	《元史》卷 1《太祖纪》14、24
睍时期	嵬名令公	夏将,与蒙古军战	《元史》卷 1《太祖纪》14、24
年代不详	嵬名法宝达	卖地人	中 G11·031［B59:1］《嵬名法宝达卖地契》
	嵬名呱呱		俄 TK 299《旧连袋等物账》

表5 西夏文史料中的西夏皇族姓氏表

人名	出处
𗆟𗣼𗣼𗣫𗣼帅 𗣼𗣼𗣫𗥢𗤒 𗣼𗣼𗣿𗤓 𗣭𗤒𗣼𗣼𗣼𗤓 𗣿𗣭𗤒𗣼𗣼帅	西夏官印
𗣼𗣼𗤒𗤒 𗣼𗣼𗣿□ 𗣼𗣼𗤒𗣱 𗣼𗣼𗣫𗥺 𗣼𗣼□□ 𗣼𗣼𗣿𗣫 𗣼𗣼𗤒帅	《天盛改旧新定律令·颁律表》

续表

人名	出处
[illegible]	B11 · 047［3. 15］《西夏译经图》
[illegible]	Инв. No. 208《音同 · 序》
[illegible]	莫高窟、榆林窟
[illegible]	M21 · 151［F1:W60/0060］《僧人名单》

以上表格基本上囊括了所有的西夏帝君姓名，反映了西夏嵬名宗族的一些情况。

第一，西夏自始至终都是嵬名氏的政权。

这不仅表现在皇帝全部出自嵬名氏，更表现在嵬名氏自始至终都占据着西夏政权的重要位置，即使在后族专权很严重的毅宗、惠宗、崇宗时期亦不例外。嵬名氏占据着统军、祖儒、中书令等重要的军政职位，把持着编制法典、对外用兵、交涉等关乎政权安危的事务。另外，众多的嵬名官印，更是嵬名族属众多的表现，这些都是西夏在激烈的王族与后族斗争中嗣位继统不乱的重要保证。

第二，西夏后期，见于政权中的嵬名姓氏数量明显减少，且多集中于军事将领类。造成这种现象的原因可能是史料的偏颇、缺失，更有可能是越来越多的其他姓氏参与到了西夏政权当中，从而冲击了嵬名氏的独尊地位。

第三，嵬名氏有社会分化。随着社会的发展，家族支系的繁衍裂变，并不是所有的嵬名氏都能永远保有其独尊的社会地位。至少在西夏中期，已有诸多的嵬名氏平民，如文书中的“嵬名法宝达”“嵬名圣由嵬”等。这当和蒙元时期的嵬名氏平民化有直接的关系。

（二）西夏后妃宗族

西夏立国百余年，一半以上时间处于太后摄政、外戚专权时期，后妃宗族在西夏社会政治生活中占有非常重要的位置，相关研究应该是西夏政治、社会、历史研究的重要组成部分。不过，现在还没有专门的针对性研究。相关研究有白滨的《论西夏的后族政治》（《中国民族史研究》第 3 辑，中央民族学院出版社，1993）一文，该文清晰地呈现了西夏中前期后族政治的形成过程、特点及影响，但对于为何会出现后族专政未展开论述，也未涉及中后期的后族政治。笔者认为，西夏后妃宗族研究成果较少的重要原因就是史料的缺乏。传统史料对西夏后妃宗族的记载或不详，或缺失，或讹误，这些都导致研究者无法从其构成细胞对其进行深入细致的观察，这也是西夏社会政治研究中的一个瓶颈。本书利用姓氏提供的信息对西夏后妃宗族进行一些考证补充，以期为后妃政治的深入研究提供可信资料，并在此基础上，对整个西夏时期后妃集团的构成变迁进行简单的论述。

梁氏

梁氏一门出现了"恭肃章宪皇后""昭简文穆皇后"两位皇后，前后专权约 30 年，其族人中著名的有先后为国相的梁乙埋、梁乙逋父子及梁格嵬、讫多埋、梁阿革等。

现有关"梁氏"的资料主要集中在宋夏关系、夏辽关系，尤其是宋夏战争方面，有关其族属的很少。也正是由于在宋夏关系、宋夏战争当中关于"梁氏"的传奇记载，其族属又引起了当代学者的兴趣。最早对此进行研究的是汤开建先生，他在《西夏史琐谈》（《宁夏大学学报》1985 年第 3 期）一文中，从梁氏族人的名字、重蕃礼、强悍善战的风格等方面推断，"梁氏"出自西夏境内的"大小梁族"。李辉先生的《试论梁太后之族属问题——兼论西夏境内的"蕃化"汉人》（《西北第二民族学院学报》2001 年第 3 期）一文，在订正汤文所引一则史料"李将军为秉常诱，汉娼妇乐人梁氏执杀之"的基础上，提出"梁氏"为"蕃化"了的汉人。

笔者认为，汤开建先生的另一论据也需斟酌，即"梁氏既为汉人，为何不喜用汉礼，而偏重蕃仪"。有关西夏的"蕃汉礼"之争，史学界多有论述。但在讨论中忽略了一个问题，那就是在古代王朝一套礼仪是和一定的统治秩序相关的，礼仪在一定程度上规定着权力的分配与等级的高低，所以仅将其和民族情结、民族偏好对应有失偏颇。至于其族人名字、强悍善战等北方少数民族特点，笔者则认同李辉先生的"蕃化"提法。那么，梁氏族属是哪部分汉人，又是从什么时候开始"蕃化"的呢？笔者从五代时的夏州政权里找到了关于梁姓族人的记载。《中国藏西夏文献》中编号为 M42·

003 的《后周绥州刺史李彝谨墓志铭》记载："祖讳思（恭），祖母梁氏，封魏国太夫人。"编号为 M42·001 的《大晋故虢王李仁福妻渎氏墓志铭文》中亦有："李仁福有女四人：长曰适李氏……次适刘氏……次适梁氏……次曰适梁氏。"从以上两则材料可以看出，夏州李氏与"梁氏"有着稳定的通婚关系。那么，这个"梁"会不会出于"大小梁族"呢？有关"大小梁族"的明确记载，最早出现在北宋。《长编》卷 51 咸平五年三月癸亥条记载："闻贼迁声言向西凉云'我与彼蕃，自来无事'，盖为万山潜发人往。彼万一实有此言，若不和诱西凉以防后患，即恐今年秋冬来劫镇戎军。蕃部若断却六谷入京道路，即大梁、小梁蕃部无路向化，以至陇山后蕃族势亦难保。"《长编》卷 54 咸平六年正月丙午条记载："龙移、昧克，一云庄郎、昧克，其地在黄河北，广袤数千里。族帐东接契丹，北邻达靼，南至河西，连大梁、小梁族，素不与迁贼合。迁贼每举，辄为所败。常以马附藏才入贡，如国家赐以恩命，亦资外御。"从这条史料中可以看出，"大小梁族"地处今天黄河之西的贺兰山侧，与夏州相距遥远，且有天堑相隔，加上政权上的分裂割据，夏州李氏与"大小梁族"间的通婚是很难顺利实现的，更不要说形成稳定的通婚关系。再者，"素不与迁贼合"也难证实两者有着稳定的姻亲关系。西夏时期，这种可能性就更小了。"大小梁族"居地入夏时间当在西夏攻占灵州（1002 年）后的很长时间，甚至可能在李德明迁都兴州（1020 年）之后。"梁氏者，其先中国人"[1] 的说法出自沈括的《梦溪笔谈》。沈括于元丰三年（1080）五月出任知延州，之后长期在西北处理对夏事务，对西夏情况比较了解。当时距"大小梁族"入夏时间并不长，所以，他不可能将西夏境内的蕃族"大小梁族"与中原人混同。笔者觉得，夏州政权的通婚对象应该是银夏故地的豪强大族。唐僖宗中和元年（881）春三月，宥州刺史拓跋思恭起兵助唐讨黄巢，被任命为夏绥银节度使，领有夏州诸地，为巩固夏州政权，称霸一方，首先必须争取当地豪强大姓的支持，联姻可以说是非常有效的、直接的结盟手段。这种长期的婚姻关系，使得西夏王朝时期的梁氏族人早已完成了党项化过程，成为党项族人。

---

[1]　沈括：《元刊梦溪笔谈》卷 25，文物出版社，1975。

索氏

《长编》卷162仁宗庆历八年正月辛未条记载："曩霄凡七娶……二曰索氏。始曩霄攻猫牛城，传者以为战没，索氏喜，日调音乐，及曩霄还，惧而自杀。"

西夏汉文《杂字》将"索"归入汉姓部，《元和姓纂》卷10收录该姓。汉晋以来，索氏渐成为敦煌地区的望族。《敦煌名族志残页》记载："索氏，右其先王帝甲封子丹于京索，因而为氏……以元鼎六年从巨鹿迁南和，迁于敦煌……莫知长幼，咸累氏官族"。吐蕃统治时期，沙州军政机构中有很多索姓官员。① 公元10~11世纪，敦煌地区仍有大量索姓活动。如莫高窟第61窟中有刻字"索智尊"。随着党项势力在河西地区的扩张，"索"姓渐入西夏，成为西夏姓氏的组成部分。夏臣有"知州索九思"② 和"宣德郎索遵德"③ 等。元昊妃"索氏"当出自敦煌"索"姓。西夏境内的"索"姓经历了一个由内地进入河西再进入西夏的过程。

没啰氏

《宋史》卷485《夏国传》记载："（元昊）凡五娶……四曰妃没啰氏"。《长编》前后出现两个"没移氏"。《长编》卷162仁宗庆历八年正月辛未条记载："（元昊）后复纳没移皆山女，营天都山以居之。""七曰没移氏，初，欲纳宁令哥为妻，曩霄见其美，自取之，号为新皇后。"

史学界一般认为，没啰皆山女即后来的新皇后。笔者认为，两者为没啰宗族之两女。纳没啰皆山女在夏天授礼法延祚五年即庆历二年（1042）八月，而纳"新皇后"没移氏则在夏天授礼法延祚十年即庆历七年（1047）五月。宁令哥出自野利氏，明道二年（1033）十二月生。作为令宁哥未婚妻的没移，当与之年龄相仿，即庆历七年（1047）时为15岁左右，符合《天盛改旧新定律令》中"女子13岁以上始得为婚"④ 的规定。如果此没

① 荣新江：《吐蕃沙州都督考》，《敦煌研究》1999年第3期。
② （宋）李焘：《续资治通鉴长编》卷318元丰四年十月戊辰，中华书局，2004，第7682页。
③ （元）脱脱：《金史》卷61《交聘表中》，第1446页。
④ 韩小忙：《〈天盛律令〉与西夏婚姻制度》，《宁夏大学学报》1999年第2期。

移氏即先前"营天都山以居之"的没移皆山之女，则其在庆历二年（1042）时为 10 岁左右，这既不符合法定婚龄，也不符合常理。再者，如果两者为一人，则纳妃营天都山以居之日就应该是夺子妇之始，但史料在叙述这两事件时，有着明显的时间差。《西夏书事》卷 18 记载："野利氏，遇乞从女也……自纳没哶氏，别居天都山，后稀得见。旺荣、遇乞之死，后已不平，及夺子妇没哶氏，益失宠，出怨望语。曩霄闻之，黜居别宫，不复相见。……秋七月，筑宫于贺兰山。"在这里很明显，是先纳没哶氏，后又夺子妇没哶氏，前后为两个没哶氏。这一推断如果成立，则可联系元昊父子同娶野利、卫慕氏族女子等材料，对研究西夏党项的婚俗、婚姻制度很有参考价值。

下面来推测一下这个没哶氏的出处。《长编》卷 318 中记载：（刘昌祚）"破磨脐隘，行次赏移口，有二道，一北出黛黛岭，一西北出鸣沙川"，以便"攻讨兴、灵"。赏移口在今天的宁夏同心北，鸣沙川在今宁夏青铜峡南，黛黛岭不知今天何地，但据到了今天同心北后，再向西北经由青铜峡南至灵州城下的行军路线看，"磨脐隘"当在与北宋泾原路相邻的天都山一带，即今天的海原地界。有关"磨脐隘之捷"，《长编》卷 318 元丰四年十月丙子条、戊寅条及《宋史》的《神宗纪》《刘祚昌传》《姚麟传》等都有记载，其中的地名记作"磨哶隘"。"没哶"音与"磨哶"相近，为同音异译，在西夏以及其他少数民族中常有因地取族名、因族名取地名的例子，所以，"没哶"族当为"磨哶隘"附近的大族，居于天都山一带。地处天都山附近，也是没哶氏能够进入后妃集团的一个很重要的原因。天都山位于宋夏沿山边界中段，战略地位非常重要，元昊离宫南牟会就筑于此，为加强联系，同当地的豪族联姻是必要的、有效的选择，这是李继迁以来"联络豪右"策略的又一次运用。至于是地名因族名而起还是族名因地名而起，还需要进一步的考证。

曹氏

宣和二年、夏元德二年（1120）春三月，乾顺立妃曹氏。有关曹氏出身，《西夏书事》卷 33 记载："曹氏，曩霄时把关太尉曹勉孙也"，但未提及曹勉族属来源问题。

按族属，曹姓大体上可分为两类，一为汉族姓氏，一为河西昭武九姓之粟特曹姓。按地域分布，曹姓可以分为中原内地曹姓与河西曹姓两部分。考虑到西夏的地缘政治，西夏的曹姓很可能源于河西曹姓。

公元 914 年，沙州归义军建立者张议潮之孙张承奉病卒，州人公推曹议金为帅，从此曹氏代张氏，入主归义军长达一百三十余年。曹议金执掌归义军后，一方面，曹氏势力广泛地渗入节度使衙府与地方各级机构乃至僧界当中；另一方面，曹议金家族的回鹘化特征日益增强，其后裔瓜州王曹贤顺自称"沙州回鹘"。冯培红先生在《敦煌曹氏族属与曹氏归义军政权》（《历史研究》2001 年第 1 期）中通过对汉代以来敦煌地区胡汉两支曹氏的渊源和势力发展的考察，结合曹氏归义军晚期的回鹘化等因素，推考归义军节度使曹议金家族是中亚粟特曹氏的后裔。李并成、谢梅二位先生在《敦煌归义军曹氏统治者果为粟特后裔吗——与荣新江、冯培红先生商榷》（《敦煌研究》2006 年第 6 期）一文中，从敦煌汉姓曹氏的来源、归义军曹氏之婚姻关系、曹氏统治时期粟特人的政治地位和影响，以及曹议金的相貌特征等方面，对曹议金的粟特出身提出了异议，认为归义军曹议金出自谯郡曹氏，曹氏归义军政权应是以汉族为主并联合包括粟特后裔在内的其他少数民族建立的政权。限于主题，本书不便对此展开讨论。不过，笔者认为将"唐五代时期敦煌社会无论是上层还是下层，也无论俗界还是僧界，汉族人口始终占有绝大多数，始终为敦煌地区的主体民族"，这一民族构成状况作为曹氏出自汉族而不是粟特的证据，有些欠妥。这种由少数民族建立的以汉族为主体的政权，在中国历史上并不少见，尤其是在与曹氏大体同时的五代时期。所以，笔者更倾向于冯文的曹议金家族是中亚粟特曹氏后裔的观点，因为只有中亚粟特血统才能更好地解释为什么以汉族为主体且汉文化为主要特征的社会，其统治阶层会出现回鹘化，甚至其后裔自称"沙州回鹘"的现象。

1028 年，李元昊攻占甘州，两年后，"瓜州王"曹贤顺以千骑降于西夏，元昊的把关太尉曹勉当于此时进入西夏。至于曹勉是否和曹议金家族有直接关系，尚不能确定，不过其来源于河西地区的可能性应该是极大的。而且西夏境内确有中亚血统的曹姓人。俄国的 K·萨莫秀克在《西夏艺术作品中的肖像研究及史实》（《国家图书馆学刊》西夏研究专号，2002）一文中指出，在《西夏皇帝及随员图》中有一位面部及服饰都有明显中亚特征的王妃。此外，《中国藏西夏文献》B11·047［3.15］《西夏译经图》中有译

经师"曹广智"。K·萨莫秀克在《西夏艺术作品中的肖像研究及史实》
(《国家图书馆学刊》西夏研究专号，2002）一文中，从其面部特征及服饰
判断其不是汉族。而且从其位于中心人物右边第一个的排位上来看，其地位
是相当重要的。结合元昊尽有河西诸地时，僧界有大量曹姓僧人的事实看，
《西夏译经图》中的曹广智亦当出自河西粟特曹姓。

其他后妃宗族资料考证

西夏有据可考的后妃有 23 位，在这些后妃中，继迁妻耶律襄女、元昊
妻兴平公主、乾顺妻成安公主皆辽朝契丹女，是夏辽关系的产物。这些张国
庆已在《略论辽夏"和亲"与辽夏关系的变化》(《史学月刊》1988 年第 5
期)一文中有过论述，兹不赘述。下面我们看看其他后妃宗族。

李继迁、李元昊时期的野利氏。野利氏，党项八部之一。新、旧《唐
书》所记的党项八部中将其记为"野辞氏"，马端临《文献通考·四裔考》
中作"野律氏"。《新五代史·四夷附录·党项》中作"野利氏"。唐、宋
文献包括新、旧《唐书》其他地方都记作"野利"，且标明其为党项羌中极
有势力的大姓。故八部中的"野辞"当为"野利"之误，"野律"当为
"野利"之同音异译。北宋时分布在"鄜、延以北"的广大区域。雍熙元年
(984) 十二月，李继迁聚兵黄羊平，以"李氏世有西土"招徕番众时，"羌
豪野利等族皆以女妻之"①。

德明、元昊时的卫慕氏。《西夏书事》卷 11 记载："卫慕氏，银、夏大
族。"《宋史》记载："两路合势破贼于乌池，斩首五千级，生擒二千余，获
米募军主、吃啰指挥使等二十七人，马二千匹，兵器铠甲数万"②。这里的
"米募军主"又记为"未慕军主"，即"卫慕"。"乌池"在今天盐池以北，
与北宋时的"银、夏"接壤，所以，《西夏书事》的记载应该是可信的，即
卫慕为银夏大族，也是西夏王室的母族。李继迁母亲即出于此族。《宋史·
夏国传》记载："封继迁母卫慕氏卫国太夫人"。

元昊妃都罗氏。《长编》卷 162 仁宗庆历八年正月辛未条记载："襄霄

---

① 龚世俊等：《西夏书事校证》卷 4，甘肃文化出版社，1995，第 43 页。
② （元）脱脱：《宋史》卷 289《范廷召传》，中华书局，1985，第 9698 页。

凡七娶……三曰都罗氏。”“都罗”，据上文考证，出自河西“都罗族”。

李继迁妻、李仁孝妃罔氏。李继捧祖母“河西罔氏”，“特进西河郡太夫人”。① 李继迁母罔氏“封西河郡太夫人”②。“西河”即“河西”，自春秋就有此名称，所指不一，不过大体上在今天陕晋蒙相接之处。汤开建先生在《隋唐时期党项部落迁徙考》（《暨南学报》1994 年第 1 期）一文中指出，唐中后期的河西及河西党项均指银夏诸州的党项部落。两相印证，可知李继迁妻、李仁孝妃罔氏应为银夏诸州的党项大姓。

元昊、谅祚时期的没藏氏。上文已介绍，据汤开建先生考证，没藏氏出自“没藏族”，分布于横山至宥州一带。

乾顺皇后任氏、仁孝皇后罗氏皆为入夏中原人，即汉人。

为论述方便，现将以上考证结果列于下表③。

表 6　西夏诸妃表

皇帝	后妃姓氏	来源地
李继迁	野利氏	银夏故地党项
	罔氏	银夏故地党项
李德明	卫慕氏	银夏故地党项
	讹藏屈怀氏	银夏故地党项
	咩迷氏	银夏故地党项
元昊	卫慕氏	银夏故地党项
	野利氏	银夏故地党项
	没藏氏	银夏故地党项
	咩迷氏	银夏故地党项
	索氏	河西
	都罗氏	河西
	没移氏	天都山附近

---

① 田锡：《咸平集》卷 29，钦定《四库全书》，上海古籍出版社，1987，第 1085 册，第 554 页。

② 龚世俊等：《西夏书事校证》卷 5，甘肃文化出版社，1995，第 54 页。

③ 论证详见佟建荣《西夏后妃宗族考》，《西夏研究》2010 年第 2 期。

续表

皇帝	后妃姓氏	来源地
谅祚	没藏氏	银夏故地党项
	梁氏	银夏故地党项
秉常	梁氏	银夏故地党项
乾顺	曹氏	河西
	任氏	汉地
仁孝	罗后	汉地

上表反映的西夏皇室通婚对象主要有三类：银夏故地、河西地区与入夏汉人。

李继迁、李德明的通婚对象全部集中在银夏故地；元昊在与银夏原有大族保持婚姻联系的同时，增加了河西姓氏与天都山附近姓氏。谅祚、秉常的通婚对象为银夏故地大族，乾顺后妃姓氏在已有河西姓氏的基础上增加了汉姓，仁孝的通婚对象为汉姓。

后妃集团的姓氏在时空分布上的变化，是西夏政治活动的反映。

早期西夏政权实际上是嵬名氏与银夏故地大族的联合政权。银夏故地是西夏王国的发祥之地，李继迁叛宋后的首要举措就是与当地酋豪联姻，从而使银夏故地的"戎落之众"成为其崛起的主要依赖力量。在李继迁凭借强宗大族日益壮大的同时，"野利氏""卫慕氏"等强宗大族也得以进入西夏政权核心，形成了嵬名氏与各强宗大族的联合政权。

元昊立国后，河西姓进入西夏政权核心，且在整个西夏社会中一直起着非常重要的作用。这当与河西地区在西夏社会中的战略地位有关。河西地区，自汉武帝时期就是中原王朝向西发展的重要战略基地，也是西北少数民族割据称雄的必争之地。对西夏来说，河西地区的险要地势既是其拓展疆域以抗宋的基础，同时，宜稼宜牧的绿洲经济又是其战略物资的保障。所以，从李继迁开始就发起河西地区争夺战，其本人也死于凉州争夺战役中。其子李德明、孙李元昊对河西地区"经谋不息"[①]，先后攻克甘州、凉州、瓜州、

---

① （宋）李焘：《续资治通鉴长编》卷139庆历三年二月乙卯，中华书局，2004，第3350页。

沙州、肃州等地，于 1036 年尽有其地。元昊在河西入夏之初便娶"索氏""都啰氏"，其对河西大姓的拉拢、控制之意无须言表，这也是该地区对西夏重要性的体现。与"野利""卫慕"等银夏故地大姓在西夏中后期逐渐沉寂相比，河西姓始终活跃于西夏政治舞台，如其中的"都啰氏"。元昊时期有"都啰氏"，秉常时有权臣"都罗重进""都啰马尾"，仁孝时有"都罗刘酉"。所以说，河西大族在西夏历史上一直起着非常重要的作用，这是河西地区在西夏社会中长期占据重要位置的体现。尤其值得一提的是，蒙元时期仍保留着"都罗"等河西番姓，这是河西姓氏对保留西夏番姓特征、西夏文化特征的重要贡献，也能反映出西夏时期河西地区对西夏社会的意义。

西夏中后期，汉人进入西夏政治核心，发挥着重要作用。

第四章　蒙元明时期西夏姓氏考证

汤开建先生依据传世汉文典籍，对蒙元时期西夏遗民中的中上层人物进行了考证研究，形成了《元代西夏人物表》，后修订为《新增元代人物表》。本书则重点对各类出土文书及佛经题记中的姓氏进行考证，以充实西夏遗民人物，为研究蒙元明时期西夏遗民的变迁消融提供翔实可靠的资料。

出土文献中人名数量众多，本书对姓氏族属来源的判断依据主要有：①确定其为姓氏；②西夏党项姓氏特点，如多为双音节、独有的西夏姓名命名格式等；③西夏语音因素。经过爬梳，辨认出存留的汉文西夏姓氏有：嵬名、也火、吾即、吾七、罗即、普竹、小李、叶玉、兀南、兀那、即兀、略兀、梁都、党乞、如普、足兀、鲁即、麦足、干罗、义束、讹㖂、梁（梁耳、梁汝、梁兀、梁都）、苏、酒、贺、李（李耳、李汝）、刘、何等，西夏文姓氏有[西夏文]、[西夏文]、[西夏文]、[西夏文]、[西夏文]、[西夏文]、[西夏文]、[西夏文]、[西夏文]、[西夏文]、[西夏文]、[西夏文]、[西夏文]、[西夏文]、[西夏文]。限于资料，本书只对其中的部分姓氏进行考证。

嵬名

M1·0651［F116：W93］文书中有“邻众嵬名能□”（黑4·832）；Or. 8212/1154　K. K. 0118. ww. b号残片中有“嵬名昝”（斯2·77）；Or. 8212/1210　K. K. ll. 0228. v号残片中有“嵬名嵬”（斯2·108）；Or. 8212/1244　K. K. ll. 0245. z（i）号残帐片中有“嵬名捺背嵬”（斯2·118）。

“嵬名”，西夏王室姓，西夏汉文辞书《杂字》番姓部的第一个姓氏，源于党项拓跋氏，其西夏文写法为[西夏文]。现发现的黑水城出土的蒙元时期的

"嵬名"皆为普通的民众。西夏时期,黑水城地区已有从事普通经济活动的嵬名人氏,如 TK49P《天庆年间裴松寿典麦契》中的典麦者"嵬名圣由嵬"(俄2·37)等。

也火

"也火"在《中国藏黑水城汉文文献》中共出现 36 次,在《斯坦因第三次中亚考古所获汉文文献》(非佛经部分)中出现 5 次。其中在 Or. 8212/734 号文书中,"也火"出现在地名当中,即"也火完□□渠"。

M1·0643〔F116:W116a〕号文书《也火汝足立嵬地土案文卷》(黑4·802)中提到了曾祖、叔祖爹、叔父、父、本身及兄弟等三代六位男子,其姓名分别为(曾祖)也火失革阿立嵬、(叔祖爹)石监布、(叔父)也火耳立布、(父)阿玉、(本身)也火汝足立嵬、(一弟)什的为□□,(一弟)息你立嵬至顺。三代人的姓名都以"也火"开头,"也火"当然是这个家族的符号——姓氏。

西夏汉文《杂字·番姓名》中有"野货",与西夏文𗹲𗥃、𗹲𘄜对应。

据《广韵》,"也""野"的音韵地位分别为:羊者假开三上马以,羊者假开三上马以,两者为同音字。"火""货"的音韵地位分别为:呼果果合一上果晓,呼卧果合一去过晓,两者皆晓母果摄,属音近字。所以,"也火"当即西夏时期的"野货",亦与𗹲𗥃、𗹲𘄜对应。

西夏时期黑水城地区有人物𗹲𘄜。俄 Инв. No. 5010《天盛二十二年卖地文契》中有𗹲𘄜𘌕𗣋𗣫、𗹲𘄜𘊝𗟻𗣺、𗹲𘄜𘜶□、𗹲𘄜𗥃𗣂、𗹲𘄜𗣺𗸪、𗹲𘄜𗣺𗣫;俄 Инв. No. 6342—1《户籍帐》中有𗹲𘄜𘌕𗿒𗣺、𗹲𘄜𗊁𗦳𗣺、𗹲𘄜𗤄𗧰;俄 Инв. No. 7893—9《户口手实》中有𗹲𘄜𗦳𗦲𗣺;俄 Инв. No. 19—2《牲畜租赁契约》中有𗹲𘄜𗦳𗦲𗣺;俄 Инв. No. 2996—3《十八年雇畜契》中有𗹲𘄜𗊁𗦳𗣺、𗹲𘄜𗥹𗦳𗣺;英藏 0324V(K. K. Ⅱ. 0285b)《人口税帐》中有𗹲𘄜𗣫𗣋𗣺𗹲𘄜𗣫𗣺𗀔。

小李

M1·0761〔F1:W54〕《广积仓官选任状》中有"小李大"(黑5·988)。

小李源于降夏的沙陀部。《新元史》卷131记载:"昔里钤部,河西人。

自其父答尔沙必吉以上七世相西夏。必吉，译言宰相也。其先本沙陀部长，从唐赐姓为李氏，以别于西夏国姓为小李，后又讹为昔里。答尔沙官肃州钤部。生子以官配姓，名曰昔里钤部。"从这段记述中可以看出，"昔里"由"小李"讹化而来，而"小李"是入夏的沙陀部"李氏"为了区别于西夏王室的"李"姓而采用的屈称。汤开建在《〈大元肃州路也可达鲁花赤世袭之碑〉补释》一文中指出：碑主"举立沙"与"昔里钤部"为"同一家族的同辈兄弟"，姓"李"，系入夏沙陀族之后，并对"小李""昔里"的转变进行了充分的论述，很有说服力。《中国藏黑水城汉文文献》中"小李"一姓的出现，说明随着时间的推移，"小李"已由屈称演变成姓氏。

兀南、兀那

M1·0003 ［F1：W60］《唐兀的斤等户籍》中有："母亲兀南赤年七十岁"（黑1·41）；M1·0010 ［F131：W2a］《尤兀南布等户籍》中有"一户尤兀南布"（黑1·48）。"兀南"出现在人名当中，西夏时期有西夏文姓氏𗐫𘞞。

𗐫，据《同音》《文海》为喉音上声第25品韵，在《番汉合时掌中珠》中与"屋""兀"对音。𘞞，据《同音》《文海》为舌头音平声第17品韵，𘞞、𘞞在《同音》《文海》中亦归舌头音平声第17品韵，且与𘞞在同一小类，𘞞、𘞞声韵相同。𘞞、𘞞在《番汉合时掌中珠》中皆用"那"注音，所以，𘞞可音译为"那"。王静如先生在《现在贤千佛名经卷下残卷考释》中考证出：𘞞𘞞𘞞𘞞𘞞与𘞞𘞞𘞞𘞞𘞞𘞞，对应的汉字分别为"南无罗睺佛"与"南无无量光明佛"，其中的𘞞对音为"南"。所以，姓氏𗐫𘞞当译为"兀南"，与蒙元时期的"兀南"对应。

另外，M1·0618 ［F245：W16］号文书中有"兀那昔俱各隐"（黑4·761）。

其中的"兀南""兀那"读音相近，疑为同姓异写。这种人名同音无定字的现象，在黑水城汉文文献中很常见。如前文所述《也火汝足立嵬地土案文卷》中的"失革立嵬"就被写成"石革阿立嵬"，其中的"失"用"石"代替。

这里需要特别说明的是"一户尤兀南布"。

"尤"本为汉姓,《梁溪漫录》记载:"系出沈姓,五代王审知据闽,闽人沈姓者,避沈音,去水改尤氏。"《氏族大全》记载:"季聘之后有沈氏。子孙避仇去水为尤氏。"检索西夏时期文献,并未见"尤"姓西夏人,而"尤"与党项番姓"兀南"相结合构成的人名,显然是对其党项身份的一种记忆,这是西夏时期"尤"姓西夏人的延续,还是蒙元时期"兀南"人氏对其族属的追认?如果是前者,则增添了西夏姓氏的内容;如果是后者,则很可能是"尤"姓人氏与"兀南"姓人氏通婚而成,通婚后子嗣为标明其党项身份,而将"兀南"置于"尤"姓之后。这表明即使在蒙古统治时期,在一定范围内仍存在着党项化或党项化倾向,而不只是通常认为的汉化或蒙古化。不过可以推测,作为人名组成部分的党项姓氏,随着时间的推移,其党项色彩将在后续者中逐渐被淡化甚至遗忘,而汉姓"尤"作为家族符号则有可能被长期保留下来,从而完成汉化过程。

吾即

《中国藏黑水城汉文文献》中以"吾即"开头的人名有 28 处,《斯坦因第三次中亚考古所获汉文文献》(非佛经部分)中有两处。

其中一处为"吾即耳立嵬"。"吾即耳"类似于"梁耳""李耳""也火耳",可以初步推断其为姓氏;再者,人名中有西夏语音元素"立嵬"。所以,"吾即"当为西夏姓氏。

"吾即"多见于蒙古色彩很浓的人名,如吾即贴木不花、吾即不剌合为等。此外,还出现在人名及地名中。如 M1·0863 [F135:W78] 号文书中有"苏吾即"(黑 5·1086);M1·0649 [F111:W104] 号文书中有"吾即渠"(黑 4·812)。

吾七

《中国藏黑水城汉文文献》中的 M1·0052 [F111:W51]、M1·0579 [F111:W43] 号文书中有巡检"吾七耳布";M1·0004 [F249:W22] 号文书中有"吾七耳玉"(黑 1·42);Or. 8212/765 K. K. 0117. (z) (i) 号残片中有"吾七乞旦布耳立""一户吾七宏□"(斯 1·235)。

"吾七"为户名,当为姓氏,"吾七"和"吾即"后多出的音节"耳"

"玉"为西夏人名中常用字。"吾七"为西夏遗民姓氏。

普竹

M1·0864［F2：W65］《在城盐池等八站季报名录》中有"普竹站"（黑5·1087）。

西夏时期有汉文姓氏"铺主"，"铺主"与𫟼𗑭相对应。

据《广韵》，"铺"普胡遇合一平滂，"普"滂古遇合一上姥滂，同属滂母遇摄。

"主"之庾遇合三上麌章，"竹"张六通合三入屋知。西北方音中知、章合成一类，韵尾－k消失后，"竹"读音同"主"。

所以，"普竹"当与西夏时期的"铺主"对应，西夏文写法为𫟼𗑭。"普竹站"，以姓氏为地名，当曾为"普竹"人聚居之地。

叶玉

M1·0031［F111：W27］号文书中有"叶玉那孩"（黑1·62）。

西夏时期有汉文姓氏"野遇"，"野遇"与𗠻𗔁相对应。

《广韵》中，"叶""野"以母，音近；"玉""遇"疑母，亦为音近字。所以，"叶玉"与"野遇"音近，"叶玉"当与西夏时期的"野遇"对应，西夏文写法为𗠻𗔁。

即兀

M1·0001［F125：W73］号文书中有"一户即兀汝，元金祖爹即兀屈支立嵬"（黑1·39）。

祖父与本身名字都以"即兀"开头，此处的"即兀"应为姓氏。名中的"立嵬"与上文考证过的西夏党项遗民"也火汝足立嵬"中的语素一样。所以，"即兀"也当为西夏党项遗民姓氏。不过，遗憾的是没能考证其在西夏时期的汉文或西夏文写法。

罗即

M1·0032［Y1：W4］号文书中有"罗即节立嵬"（黑1·63）。

"立嵬"为西夏语音元素,"罗即节立嵬"为西夏遗民。

"罗即"疑与西夏文姓氏𗥦𗥦对应。

鲁即

《中国藏黑水城汉文文献》M1·0065〔F111:W72〕天字号抽分文卷中有"鲁即花不答儿""鲁即卓立温布"(黑1·101),M1·0276〔F179:W13〕号文书中有"鲁即柔责"(黑2·378);《斯坦因第三次中亚考古所获汉文文献》(非佛经部分)中的 Or. 8212/746 K. K. 0232(g. i. j. o)号残片中有"鲁即莎真布"(斯1·220),Or. 8212/777 K. K. l. 0232(w)号残片中有"一名鲁即莎真布"(斯1·254)。

"鲁即"音与"罗即"相近,疑为同姓异译。

讹哆

《斯坦因第三次中亚考古所获汉文文献》(非佛经部分)中的 Or. 8212/1244 K. K. ll. 0245. z(i)号文书中有"讹哆"(斯2·118)。

"讹哆",西夏汉文《杂字·番姓名》中第55个姓氏。《金史》卷61《交聘表中》有"夏武功大夫讹哆德昌"。"讹哆"与西夏文𗆟𗆟对应。

梁耳、梁汝(梁)

《中国藏黑水城汉文文献》中有"梁耳"7处、"梁汝"3处。

Y1:W113:"皇帝圣旨里□□总管府据梁耳今赤……今赤状□□□此□□将圣容寺头目任历即状拱相同总府府给据付梁耳今赤收执合下仰照验准上候,盖施行,右给付梁耳今赤";M1·004〔F249:W22〕文书中"贺龙徒沙牌子下"有"一户梁耳罗"(黑1·42);M1·0032〔Y1:W4〕文书中有"梁耳立哈立……梁耳黑卜"(黑1·63);M1·0608〔F245:W31〕文书中又出现"梁耳罗"(黑4·752);F17:W1文书中有"梁耳债地界";F224:W28中有"梁耳黑";M1·0631〔F116:W467〕中有"一保梁汝□□"(黑4·775);M1·0633〔F116:W237〕中有"梁汝中玉"(黑4·789);M1·0649〔F116:W104〕中有"梁汝中布"(黑4·821)。很显然,"梁耳""梁汝"在文书中是以姓氏的形式出现的。不过,此处的"梁耳"

"梁汝"是"梁"在蒙古造册时转写的。

有关西夏人名登记造册时的转写现象，M1·0637［84H·F116：W366/1538］号文书《也火汝足立嵬地土案文卷》（黑4·796）里记得非常清楚。文书前部分内容中有"……革立嵬转写成石革阿立嵬"，后又有"坐站户也火失革阿立嵬姓名含今将全籍户地面地土条段顷数宽……"，据此可以证明，被转写成"石革阿立嵬"的就是"也火失革立嵬"。其在造册转写中发生了三种变化：其一，省姓"也火"；其二，"失革"记为同音字"石革"；其三，多了一个音节"阿"。同样，"梁"也有可能是经蒙古语转写后多出音节，再用汉字注出，变成了"梁耳""梁汝"。如M1·0759［F105：W2］沙立渠社俵水"李汝中普"（黑5·986）。所以，此处的"梁耳""梁汝"即"梁"。

"梁"的西夏文写法为𗴂，为传统汉姓，西夏文、汉文《杂字》将其归入汉姓部，但西夏文《碎金》《义同》又将其归入番姓当中。依据姓名判断，西夏梁姓有汉人与番人两类。梁姓汉人如《金史·交聘表》中的"夏左金吾卫上将军梁元辅""夏奏告使殿前太尉梁惟忠""宣德郎梁宇"等。梁姓番人中最著名就是大小"梁太后"。西夏的黑水城地区分布着众多的梁姓番人。如俄 Инв. No. 5010《天盛二十二年卖地文契》中有𗴂𗭣𗼺（梁嵬名山）、𗴂𗏆𗾔（梁狗千）（俄14·2）；俄 Инв. No. 954《光定羊年谷物借文书》中有𗴂𗦾𗪱𗤱𗪭等。蒙元时期的梁姓人物当是西夏梁姓番人的后代。

李（李耳）

《中国藏黑水城汉文文献》中的 M1·0631［F116：W467］《麦足朵立只答站户案文卷》中有"驱李保男亦称布汝"（黑4·775）。李保儿子名"亦称布"，故"李保"不是汉人。

另外，M1·0759［F105：W2］中有"沙立渠社长……李嵬令普……俵水三名……李汝中普"（黑5·986）；M1·0004［F249：W22］中有"李耳玉……李黑党立嵬"（黑1·42）；M1·0035［F122：W1］中有"李丑脸儿"（黑1·66）；M1·0277［F19：W28］中有"李即兀束"（黑2·379）；M1·0270［F175：W7］中有"李即兀束"（黑2·372）。

以上名字当中含有"嵬""立嵬""丑"等西夏语音以及西夏姓氏"即兀"等，所以这些"李"姓都当为西夏遗民。

同样，有的"李"后也有"耳"音节，如M1·004［F249：W22］文书中"贺龙徒沙牌子下"有"一户李耳玉"（黑1·42）。

西夏有王室李姓、李姓汉人、李姓番人三类李姓。元代亦集乃路中的"李"姓西夏遗民究竟是王室或宋夏沿边李姓番人的后裔，还是由西夏境内李姓汉人党项化而来，仍需要进一步的考察。

苏

《中国藏黑水城汉文文献》中的M1·0863［F135：W78］号文书中有"苏吾即"（黑5·1086）。

"吾即"作为西夏姓氏出现在名字当中，有很明显的记忆作用，是西夏遗民的重要标志。

"苏"为传统汉姓，西夏文写法为蘓。从名字判断，西夏时期的"苏"姓，既有汉人也有番人。汉人如《金史·交聘表》中的"开封尹苏执义""金吾卫上将军苏执礼""武功大夫苏志纯""宣德郎苏黉孙"等。番人如《长编》卷100仁宗天圣元年二月庚申条中的"西界内附万子苏渴嵬"。

酒

M1·0863［F135：W78］号文书中有"酒真布"（黑5·1086）。

西夏时期有"酒"姓。西夏文《杂字》《碎金》将蔱归入汉姓部。《凉州重修护国寺感通塔碑》中有夏汉对应人名"酒智清""蔱焱蘞"，其中"酒"对应的西夏文为"蔱"。从"酒真布"的名字特点看，不太可能是中原汉人。

刘

M1·0759［F105：W2］号文书中有"刘嵬令普"（黑5·986）；M1·0031［F111：W27］号文书中有"刘九月九"（黑1·62）。

从名字判断，此处的几位"刘"姓也当为西夏遗民，且保留了一定的党项特征。

西夏时期的"刘"姓亦有汉人与番人两类。汉人如《金史·交聘表》中的"大定七年正月庚子朔，夏武功大夫刘志真"等。番人如《中国藏西夏文献》M21·15［F1：W60/00601］西夏文写本《僧人名单》中的"𗤁𗥈𗣼𗤙"（刘令盛师）（中17·251），其中的"𗤁"是姓氏"刘"的西夏文写法。

杨

M1·0002［Y1：W12］号文书中有人名"杨吉祥奴"。

"吉祥"是西夏人名中的常用词，如西夏文《杂字》人名部有𗣼𗤙𗧾（吉祥山）①，西夏官印第49方印有人名𗤙𗤁𗣼𗤙𗧢（埋藏吉祥成）（官51）等。"吉祥奴"与"吉祥山""吉祥护""吉祥成"命名结构相似，故"杨吉祥奴"当为西夏遗民。

贺

M1·0004［F249：W22］号文书中有"贺龙徒沙牌子下"（黑1·42），M1·0649［F116：W104］号文书中有："（占地人）父贺汝足"（黑4·813）。M1·0654［F116：W20］号文书中的"贺嵬赤（占地人）"（黑4·844）。

以上贺姓人名中有"汝足""嵬赤"等字，当是西夏遗民。

西夏的"贺"姓官员多为汉名，如《交聘表》中有"武功大夫贺义忠"等。与西夏时期的汉名相比，亦集乃路的贺姓人名表现出更多的番名特征。

小 结

以上遗民中的西夏姓氏反映出一些问题。

首先，蒙元时期的西夏姓氏有继承性，一些西夏时期的姓氏仍在使用，且在语音上没有发生大的变化，如"嵬名""也火"。还有一些姓氏出现在地名当中，如"吾即渠""也火渠""普珠站"等。这些姓氏当是西夏记忆

---

① 李范文：《西夏文〈杂字〉研究》，《西北民族研究》1997年第2期。

的表现。

其次，蒙元时期西夏姓氏出现了明显的蒙古化。

这一点集中体现在出土的社会文书当中。社会文书是当时民众日常生活的记录，反映着普通民众的真实情况。

蒙古特色中有一个很特别的例子，即"也火失革阿立嵬"。"也火失革阿立嵬"，本为西夏人名"也火失革立嵬"，文书中明确记载，其经蒙古音读出来，再写出来，变成了"也火失革阿立嵬"，即在姓后多了一个音节"阿"，使其蒙古色彩陡增。这种现象也出现在如"也火耳""梁汝""梁耳"等姓氏当中。这一点提醒学界在研究蒙古化，甚至其他少数民族化的过程中要注意一个问题，即"民族语音"带来的民族色彩强化问题。我们不能把民族交往过程中的融合，或某一民族身上出现其他民族特征的原因简单地归为文化上的羡慕或政治上的需要，而要注意"语音"在实际中发挥的作用。

结　语

一

据统计，现各类汉文、西夏文文献中有西夏姓氏、人名资料两千余条，是研究西夏社会历史乃至西北地区民族社会历史的重要资料。

在姓氏考证部分，本书首先利用传统考据与语音分析、西夏汉文史料与西夏文史料相结合的方法，分别对近 200 个汉文番姓氏及 300 余个西夏文姓氏进行了考证论述，从中考订出异译姓氏 33 组，有夏汉对应关系的姓氏 75 组。这部分主要是为了解决汉文史料中西夏姓氏的异译问题及西夏文史料中姓氏的翻译问题。

其次，对番名汉姓或党项人使用的汉姓进行了考证。传统史料及出土西夏汉文、西夏文等史料中保留了大量的西夏汉姓，这些汉姓有些为西夏境内的汉人使用，有些为番人使用。本书通过考证，共辑出西夏番族汉姓 35 个。这些汉姓大部分为传统汉姓，也有一些鲜卑及党项曾使用过的单音节姓氏，如浑、慕、余、党等。其中使用频率较高的有李、梁、苏、刘、张、浑、王、吴。梁、罔、苏等银夏地区的姓氏及张、翟、画、吴等河西大姓亦很突出。当然，还有如白、曹、康等河西地区的姓氏可能属于"昭武九姓"。这部分主要是试图厘清汉姓的使用主体，即为汉人还是番人，以及西夏汉姓的来源，为研究西夏社会内部汉人的番化、番人的汉化等问题提供材料。

在西夏人名考证部分，通过解析人名用词，发现西夏人名主要有表达期望、祝愿的人名，含有事物名称的人名，有记忆性或者标记性功能的人名，具有宣扬推崇品德、德行之意的人名以及含有宗教色彩的人名等几类。由西夏人名类型及相关内容可知，西夏人名用词较为集中，以表达祝愿茂盛、昌盛或者发展势头好的人名最多，其次为含有"狗"字的人名，而表达仁义道德说教及光宗耀祖期望的人名较少；另外，西夏人名有着不同于汉文化人名的关连现象。这种关连存在于父子之间、母子之间、母女之间，似乎与藏族"七天座王"中的"父子、母子连名并存"现象有着相似性。

二

本书的考证及在考证基础上的讨论，对史学界在相关方面的研究起到了一些补充作用，但限于资料及对西夏文字的理解程度，总有浅尝辄止的感觉，一些问题仍需要继续完善。

第一，姓名与社会。

在姓氏方面，最明显的是当时的姓氏与宗族结构。

西夏文献中有这样三组材料：

①西夏《天盛改旧新定律令》记载："西名自五子以上岜名姓已变，取后姓，允许为婚。西名五子以下依节变姓者，依取用前姓施行，不许为婚，违律时与同姓为婚一样判断。"①

虽有些难懂，但有一点是可以肯定的，即西夏社会存在五代改易姓氏的现象或习俗。

②以兄弟名而分别命名的姓氏。如□□与□□。

③一些西夏姓氏中的用字分别与其他的字组成新的姓氏。如《杂字》中有西夏皇族姓氏□□，同时又有□□、□□、□□、□□、□□、□□与□□、□□；有姓氏□□，同时又有□□、□□、□□、□□、□□、□□、□□、□□与□□、□□、□□、□□、□□、□□、□□、□□等。

_____

① 史金波、聂鸿音、白滨：《天盛改旧新定律令》，法律出版社，1999，第603页。

　　结合《天盛改旧新定律令》，可以看出以兄弟名分别命名的姓氏以及姓氏中用字分别与其他字组成新姓氏的现象，可能反映了一些宗族部族在发展过程中不断繁衍裂变、分支立姓的信息。这种旧姓氏的改易或者新姓氏的诞生会造就一个怎样的宗族结构？这种宗族结构，对西夏社会制度及运行机制都有着怎样的影响？所有这些，都需要对这些姓氏进行进一步的分析研究。

　　在人名方面，西夏人名反映出的西夏文化，甚至西夏人的价值取向，西夏同汉、藏等民族的关系，还有待深入分析。尤其是西夏人名反映出的党项、吐蕃之间的关系，应该引起注意。我们在谈到周边文化对西夏的影响时，一般都会自然而然地联系到汉文化，但在西夏的人名中却出现了另一种现象，即与吐蕃有着诸多的相似性。尤其是名字关连中的父子、母子关连与早期吐蕃父子、母子连名并存现象相近。但所有这些，只是表面的、浅层次的直观研究，更多有关党项、吐蕃的关系问题，还需要对两者人名进行深入、细致的比较。

　　第二，西夏姓名中语言资料的分析。

　　在西夏姓氏里，已考订出𗋃𘜶与汉语中的民族称谓"契丹"对应，但其西夏语音并不来源于汉地，而是来源于吐蕃。西夏早期通过吐蕃与契丹接触，并沿用了吐蕃对契丹的称谓。这种现象可能存在于大量未考证出来的西夏姓氏当中，这些姓氏的甄别，对西夏文化交流等方面的研究有重要意义。

　　在人名中，包含了诸多类别的字词，不同类别的字词，又构成不同结构的人名。如含𗙟的人名形式有：形容词＋𗙟＋名词（𗟲𘝯𘘓𗙟𘝏）；形容词＋𗙟（𗴿𗫴𘝯𘒛𗙟）；𗙟＋形容词（𘓐𗇋𗙟𘒛）；表音字＋𗙟（𗂧𘝯𗊱𗙟）；名词（名词性词组）＋𗙟（𗟷𘒣𗋒𗙟）等几类。剖析这些人名用字及其组合方式，将有助于完善西夏语言资料。

　　第三，西夏姓氏中的夏汉对音规律研究。

　　关于西夏姓氏的异译问题，一般认为音同字不定。但在已考订出的西夏文番姓中，却发现一些姓氏的音译用字是固定的，具体如下表。

表 7　姓氏用字夏汉对应表

西夏文	音译汉字	音译实例
𗼨	嵬	𗼨𗼨——嵬名、𗼨𗖤——嵬迎、𗼨𗀀——嵬恶、𗴺𗼨——执嵬、𗼨𗇋——嵬啰
𗇋	啰	𗴺𗇋——吴啰、𗷛𗇋——赵啰、𗴣𗇋——党啰、𗼨𗇋——嵬啰、𗴣𗇊——韦移、𗀀𗇋——啰啰、𗴺𗇋——讹啰
𗴣	讹	𗴣𗇎——讹啰、𗴣𗀀——讹藏、𗖤𗴣——磨讹、𗴺𗴣——浪讹
𗶸	细	𗶸𗷒——细赏、𗶸𗴣——细遇、𗇋𗶸——没细
𗇎	啰	𗴣𗇎——讹啰、𗴺𗇎——都啰、𗶸𗇎——勒啰、𗇋𗇎——没啰
𗀀	讹、卧	𗇋𗀀——啰讹、𗀀𗴺——讹留、𗀀𗷛——讹静、𗀀𗇋——讹啰、𗀀𗴣——卧没、𗀀𗴺——卧咩
𗴺	藏	𗇋𗴺——没藏、𗴣𗴺——讹藏
𗷛	税	𗴣𗷛——拽税、𗖤𗷛——酒税
𗷒	尚、赏	𗴣𗷒——并尚、𗶸𗷒——细赏
𗴣	令	𗴣𗇎——令咩、𗴣𗼨——令介
𗇋	没	𗇋𗴺——没藏、𗇋𗶸——没细
𗀀	恶①	𗼨𗀀——嵬恶、𗀀𗀀——恶恶
𗴺	宁	𗖤𗴺——光宁、𗇋𗴺——谋宁、𗴺𗇎——宁浪
𗼤	夜、野、拽	𗼤𗀀——野利（拽利、夜利）、𗼤𗇋——拽白、𗼤𗴣——夜浪
𗴣	里	𗖤𗴣——芭里、𗶸𗴣——来里
𗴺	野	𗴺𗶸——野遇、𗴺𗷛——野马、𗴺𗇎——野货
𗀀	布	𗇋𗀀——咩布、𗴺𗀀——鲁布

①汉文史料中西夏番姓中的“恶”当为“嗯”之误，详见前文考证。

　　上表所列的夏汉对音字反映出夏汉音译用字具有选择性，而且这种选择性有一定的规律。这种规律的发现与总结，有助于更多姓氏的解读，更有助于观察发现夏汉在文化沟通及交流上的一些特点。

　　第四，在汉姓方面，有一个很重要的问题即汉姓与汉化。史学界提到少数民族的汉姓，一般都会与汉化相联系，但西夏汉姓却显示出另外的信息。本书共考证在番名中使用或番人使用的汉姓 35 个，这些汉姓番名，从考证的情况看，相当部分是源于汉人番化。如党项后族梁氏，五代以来，夏州政权内就有大姓梁氏，至西夏时出现"梁乙埋""梁乙逋"等番名色彩明显的人名。罔氏亦不例外，该姓为银夏大姓，西夏时有"罔聿谟""罔聿讹""罔聿则"等。再如一些河西大姓，张、翟等，随着地入西夏，出现了"张讹三""翟崴名九"等番名。当然，还有部分可能是番人借用汉姓，尤其是借用一些显著的有名望的姓氏。从已考证的资料看，在西夏番族中"李"姓的使用频率要远远高于其他汉姓，这可能和西夏王室曾被唐廷赐予李姓有关。由于唐王的赐姓，而使"李"姓成为一种标志或荣耀。虽然在元昊改姓后，王室不再以"李"姓自称，但"李"姓在西夏番族中仍被广泛使用。"梁""苏""李"等汉姓在西夏遗民中仍长期使用，也反过来验证了汉姓的使用并没有带来西夏番族的汉化。所以，在研究汉姓与汉化问题上一定要区别对待。笔者今后也将会对这些姓氏进行更为细致的分析研究。

最后，在西夏遗民姓氏方面，本书仅限于对出土文书中姓氏与宋夏时期姓氏的对应考证。至于与传统文献的结合、西夏姓氏在夏蒙之间的变化以及姓氏涉及的蒙元时期西夏民族融合、消亡等问题，只是点到为止，这些都还需要进一步的深入讨论。

附　录

　　《西夏姓氏录》被学界誉为西夏姓氏第一书，"西夏姓名研究"正是受此书影响而逐渐形成。现利用最新的资料与考证结果对其进行校注，一方面使自己的研究成果得到验证与应用；另一方面，也借此表达对前辈工作的尊重与继承。

　　汤开建先生已写过专篇论文——《张澍〈西夏姓氏录〉订误》，对其中的条目进行过逐一订正。下文则以古籍校补形式，对其进行整理。对其中经汤先生考证无异者，本文将其考证结果移录，并补充史料，以为佐证；对其中有异议者，则进行分析、考辨。具体格式安排如下：

　　一、《西夏姓氏录》原文：保留原排印格式。

　　二、《西夏姓氏录》校文：对照征引原书，文中有脱、讹、衍、倒者，将校文以脚注形式给出，说明据某书、某本改，无坚实根据者出校存疑，并冠以【校】；同时参照相关点校本予以标点。

　　三、《西夏姓氏录》补文：原文姓氏注文未标明出处者，或出处讹误者，或内容不完整者，加以校补，冠以【补】，别行排印；引文出处于文末以【　】注出。

　　四、需考证说明的，冠以【按】，别行排印。

　　五、《西夏姓氏录》原文与征引原书内容完全一致者，不另作校注。

西夏姓氏录

按：西夏之先托跋氏名思恭，唐僖宗时为夏、绥、银、宥节度使，与李克用等破黄巢，复京师，赐姓李氏。唐末，天下大乱，藩镇连兵，惟夏州未尝为唐患。历五代至宋，李继迁附宋封为王，赐姓赵。① 以辽圣宗统和四年叛宋附辽，复姓李，至元昊始称帝，时附辽附宋，亦时附金。其臣下姓氏亦有与中国同者，其异者皆蕃语不得其受氏之原也。今撮录之，附于辽金元之后，以备考览。武威张澍。

於弥氏

《元史》：李恒，其先姓於弥氏，唐末赐姓李。

【补】

李恒，字德卿，其先姓於弥氏，唐末赐姓李，世为西夏国主。太祖经略河西，有守兀纳剌城者，夏主之子，城陷不屈而死。子惟忠……惟忠生恒。【《元史》卷129《李恒传》】

【按】

西夏国主源于党项拓跋氏。据《宋史·夏国传》记载，党项早期有八部，其中"拓跋最为强族"。贞观年间，拓跋部首领拓跋赤辞与子"思头并率众内属"，唐王"赐姓李氏，自此职贡不绝……唐末，拓跋思恭镇夏州，统银、夏、绥、宥、静五州之地，讨黄巢有功，复赐李姓"。自此历五代，拓跋皆以"李"为姓。宋"端拱初……欲委继捧以边事，令图之。因召赴阙，赐姓赵氏，更名保忠"。宋明道元年，元昊"既袭封……自号嵬名吾祖"。"李恒"祖先既为夏主，当姓"嵬名"。

王静如《西夏国名考》："於弥""嵬名"读音相同②，"於弥"即"嵬名"。

"嵬名""於弥"，与西夏文姓氏觽觽对应。

---

① 【校】据《宋史》卷485《夏国传》，"李继迁"，当为"李继捧"之误。
② 王静如：《西夏国名考》，《西夏研究》第1辑，1932。

李氏

《金史·交聘表》：天辅六年六月，夏遣李良辅率兵三万救辽斡鲁娄室，败之于野谷。

大定六年戊申，夏御史中丞李克勤、翰林学士焦景颜奏，乞免索正隆末年所虏人口。①

大定十五年正月，夏武功大夫李嗣卿、宣德郎白庆嗣等贺正旦。

明昌二年三月丁巳，夏左金吾卫正将军李元膺、御史中丞高俊英为陈慰使。

明昌四年九月，仁孝薨，子纯佑立。十一月壬申，夏御史大夫李元吉、翰林学士李国安来讣告。三月丙申②，御史大夫李彦崇、知中兴府事郝庭俊谢赐生日。

承安二年十二月丁酉，夏殿前太尉李嗣卿、知中兴府事高德崇谢复榷场。

泰和二年八月，殿前太尉李建德、知中兴府事杨绍直等谢横赐。③

泰和六年正月乙丑，夏李安全废其主纯佑自立，令纯佑母罗氏为表奏求封册。六月戊戌，诏问罗氏所以废立之故，安全复以罗氏表来。④

泰和八年三月甲申，夏枢密使李元吉、观文殿大学士罗世昌奏告。⑤

【按】"李安全"即西夏襄宗，此处"李"为夏主之姓，源于唐末赐姓。

把里氏

按：《元史》作芭里或巴哩。

---

① 【校】据《金史》卷61《交聘表中》，"大定六年戊申"，当为"大定六年三月戊申"之误；"焦景颜奏"后脱"告"。

② 【校】据《金史》卷61《交聘表中》，"三月丙申"当为"明昌六年三月丙申"。

③ 【校】据《金史》卷61《交聘表中》，"泰和二年八月"当为"泰和二年八月庚子"。

④ 【校】据《金史》卷61《交聘表中》，"诏"后脱"宣"；"奏"前脱"遣御史大夫罔佐执中等来"；"六月戊戌"当为"七月戊戌"。

⑤ 【校】据《金史》卷61《交聘表中》，"罗世昌"后脱"等"。

《交聘表》：天会二年三月，夏使把里公亮等来上誓表。①

大定二年，夏武功大夫芭里昌祖、宣德郎杨彦敬等贺正旦。②

按：七年十二月，昌祖来乞医，以其臣任得敬有疾，其时为殿前太尉。

大定十二年三月，押进瓯匣使把里直信等贺加上尊号。③

大定十三年三月癸巳朔，夏武功大夫把里安仁、宣德郎焦蹈等贺万春节。④

大定十七年三月辛丑朔，夏武功大夫把里庆贺万春节。⑤

【补】

（大定七年）十二月壬戌，夏遣殿前太尉芭里昌祖、枢密都承旨赵衍奏告，以其臣任得敬有疾，乞遣良医诊治。……大定十年十一月癸巳，夏以诛任得敬，遣其殿前太尉芭里昌祖、枢密直学士高岳等上表陈谢。【《金史》卷61《交聘表中》】

【按】

《金史》中除"把里公亮"外，其他"把里"均作"芭里"。"把里"与"芭里"为同音异译。

查《元史》，无姓"芭里""巴哩"之西夏人，原文按语误。

又"巴哩"见于《续通志·氏族略》："巴哩氏，《金史·交聘表》夏巴哩公亮，又殿前太尉巴哩昌祖、押进瓯匣使巴哩直信、武功大夫巴哩安仁、巴哩庆祖。"所以，"芭里"当出自《续通志·氏族略》，而非《元史》。

《续通志·氏族略》中"巴哩"为"芭里"之改译。"芭里"与西夏文姓氏𗼝𘈬对应。

《西夏书·官氏考》"芭里"之"芭"旁有注"一作把"，正确。

杂辣氏

按：《续通志》作察喇氏。

---

① "把里公亮"又见于《金史》卷134《西夏传》。

② 【校】据《金史》卷61《交聘表中》，"大定二年"当为"大定二年十二月辛未朔"；"杨彦敬"当为"扬彦敬"之误。

③ 【校】据《金史》卷61《交聘表中》，"把里直信"当为"芭里直信"。

④ 【校】据《金史》卷61《交聘表中》，"把里安仁"当为"芭里安仁"。

⑤ 【校】据《金史》卷61《交聘表中》，"把里庆"当为"芭里庆祖"。

《交聘表》：海陵天德二年七月戊戌，夏御史中丞杂辣公济、中书舍人李崇德贺登宝位。①

【补】

察喇氏，夏御史大夫察喇公济。【《续通志·氏族略》】

【按】《西夏书事》卷36："仁孝遣御史中丞热辣公济等表贺即位，开封尹苏执义等贺受尊号"。其中"热辣公济"当为"杂辣公济"之误。

巴沁氏

《续通志》：西夏武节大夫巴沁师德。

【补】

巴沁氏，夏武功大夫巴沁师德。【《续通志·氏族略》】

苏氏

《交聘表》：天德元年，夏再遣开封尹苏执义、秘书监王举贺受尊号。

大定二年八月癸酉，夏金吾卫上将军苏执礼、瓯匦使王琪、押进御使中丞赵良贺尊号。②

大定三年十月己巳，夏遣金吾卫上将军苏执礼、瓯匦使李子美谢横赐。

按：十七年来则执礼为东经略使也。

大定二十一年三月丁未朔，夏武功大夫苏志纯、宣德郎康忠义等贺万春节。

泰和二年正月丁未朔，夏武节大夫白克忠、宣德郎苏寅孙贺正旦。③

【按】

《金史》卷61《交聘表中》："大定十七年十二月甲午，夏遣东经略使苏执礼横进"。所以，原文按语中"来则执礼"当为"苏执礼"之误。

---

① "杂辣公济"，又见于《金史》卷134《西夏传》。

② 【校】据《金史》卷61《交聘表中》，"夏"后脱"左"。

③ 【校】据《金史》卷62《交聘表下》，"苏寅孙"当为"苏黄孙"之误。

王氏

《交聘表》：贞元元年三月戊辰，夏使王公佐贺迁都。①

明昌六年正月丁亥朔，夏武节大夫王彦才、宣德郎高大节贺正旦。

正大四年，夏遣精方瓯匦使王立之来，未复命，国亡。

梁氏

《交聘表》：大定二年四月，夏左金吾卫上将军梁元辅、翰林学士焦景颜、押进枢密副都承旨任纯忠贺登宝位。

大定四年十二月，夏奏告使殿前太尉梁惟忠、翰林学士枢密都承旨焦景颜上章奏告，免征索正隆末年所虏人口。②

大定十七年三月，宣德郎梁宇、副芭里庆祖贺万春节。③

泰和六年十二月，谢册封押进梁德枢等入见。

贺氏

《交聘表》：大定二年，夏再使武功大夫贺义忠、宣德郎高慎言贺万春节。

大定六年十二月戊戌，夏御史中丞贺义忠、翰林学士杨彦敬谢横赐。

讹留氏

按：《续通志》作额鲁氏。

《交聘表》：大定三年壬辰朔，夏武功大夫讹留元智、宣德郎程公济贺万春节。

【补】

额鲁氏，夏武功大夫额鲁元智，又武功大夫额鲁世，殿前太尉额鲁绍甫、额鲁绍先。【《续通志·氏族略》】

---

① 【校】据《金史》卷60《交聘表》，此处"贞元元年三月戊辰"当为"贞元二年三月戊辰"之误。

② 【校】据《金史》卷61《交聘表中》，"免"前脱"乞"。

③ 【校】据《金史》卷61《交聘表中》，"芭里庆祖"官职为"武功大夫"。

【按】

《续通志·氏族略》中"额鲁元智""额鲁世""额鲁绍甫""额鲁绍先",《金史·交聘表》中分别记为"讹留元智""讹罗世""讹罗绍甫""讹罗绍先"。"讹留"与"讹罗",《续通志·氏族略》皆改译为"额鲁"。汤开建《张澍〈西夏姓氏录〉订误》中亦认为"讹留"与"讹罗"为一音之转,属同一姓氏。

"讹留"与西夏文姓氏𮒫𮖅对应,"讹罗"与另一西夏文姓氏对应,为不同姓氏,详见"讹罗"条。

嵬嘹氏

大定四年正月丁亥朔,夏遣武功大夫嵬嘹执信、宣德郎李师白贺正旦。

【按】

《西夏书·官氏考》:嵬嘹。

"嵬嘹"与西夏文姓氏𮖅𮒫对应。

纽卧氏

按:《续通志》作纽鄂氏。

《交聘表》:大定四年三月丙戌朔,夏武功大夫纽卧文忠、宣德郎陈师古贺万春节。①

【补】

纽鄂氏,夏武功大夫纽鄂文忠。【《续通志·氏族略》】

【按】

《金史·交聘表》及《金史·西夏传》中均作"纽卧氏",《续通志·氏族略》中作"纽鄂氏"。"纽鄂氏","纽卧氏"之改译。

"纽卧文忠""贺万春节"一事,《金史·交聘表》中记为"大定四年三月丙戌朔",《金史·西夏传》中记为"大定四年二月甲申",待考。

---

① "纽卧文忠",又见于《金史》卷134《西夏传》。

讹罗氏

按：《续通志》作额鲁氏。

《交聘表》：大定五年正月辛亥朔，夏武功大夫讹罗世、宣德郎高岳贺正旦。

大定十二年，夏殿前马步军太尉讹罗绍甫、枢密直学士吕子温贺加上尊号。

按：十五年与翰林学士王师信谢横赐，则绍甫为中兴尹也。

大定二十七年十二月，夏殿前太尉讹罗绍先、枢密直学士严立本谢横赐。

《宋史》：夏武功大夫讹罗元智。

【补】

额鲁氏，武功大夫额鲁世。【《续通志·氏族略》】

大定十五年十二月丙午，夏遣中兴尹讹罗绍甫、翰林学士王师信等谢横赐。【《金史》卷61《交聘表中》】

【按】

《金史·交聘表》作"讹罗世"，《续通志·氏族略》作"额鲁世"。"额鲁"，"讹罗"之改译。

"讹罗"与西夏文姓氏𗦴𗢳对应。

查《宋史》无"讹罗元智"。《金史》卷61《交聘表》中有"夏武功大夫讹留元智"，疑此处"讹罗元智"为"讹留元智"之误。

高氏

《交聘表》：大定六年正月丙午朔，夏武功大夫高遵义、宣德郎安世等贺正旦。

八年四月戊午，夏遣高得聪谢恩使，诏却其礼物。①

承安五年八月壬子，夏南院宣徽使高忠亮、知中兴府高永昌谢恩。②

---

① 【校】据《金史》卷61《交聘表中》，"高得聪"为"任德聪"之误。

② 【校】据《金史》卷62《交聘表下》，"夏"为衍字；"高忠亮"为"刘忠亮"之误。

曹氏

《交聘表》：大定六年三月甲辰朔，夏武功大夫曹公达、宣德郎孟伯达、押进知中兴府赵衍贺万春节。

按：七年，赵衍乞良医诊治任得敬，则官枢密都承旨也。

【补】

（大定）七年十二月壬戌，夏遣殿前太尉芭里昌祖、枢密都承旨赵衍奏告，以其臣任得敬有疾，乞遣良医诊治。【《金史》卷61《交聘表中》】

刘氏

《交聘表》：大定七年正月庚子朔，夏武功大夫刘志真、宣德郎李师白贺正旦。

大定二十三年正月丁卯朔，夏武功大夫刘进忠、宣德郎刘国安等贺正旦。①

大定二十四年正月辛卯朔，夏武功大夫刘执中、宣德郎李昌辅贺正旦。

承安二年八月，知中兴府事李德冲、枢密直学士刘思问等奏告榷场。②

任氏

《交聘表》：大定七年三月己亥朔，夏武功大夫任得仁、宣德郎李澄贺万春节。③

【按】

"任得敬"即"任德敬"，乾顺妃任氏之父。《西夏书事》卷35：得敬，本西安州判，夏兵取西安，率兵民出降，乾顺命权知州事。有女年十七，使其弟得聪饰之以献，乾顺纳为妃，赏赉甚厚，擢得敬为静州防御使。……秋八月，立任氏为皇后。任得聪为殿前太尉，后至左金吾卫正将军。

---

① 【校】据《金史》卷61《交聘表中》，"刘国安"为"李国安"之误。
② 【校】据《金史》卷62《交聘表下》，"承安二年八月"为"承安二年八月戊戌"之误。
③ 【校】据《金史》卷61《交聘表中》，"李澄"后脱"等"字。

利氏

《交聘表》：大定八年正月甲子朔，夏武功大夫利守信、宣德郎李穆贺正旦。

咩布氏

按：《续通志》作蔑布氏。

《交聘表》：大定八年三月癸亥朔，夏武功大夫咩布师道、宣德郎严立本等贺万春节。

【按】

"咩布"与西夏文姓氏𗼲𗼝对应。

折逋氏

《宋史》：乾祐中，凉州刺史李超卒，推土人折逋嘉施权知留后。又申师厚至凉州，奏请授吐蕃首领折逋支官，从之。乾德四年，知西凉府折逋葛支上言："回鹘二百余人自朔方来劫掠。"又权知凉州左厢押蕃落使折逋喻龙、折逋波阿、折逋喻凤。又咸平元年河西左厢副使折逋游龙钵来朝。

【补】

天成中，权知西凉府留后孙超遣大将拓跋承诲来贡……即授超凉州刺史，充河西军节度留后。乾祐初，超卒，州人推其土人折逋嘉施权知留后，遣使来贡，即以嘉施代超为留后。……周广顺三年，始以申师厚为河西节度。师厚初至凉州，奏请授吐蕃首领折逋支等官，并从之。……乾德四年，知西凉府折逋葛支上言："有回鹘二百余人、汉僧六十余人自朔方路来，为部落劫略。"

（淳化）二年，权知西凉州、左厢押蕃落副使折逋阿喻丹来贡。……四年，阿喻丹死，以其弟喻龙波为保顺郎，将代其任。……是年春，知西凉府左厢押蕃落副使折逋喻龙波、振武军都罗族大首领并来贡马。（至道元年）七月，西凉府押蕃落副使折逋喻龙波上言，蕃部频为继迁侵略，乃与吐蕃都部署没臧拽于会六谷蕃众来朝，且献名马。……咸平元年十一月，河西军左厢副使、归德将军折逋游龙钵来朝。游龙钵四世受朝命为酋，虽贡方物，未尝自行，今始至，献马二千余匹。【《宋史》卷492《吐蕃传》，参见《宋会要》方域21之14、21之15、21之16】

折逋支……吐蕃别种也。【《宋会要》方域 21 之 14】

折逋，羌族也，因以为姓。【《资治通鉴》卷 290《后周记》】

至道元年七月，西凉府押蕃落副使折逋喻龙波上言，蕃部频为继迁侵掠，乃与吐蕃都部署没临拽于会六谷蕃众来朝，且献名马。咸平元年十一月，河西军左厢副使、归德将军折逋游龙钵来朝。【《文献通考》卷 335】

【按】

原文凉州留后"李超"为"孙超"之误。

原文中"折逋喻龙""折逋波阿""折逋喻凤"分别为"折逋阿喻丹""折逋喻龙波""折逋游龙钵"之误。

汤开建《张澍〈西夏姓氏录〉订误》中指出，"折逋氏一家事迹都收在《吐蕃传》中，而《宋史·吐蕃传》明确记载折逋氏支为吐蕃首领"，"可见，折逋氏应为吐蕃部落人。所以，折逋一家不能算作西夏人，也不能列入西夏姓氏"。

庄浪氏

《交聘表》：大定九年正月戊午朔，夏武功大夫庄浪义显、宣德郎刘裕等贺正旦。

【补】

庄浪氏，夏武功大夫庄浪义显。【《续通志·氏族略》】

浑氏

《交聘表》：大定九年三月丁巳朔，夏武功大夫浑进忠、宣德郎王德昌贺万春节。①

泰和八年（正月）辛未朔，夏武节大夫浑光中、宣德郎梁德懿贺正旦。

【补】

浑氏，夏武功大夫浑进忠、武节大夫浑光中。【《续通志·氏族略》】

【按】

西夏文写作𗼲。北魏"浑氏"之继续。

---

① 【校】据《金史》卷 61《交聘表中》，"王德昌"后脱"等"字。

浪讹氏

按：《续通志·氏族略》作朗鄂特氏。

《交聘表》：大定九年闰五月丁未，夏权臣任得敬中分其国，胁其主李仁孝遣左枢密使浪讹进忠、参知政事杨彦敬、押进翰林学士焦景颜等上表为得敬求封，诏不许，遣使详问。①

大定十八年十二月戊午，夏遣殿前太尉浪讹元智、翰林学士刘昭谢横赐。

明昌五年四月壬寅，夏御史中丞浪讹文广、副使枢密直学士刘俊才来报谢。

泰和八年十月，夏参知政事浪讹德光、光禄大夫田文徽等来奏告。

【补】

朗鄂特氏，夏左枢密使朗鄂特进忠、殿前太尉朗鄂特氏元智、御史中丞朗鄂特文广、参知政事朗鄂特氏德光。【《续通志·氏族略》】

【按】

"浪讹"与西夏文𗼮𗉶对应。

韩氏

《交聘表》：大定十年正月壬子朔，夏武功大夫刘志直、宣德郎韩德容等贺正旦。

泰和四年八月己丑，夏武节大夫李德广、宣德郎韩承庆贺天寿节。②

煞氏

按：《续通志》作萨氏。

《交聘表》：大定十一年正月丙子朔，夏遣武功大夫煞执直、宣德郎马子才贺正旦。

大定十四年正月己丑朔，夏武功大夫煞进德、宣德郎李师旦贺正旦。

---

① 【校】据《金史》卷61《交聘表中》，"大定九年闰五月丁未"为"大定九年闰五月乙未"之误。

② 【校】据《金史》卷61《交聘表中》，"泰和四年八月己丑"为"泰和四年八月癸丑"之误。

【补】

萨氏，夏武功大夫萨执直、萨进德。【《续通志·氏族略》】

【按】

《西夏书事》卷38记载："武功大夫煞德进、宣德郎李师旦与高丽使同至"。其中"煞德进"为"煞进德"之误。

嵬恧氏

按：《续通志》作威纽氏。

《交聘表》：大定十二年正月庚午朔，夏武功大夫嵬恧执忠、宣德郎刘昭等贺正旦。

【补】

威纽氏，夏武功大夫威纽执忠。【《续通志·氏族略》】

【按】

"嵬恧"与西夏文姓氏𗼹𗇋对应。

党氏

《交聘表》：大定十二年己巳朔，夏武功大夫党得敬、宣德郎田公懿贺万春节。

【补】

党氏，夏武功大夫党得敬。【《续通志·氏族略》】

党。【《杂字·汉姓名》】

【按】

西夏"党氏"为北魏"党氏"之继续，西夏时已收录于《杂字·汉姓名》。

严氏

《交聘表》：大定十二年十二月癸亥，夏殿前太尉周荣忠、枢密直学士严立本谢横赐。①

---

① 【校】据《金史》卷61《交聘表中》，"周荣忠"为"罔荣忠"之误；"严立本"后脱"等"字。

卧落氏

按：《续通志》作锡鄂氏。

《交聘表》：大定十三年正月乙丑朔，夏武功大夫卧落绍昌、宣德郎张道等贺正旦。

【补】

锡鄂氏，夏武功大夫锡鄂绍昌。【《续通志·氏族略》】

【按】

汤开建《张澍〈西夏姓氏录〉订误》考："讹罗""讹留""卧落"为一音之转，故应同列一目，当商榷。"讹罗""讹留"为两不同姓氏。

嵬宰氏

按：《续通志》作威载氏。

《交聘表》：大定十六年正月戊申朔，夏武功大夫嵬宰师宪、宣德郎宋弘等贺正旦。

【补】

威载氏，夏武功大夫威载师宪。【《续通志·氏族略》】

骨勒氏

按：《续通志》作古沁氏。

《交聘表》：大定十六年三月丙午朔，夏武功大夫骨勒文昌、宣德郎王禹珪贺万春节。

【补】

古沁氏，夏武功大夫古沁文昌。【《续通志·氏族略》】

【按】

"古沁"为"骨勒"之转译。

"骨勒"与西夏文姓氏𗊁𘊝对应。

讹哆氏

按：《续通志》作额伊氏。

《交聘表》：大定十七年正月壬寅朔，夏武功大夫讹哆德昌、宣德郎杨彦和等贺正旦。

【补】

额伊氏，夏武功大夫额伊德昌。【《续通志·氏族略》】

【按】

"额伊"为"讹哗"之转译。

"讹哗"与西夏文姓氏薙骇对应。

恶恶氏

按：《续通志》作纽纽氏。

《交聘表》：大定十八年正月丙申朔，夏武功大夫恶恶存忠、宣德郎武用和①贺正旦。

明昌五年正月癸未朔②，夏武节大夫恶恶世忠、宣德郎刘思问③贺正旦。

【补】

纽纽氏，夏武节大夫纽纽存忠、夏武节大夫纽纽世忠。【《续通志·氏族略》】

【按】

"恶恶"与西夏文姓氏薙薙对应。

另据聂鸿音先生《西夏文献中的"柔然"》一文考证，薙薙与中原史书中的"茹茹"对音，是西夏境内有柔然后裔的证明。④

嵬名氏

按：《表》"名"作"茗"。《续通志》作威明氏。

大定十八年三月乙未朔，夏武功大夫嵬名仁显、宣德郎赵崇道等贺万春节。⑤

---

① 【校】据《金史》卷61《交聘表中》，"武用和"后脱"等"字。

② 【校】据《金史》卷62《交聘表下》，"明昌五年正月癸未朔"为"明昌五年正月癸亥朔"之误。

③ 【校】据《金史》卷62《交聘表下》，"刘思问"后脱"等"字。

④ 聂鸿音：《西夏文献中的"柔然"》，《宁夏师范学院学报》2010年第5期。

⑤ 【校】据《金史》卷61《交聘表中》，"嵬名仁显"为"嵬茗仁显"之误。

大定二十九年八月丙辰，嵬名彦、刘文庆贺天寿节。①

承安二年正月乙亥朔，夏武节大夫嵬名世安、宣德郎李师广贺正旦。②

《宋史》：夏南都统嵬名济、嵬名谕密、嵬名环、嵬名谟铎、铃辖嵬名乞遇为王愍所禽。嵬名阿理为西寿统军，为折可适获之。元昊以嵬名守全主谋议。又嵬名山内附，折继世分名山之众五千户居于大理河。

【补】

威明氏，夏武功大夫威明仁显、武节大夫威明世安。【《续通志·氏族略》】

夏西南都统昂星嵬名济酒移书刘昌祚。……十月，遣芭良嵬名济赖、升聂张聿正进助山陵礼物。……三月，夏遣大使映吴嵬名谕密、副使广乐毛示聿等诣太皇太后进驼。【《宋史》卷486《夏国传下》】

元昊使文贵与王嵩以其臣旺荣、其弟旺令嵬名环、卧誉诤三人书议和，然屈强不肯削僭号。【《宋史》卷486《夏国传下》】

神宗之丧，夏国陈慰使丁努嵬名谟铎、副使吕则、陈聿精等进慰表于皇仪门外，退赴紫宸殿门，赐帛有差。【《宋史》卷124《礼志》，参见《长编》卷358神宗元丰八年七月乙巳条】

闰九月，古邈川部族叛，熙河将王愍率兵掩击，翌日，夏人马数万围愍等，力战败之，擒其铃辖嵬名乞遇。【《宋史》卷486《夏国传下》】

元符元年十二月，泾原折可适掩夏西寿统军嵬名阿埋、监军妹勒都逋，获之。【《宋史》卷486《夏国传下》】

始大建官，以嵬名守全、张陟、张绛、杨廓、徐敏宗、张文显辈主谋议。【《宋史》485《夏国传上》】

嵬名山之内附，继世先知之……继世以骑步万军于怀宁砦，入晋祠谷，往银川，分名山之众万五千户居于大理河。【《宋史》卷253《折御卿传》，参见《宋史》卷14《神宗纪》，卷328《薛向传》，卷486《夏国传下》】

【按】

"夏南都统嵬名济"为"夏西南都统嵬名济酒"之误；"嵬名阿理"当

为"嵬名阿埋"之误。

"嵬名"为西夏帝君之姓，"威明"为"嵬名"之改译，"嵬茗"为"嵬名"之形近字。"嵬名"与西夏文𘝂𗒹对应。

张氏

《交聘表》：大定十九年正月庚申朔，夏武功大夫张兼善、宣德郎张希圣贺正旦。①

明昌二年正月庚戌朔，夏武节大夫王全忠、宣德郎张思义贺正旦。许使贸易三日。

【补】

供写南北章表张政思【G32·001《凉州重修护国寺感通塔碑》（中18·91）】

来氏

《交聘表》：大定十九年三月己未朔，夏遣武功大夫来子敬、宣德郎梁介②贺万春节。

安氏

《交聘表》：大定二十年正月庚申朔③，夏武功大夫安德信、宣德郎吴日休贺正旦。

罔氏

《交聘表》：大定二十年④癸朔，夏武功大夫罔进忠、宣德郎王禹玉贺万春节。

按：明昌元年谢横赐，则罔进忠知中兴府也。

十二月丙午，夏遣奏告使御史中丞罔永德、枢密直学士刘昭等入见。

---

① 【校】据《金史》卷61《交聘表中》，"张希圣"后脱"等"字。
② 【校】据《金史》卷61《交聘表中》，"梁介"后脱"等"字。
③ 【校】据《金史》卷61《交聘表中》，"大定二十年正月庚申朔"为"大定二十年正月甲寅朔"之误。
④ 【校】据《金史》卷61《交聘表中》，"大定二十年"后脱"三月"。

明昌三年八月丁卯，夏武节大夫罔敦信、宣德郎韩伯容贺天寿节。

《宋史》：景德四年，西夏赵德明之母罔氏卒，起①复镇戎军大将军。十月葬罔氏，命阁门祗候袁禹为祭吊使。

《宋史》：李乾顺臣罔聿谟。

【补】

（明昌元年）八月己酉，夏武节大夫拽税守节、宣德郎张仲文贺天寿节，知中兴府罔进忠谢横赐。【《金史》卷62《交聘表》】

罔氏，夏知中兴府事罔进忠、御史中丞罔永德、武节大夫罔敦信。【《续通志·氏族略》】

乾顺……元祐元年十月，以父殂，遣使吕则罔聿谟等来告哀。【《宋史》卷485《夏国传上》；参见《长编》卷389哲宗元祐元年十月壬辰条】

【按】

"罔聿谟"相关内容，《宋史》卷485《夏国传上》中记为："乾顺……元祐元年十月，以父殂，遣使吕则罔聿谟等来告哀。"对夏崇宗只称"乾顺"，其前并无"李"，《宋史》不以"李"姓称西夏王室。

谋宁氏

按：《续通志》作穆纳氏。

《交聘表》：大定二十一年正月戊申朔，夏遣武功大夫谋宁好德、宣德郎郝处俊贺正旦。

泰和六年十二月乙丑，夏御史大夫谋宁光祖、翰林学士张公甫谢册封。②

【补】

穆纳氏，夏武功大夫穆纳好德、御史大夫穆纳光祖。【《续通志·氏族略》】

【按】

"谋宁好德""谋宁光祖"，《续通志·氏族略》分别记为"穆纳好德""穆纳光祖"。"穆纳"，"谋宁"之改译。

"谋宁"与西夏文姓氏𗩛𗢺对应。

---

① 【校】据《宋史》卷485《夏国传》，"起"前脱"除"字。
② 【校】据《金史》卷62《交聘表下》，"册封"为"封册"之倒。

吴氏

《交聘表》：大定二十三年三月丙寅朔，夏武功大夫吴德昌、宣德郎刘思忠贺万春节。①

明昌六年八月己卯，夏武节大夫宋克忠、宣德郎吴子正贺天寿节。

晁氏

《交聘表》：大定二十四年三月庚寅朔，夏武功大夫晁直信、宣德郎王庭彦贺万春节。②

米氏

《交聘表》：大定二十五年十一月丙申，夏国以车驾还都，贺尊安使御史大夫李崇懿、中兴尹米崇吉、押进瓯使李嗣卿朝见。③

泰和五年闰八月辛巳，夏武节大夫赵公良、宣德郎米元懿贺天寿节。

麻骨氏

按：《续通志》作莽古氏。

《交聘表》：大定二十六年正月庚辰朔，夏武功大夫麻骨进德、宣德郎刘光国等贺正旦。三月己卯朔，夏武功大夫麻骨德懋、宣德郎王庆崇贺万春节。④

【补】

莽古氏，夏武功大夫莽古进德、莽古德懋。【《续通志·氏族略》】

觅氏

按：《续通志》作觅氏。

《交聘表》：大定二十七年正月癸卯朔，夏武功大夫觅德昭、宣德郎索

---

① 【校】据《金史》卷61《交聘表中》，"刘思忠"后脱"等"字。
② 【校】据《金史》卷61《交聘表中》，"王庭彦"后脱"等"字。
③ 【校】据《金史》卷61《交聘表中》，"还都"为"还京"之误；"押进瓯"后脱"匣"字；"李嗣卿"后脱"等"字。
④ 【校】据《金史》卷61《交聘表中》，"王庆崇"后脱"等"字。

遵德贺正旦。①

　　泰和三年八月甲子，夏武节大夫觅德元、宣德郎高大亨贺天寿节。②

【补】

　　觅氏，夏武功大夫觅德昭、武节大夫觅德元。【《续通志·氏族略》】

遇氏

　　《交聘表》：大定二十七年正月癸卯朔，夏武功大夫遇忠辅、宣德郎吕昌辅等贺万春节。

　　泰和五年正月己未朔，夏武节大夫遇惟德、宣德郎高大伦贺天寿节。③

　　王圻《续通志》：元昊臣遇乞光造蕃书，又宿将遇野利。

　　按：造蕃书者野利仁荣，兹作遇乞光，疑讹；又宿将野利乞遇，兹作遇野利，亦误。

【按】

　　《西夏书事》作"野遇"。《西夏书事》卷38记载："使人武功大夫野遇忠辅、宣德郎吕昌龄。野遇，西夏大族；忠辅，磊落英发，历官左枢密使，为时名卿。"《西夏书事》卷39记载："使人武功大夫野遇惟德、宣德郎高大伦同宋、高丽使入贺"。

　　《宋史》卷485《夏国传上》记载："野利仁荣主蕃学。……元昊自制蕃书，命野利仁荣演绎之，成十二卷，字形体方整类八分，而画颇重复。"可知造蕃书者为"野利仁荣"，按语不误。

　　又，《宋史》卷335《种世衡传》记载："（野利）遇乞兄弟有才谋，皆号大王"。按语中"野利乞遇""遇野利"皆误。

　　西夏有姓氏"野遇"，而未见"遇"，疑《金史·交聘表》误。

---

① 【校】据《金史》卷61《交聘表中》，"觅"作"觅"。
② 【校】据《金史》卷62《交聘表下》，"觅"作"觅"。
③ 【校】据《金史》卷61《交聘表中》，"大定二十七年正月癸卯朔"当为"大定二十七年三月癸卯朔"之误；"吕昌辅"为"吕昌龄"之误；"武节大夫"为"武功大夫"之误；"天寿节"为"正旦节"之误。

麻奴氏

按：《续通志》作玛奴勒氏。

《交聘表》：大定二十八年正月丁酉朔，夏武功大夫麻奴绍文、宣德郎安惟敬贺正旦。

【补】

夏武功大夫玛努勒绍文。【《续通志·氏族略》】

【按】

西夏有族名"毛奴""貌奴"。《宋史》卷290《狄青传》记载："略宥州，屠庞咩、毛奴、尚罗、庆七、家口等族，收其帐二千三百，生口五千七百。"《宋史》卷491《党项传》记载："继迁奔地斤泽，貌奴、猥才二族夺其牛畜二万余。"

据汤开建《张澍〈西夏姓氏录〉订误》考证，"麻奴""毛奴""貌奴"均为一音之转，故称"麻奴"出自"貌奴"族，以族为姓。

据《广韵》，"麻""毛"音韵地位分别为"莫霞假开二平麻明"，"莫袍效开一平豪明"，声母相同，韵母有异。

页允氏

《交聘表》：夏知中兴府页允克忠、武节大夫页允思文。

【补】

页允氏，夏知中兴府页允克忠、武节大夫页允思文。【《续通志·氏族略》】

【按】

汤开建《张澍〈西夏姓氏录〉订误》指出，清译本《金史》中"野遇克忠""野遇思文"分别记为"页允克忠""页允思文"，记法同《续通志·氏族略》。

原文行文同《续通志·氏族略》，当转录自此。

邓氏

《交聘表》：大定二十八年三月丁酉朔，夏武功大夫浑进忠、宣德郎邓昌祖贺万春节。①

　　承安四年正月癸巳朔，夏武节大夫李庆源、宣德郎邓昌祖贺正旦。

　　泰和七年正月丁丑朔，夏武节大夫隈敏修、宣德郎邓昌福贺正旦。

纽尚氏

　　按：《续通志》作诺尔桑氏。

　　《交聘表》：大定二十九年正月壬辰朔，夏武功大夫纽尚德昌、宣德郎宇得贤②贺正旦。

　　承安四年八月己丑，夏武节大夫纽尚德昌、宣德郎李公达贺天寿节。

　　泰和六年正月癸未朔，夏武节大夫纽尚德、宣德郎郑勖贺天寿节。③

　　【补】

　　诺尔桑氏，夏武节大夫诺尔桑德昌。【《续通志·氏族略》】

　　【按】

　　《交聘表》泰和六年正月癸未朔之"纽尚德"疑为"纽尚德昌"之误。

馀氏

　　《交聘表》：大定二十九年三月，夏殿前太尉李元贞、翰林学士馀良来陈慰。

　　按：《续通志》作夏翰林学士馀精力。

　　【补】

　　馀氏，夏翰林学士馀精方。【《续通志·氏族略》】

　　【按】

　　《续通志·氏族略》作"夏翰林学上馀精方"，原文误录为"夏翰林学士馀精力"。

---

①　【校】据《金史》卷 61《交聘表中》，"邓昌祖"后脱"等来"二字。

②　【校】据《金史》卷 61《交聘表中》，"宇得贤"为"字得贤"之误。

③　【校】据《金史》卷 62《交聘表下》，"天寿节"为"正旦节"之误。

邹氏

《交聘表》：大定二十九年四月，进奉使御史中丞邹显忠、枢密直学士邹国安①入奠。

廼令氏

按：《续通志》作纳琳氏。

《交聘表》：大定二十九年五月，夏知兴中府事廼令思忠②、秘书少监梁介贺登位。

明昌四年八月，夏御史中丞廼令恩聪③谢横赐。

按：承安四年八月，殿前太尉廼令恩聪与枢密直学士杨德先谢横赐，则恩聪为殿前太尉也。

【补】

纳琳氏，夏知中兴府事纳琳思敬，御史中丞纳琳思聪。【《续通志·氏族略》】

【按】

《金史·交聘表》中"廼令"，《续通志·氏族略》中作"纳琳"。"纳琳"，"廼令"之改译。

唐氏

《交聘表》：章宗明昌元年正月丙辰朔，夏武节大夫唐超、宣德郎杨彦直贺正旦。④

拽税氏

按：《续通志》作雅苏氏。

《交聘表》：明昌元年八月己酉，夏武节大夫拽税守节、宣德郎张仲文

---

① 【校】据《金史》卷61《交聘表中》，"邹国安"为"李国安"之误。
② 【校】据《金史》卷61《交聘表中》，"廼令思忠"为"廼令思敬"之误。
③ 【校】据《金史》卷62《交聘表下》，"廼令恩聪"为"廼令思聪"之误。
④ 【校】据《金史》卷62《交聘表下》，"唐超"为"唐彦超"之误；"杨彦直"为"扬彦直"之误。

贺天寿节。

【补】

雅苏氏，夏武节大夫雅苏守节。【《续通志·氏族略》】

"拽税"与西夏文廗㤹对应。

拽浪氏

《宋史》：太原府兵马钤辖苏安静得夏国拽浪黎来，夏臣又有拽臼。①

【补】

太原府，代州兵马钤辖苏安静得夏国吕宁、拽浪撩黎来合议。【《宋史》卷 485《夏国传上》。参见《长编》卷 193 仁宗嘉祐六年庚辰条、《宋会要》兵 27 之 44。其中"拽浪撩黎"，《长编》作"拽浪獠黎"，《宋会要》作"拽浪潦黎"】

（真宗咸平六月三月）绥州羌部军使拽臼等百九十五口内属。【《宋史》卷 491《党项传》。参见《宋史》卷 7《真宗纪》、《长编》卷 54 真宗咸平六年三月壬辰条】

【按】

绥州羌部军使拽臼内属时间为"真宗咸平六月三月"，当时夏国未立，"夏臣"称号不妥。

"拽浪"，与西夏文姓氏㝵繐对应。"拽臼"，与西夏文姓氏㝵甕对应。"拽浪"与"拽臼"为两个姓氏，原文收录于同一条目下，不妥。

永氏

《交聘表》：明昌二年②丁卯，夏进奉使知中兴府李嗣卿、枢密直学士永昌奉奠皇太后。

【按】

据汤开建《张澍〈西夏姓氏录〉订误》考证，《金史》中的此处"永昌"为"高永昌"之误。

---

① 【校】据《宋史》卷 485《夏国传上》，"拽浪黎"为"拽浪撩黎"之误。
② 【校】据《金史》卷 62《交聘表下》，"明昌二年"后脱"三月"二字。

孰嵬氏

按：《续通志》作舒威氏。

《交聘表》：明昌二年八月丁丑，夏武节大夫孰嵬英、宣德郎焦元昌贺天寿节。①

【补】

舒威氏，夏武节大夫舒威英。【《续通志·氏族略》】

【按】

宋夏沿边有"熟魏族"。《宋史》卷 491《党项传》记载："先叛去熟魏族酋长茄罗、兀藏、成王等三族应诏抚谕，各率属来归。"《宋史》卷 492《吐蕃传》记载："（景德三年）渭州言妙娥、延家、熟嵬等族率三千余帐、万七千余口及羊马数万款塞内附。"

"孰嵬"与"熟魏""熟嵬"音同，疑以族名为姓氏。"孰嵬"与西夏文姓氏𗴲𗷲对应。

史氏

《交聘表》：明昌三年正月乙巳朔，夏武节大夫赵好、宣德郎史从礼贺正旦。

吴哆氏

按：《续通志》作乌伊氏。

《交聘表》：明昌四年正月乙巳朔，夏武节大吴哆遂良、宣德郎高崇德贺正旦。

【补】

乌伊氏，夏武节大夫乌伊遂良。【《续通志·氏族略》】

【按】

夏州有党项种落吴移。《西夏书事》卷 4 记载："夏州盐城镇岌伽罗腻十四族俱党项种落，继迁诱之合，遂与吴移、越移等族结党应援。守文奉诏自三交乘驿趋夏州，偕尹宪引兵至盐城镇。吴移、越移四族请降，岌伽等不应，宪与守文合击之，擒斩千百，焚千余帐。"

---

① 【校】据《金史》卷 62《交聘表下》，"丁丑"当为"乙巳"之误。

又有城寨"吴移"。《西夏书事》卷 18 记载："曩霄遣杨守素持表及地图入献卧贵庞、吴移、已布等城寨九处，并理索过界人四百余户"。

疑此处族名、地名"吴移"中的"移"为"嗦"脱口字旁而成，"吴嗦"与西夏文姓氏骸緅对应。

汤开建《五代辽宋时期党项部落分布》中将"吴嗦"录为"吴移"。

野蒲氏

按：一作也蒲。

《昂吉儿传》：昂吉儿，张掖人，姓野蒲氏，世为西夏将家，父甘卜率所部归太祖。

【补】

昂吉儿，张掖人，姓野蒲氏，世为西夏将家。岁辛巳，父甘卜率所部归太祖，以其军隶蒙古军籍，仍以甘卜为千户主之。【《元史》卷 132《昂吉儿传》】

也蒲甘卜，唐兀氏。岁辛巳，率众归太祖，隶蒙古军籍。奉旨同所管河西人从木华黎出征，以疾卒。【《元史》卷 132《昂吉儿传》】

【按】

《昂吉儿传》出自《元史》，原文脱出处。

"昂吉儿"姓"野蒲氏"，其父"也蒲甘卜"，"野蒲""也蒲"音同，属同音异译，"野蒲"亦作"也蒲"。

和氏

忙哥撒儿为札鲁忽赤，位居三公上，问众僚曰："当以何道守官？"众皆默。又问，有夏人和斡居下坐进曰："夫札鲁忽赤之道犹宰之刲羊也，鲜肩者不使伤其脊，在持平而已。"忙哥撒儿闻之，即起入帐内，众不知所为，皆咎其失言。既入，乃为帝言和斡之言善。帝召见，曰："是可用之才也。"

【按】

"和氏"内容出自《元史》卷 124《忙哥撒儿传》。"和斡"疑为蒙音汉译，以"和"为姓不妥。

庞静氏

按：《续通志》作巴沁氏。

《交聘表》：明昌四年八月辛酉，夏武节大夫庞静师德、宣德郎张崇师贺天寿节。

【补】

巴沁氏，夏武节大夫巴沁师德。【《续通志·氏族略》】

【按】

汤开建《张澍〈西夏姓氏录〉订误》已考订"庞静师德"与"巴沁师德"为同一人。

《杂字·番姓名》中有姓氏"庞青"。"庞静""庞青"读音相近，属同音异译，与西夏文姓氏 𗼨𗆜 对应。

咩铭氏

按：《续通志》作蔑莽氏。

《交聘表》：明昌四年十二月甲午朔，夏殿前太尉咩铭友直、副使枢密直学士李昌辅奉遣进礼物。

【补】

蔑莽氏，夏殿前太尉蔑莽友直。【《续通志·氏族略》】

野遇氏

按：《续通志》作叶里氏。

《交聘表》：明昌五年四月，押进使知中兴府野遇克忠来报谢。八月乙卯，夏武节大夫野遇思文、宣德郎张公辅贺天寿节。①

泰和元年三月乙丑朔，夏右金吾卫上将军野遇思文、知中兴府田文徽来谢恩。②

【补】

---

① 【校】据《金史》卷62《交聘表下》，"明昌四年五月"后脱"壬寅"二字；"押进"后衍"使"字。
② 【校】据《金史》卷62《交聘表下》，"田文徽"后脱"等"字。

叶里，夏主德明母叶里氏、夏主元昊妃叶里氏，又叶里仁荣主蕃学制夏国文字。【《续通志·氏族略》】

【按】

《宋史》卷485《夏国传上》记载："德明小字阿移，母曰顺成懿孝皇后野利氏"；"野利仁荣主蕃学……元昊自制蕃书，命野利仁荣演绎之，成十二卷，字形体方整类八分，而画颇重复"；"元昊凡五娶……三曰宪成皇后野力氏"。又《长编》卷162仁宗庆历八年正月辛未条记载："曩霄凡七娶……五曰野利氏"。

《续通志·氏族略》中夏主德明母"叶里氏"、夏主元昊妃"叶里氏"、主蕃学制夏国文字"叶里仁荣"，《宋史》分别记为"野利氏""野力氏""野利仁荣"。"叶里"为"野利""野力"之转译，非"野遇"之转译，"野利"与"野遇"为两不同姓氏。原文按语误。

"野遇"与西夏文姓氏𗋽𗼺对应。

员氏

《交聘表》：承安元年正月辛己朔，夏武节大夫员元亨、宣德郎元叔贺正旦。①

同氏

《交聘表》：承安元年八月甲戌，夏武节大夫同崇义、宣德郎吕昌邦贺天寿节。

啰啰氏

按：《续通志》作罗伊氏。

《交聘表》：承安二年八月，夏武节大夫啰啰守忠、宣德郎王彦国贺正旦。②
泰和七年八月甲辰朔，夏武节大夫啰啰思忠、宣德郎安礼贺天寿节。

---

① 【校】据《金史》卷62《交聘表下》，"正月辛己朔"为"正月辛巳"之误。
② 【校】据《金史》卷62《交聘表下》，"二年八月"后脱"戊戌"等字；"贺正旦"为"贺天寿节"之误。

【按】

"啰哆"与西夏文姓氏𗼨𘊸对应。

隗氏

《交聘表》：承安三年正月己亥朔，夏武功大夫隗敏修、宣德郎钟伯达贺正旦。

【补】

隗氏，夏武节大夫隗敏修。【《续通志·氏族略》】

斡氏

虞集《西夏相斡公画像赞》曰："公姓斡氏，其先灵武人，从夏主迁兴州，世掌夏国史。公讳道冲，字宗圣。八岁以《尚书》中童子举，长通五经，为蕃汉教授。译《论语注》，别作解义二十卷，曰《论语小义》，又作《周易卜筮断》，以其国字书之，行于国中。官至其国之中书宰相。尝尊孔子为至圣文宣帝，是以画公像列诸从祀。其国郡县之学"①。

按：全祖望跋范氏天一阁所藏薛尚功手书画钟鼎款识有灵武斡玉伦跋。

【按】

《蒙兀儿史记》卷154《色目氏族上》记载："斡氏，唐兀贵族。有斡道冲者，为夏宰相。朵尔赤其曾孙也……斡玉伦徒，朵儿赤孙也。故可知，斡玉伦徒，斡道冲之后裔也。"故原文按语中"灵武斡玉伦"当为"灵武斡道冲"之误。

折哆氏

按：《续通志》作哲伊氏。

《交聘表》：承安三年八月，夏武节大夫折哆俊乂、宣德郎罗世昌贺天

---

① 【校】据《虞文靖公道园全集》，此条中"行于国中"后脱"至今存焉"四字，"中书宰相"后脱"而殁"二字，"尝尊孔子"前脱"夏人"二字，"郡县之学"后脱"率是行之"四字。

寿节。①

【补】

哲伊氏，夏武节大夫哲伊俊乂。【《续通志·氏族略》】

连都氏

《交聘表》：承安五年正月戊子，夏武节大夫连都蔑信、宣德郎丁师周贺正旦，附奏为母疾求医。遣太医时德元、王利贞往诊治。②

按：《续通志》作连都敦信。

【补】

连都氏，夏武节大夫连都敦信。【《续通志·氏族略》】

【按】

"连都"与西夏文姓氏𗧥𗴿对应。

卧氏

按：《续通志》作谔氏。

《交聘表》：泰和元年正月壬子朔，夏武节大夫卧德忠、宣德郎刘筠国贺正旦。

【补】

谔氏，夏武节大夫谔德中。【《续通志·氏族略》】

【按】

《金史·交聘表》中"卧德忠"，《续通志·氏族略》中记作"谔德中"。"谔"，"卧"之转译。"卧"与西夏文姓氏𗤻对应。

汤开建《张澍〈西夏姓氏录〉订误》提出：讹、鄂、额、卧皆一音之转，故应例一目。此姓还有可能为"讹罗"一姓之省称。

——————————

① 【校】据《金史》卷62《交聘表下》，"承安三年八月"后脱"甲午"二字。
② 【校】据《金史》卷62《交聘表下》，"连都蔑信"为"连都敦信"之误；"遣"前脱"诏"字。

柔氏

《交聘表》：泰和元年八月戊寅朔，夏武节大夫柔思义、宣德郎焦思元等贺天寿节。

宇氏

《交聘表》有宣德郎宇得贤。①

【按】

《续通志·氏族略》中有"宣德郎宇德贤"，而《金史·交聘表》中记为"宣德郎字得贤"。又，原文行文及写法与《续通志·氏族略》一致。故疑原文录自《续通志·氏族略》，而非《金史·交聘表》。

天籍辣氏

按：《续通志》作台楚噜氏。

《交聘表》：泰和二年八月庚子朔，夏武节大夫天籍辣忠毅、宣德郎王安道贺天寿节。

【补】

台楚噜氏，夏武节大夫台楚噜忠毅。【《续通志·氏族略》】

【按】

"台楚噜"，"天籍辣"之改译。

崔氏

《交聘表》：泰和三年正月辛未朔，夏武节大夫崔元佐、宣德郎刘彦辅贺正旦。

梅讹氏

按：《续通志》作美赫氏。

《交聘表》：泰和四年正月乙丑朔，夏武节大夫梅讹宇文、宣德郎韩师正贺正旦。

---

① 【校】据《金史》卷61《交聘表中》，"宇得贤"为"字得贤"之误。

【补】

美赫氏，夏武节大夫美赫宇文。【《续通志·氏族略》】

逎来氏

按：《续通志》作萧尔氏。

《交聘表》：闰八月，殿前太尉逎来思聪、知中兴府通判刘俊德来谢横赐。①

【补】

萧尔氏，夏殿前太尉萧尔思聪。【《续通志·氏族略》】

【按】

汤开建《张澍〈西夏姓氏录〉订误》中根据"逎来思聪"与"逎令思聪"的官职，考证出"逎来"与"逎令"为译音之异，属同一姓氏。

"逎来思聪"，《金史·交聘表》中作"逎来思聪"，"逎"即"逎"。

《西夏书事》卷39将两处都记作"逎令思聪"，当不误。

"逎来"与西夏文姓氏 𗴮𗥦 对应。

罔佐氏

《交聘表》：泰和六年，夏李安全废其主纯佑自立，令纯佑母罗氏为表，遣御史大夫罔佐执中奏求册封。②

习勒氏

按：《续通志》作锡勒氏。

《交聘表》：泰和八年五月辛亥，夏殿前太尉习勒遵义、枢密都承旨苏寅孙谢赐生日。

【补】

锡勒氏，夏殿前太尉锡勒遵义。【《续通志·氏族略》】

---

① 【校】据《金史》卷62《交聘表下》，"闰八月"当为"泰和五年闰八月辛巳"；"逎来思聪"当为"逎来思聪"。

② 【校】据《金史》卷62《交聘表下》，"罔佐执中"后脱"等来"等字，"册封"为"封册"之倒。

【按】

"锡勒","习勒"之改译。

权氏

《交聘表》：泰和八年十月己酉，夏武节大夫李世昌、宣德郎朱元杰贺天寿节，御史大夫权鼎雄、枢密直学士李文政谢横赐。[①]

【补】

权氏，夏御史大夫权鼎雄。【《续通志·氏族略》】

唐兀乌密氏

《元史》：察罕，唐兀乌密氏，父曲也怯律，为夏臣。察罕从攻西夏，破肃州，其父方为夏守将，察罕射书招之，且求见其弟。时弟年十三，登城相见，使谕城中早降，其副阿绰等三十六人合谋杀其父子，拼力拒守，及城破，帝欲尽坑之，察罕言百姓无辜也，诛三十六人。夏主坚守中兴，帝遣察罕入城晓以祸福，众方议降，会帝崩，诸将请夏主杀之，复议屠中兴，察罕力谏乃止。

【按】

汤开建《张澍〈西夏姓氏录〉订误》中依《元史》等记载，考证出"唐兀乌密氏"即"唐兀"之"乌密氏"。

又，"察罕"，《蒙兀儿史记》中又记为"嵬名察罕"。卷4《斡歌歹可汗本纪》记载："嵬名察罕围宋庐州"。卷5《古余克可汗本纪》记载："乃蛮真可敦称制之四年秋，可敦命马步军都元帅嵬名察罕帅骑三万，会张柔略地淮西，再攻寿春，不克……元年丙午……命嵬名察罕拓地江、淮。"卷6《蒙格可汗本纪》记载："（元年辛亥）以嵬名察罕、札剌亦儿也柳干统两淮等处蒙兀、汉军。……乙卯……秋七月，张柔会都元帅嵬名察罕于符离，议自亳以南筑通道抵百丈口，中为横堡。"

故"乌密察罕"即"嵬名察罕"，"乌密"与"嵬名"为同音异译。原

----

① 【校】据《金史》卷62《交聘表下》，"泰和八年十月己酉"为"泰和八年十月己卯"之误，"朱元杰"为"米元杰"之误。

文以"唐兀乌密氏"为一姓氏，误。

罗氏

《交聘表》：哀宗正大二年九月，夏国议和①定，夏称弟，各用本国年号，遣光禄大夫吏部尚书李仲谔、南院宣徽使罗世昌、中书省左司郎李绍膺来聘。

塔氏　甘氏

《元史类编》：木华黎由东胜渡河，而西夏主惧，遣塔哥、甘普将兵五万属焉。

【按】

《元史》卷1《太祖纪》记载："木华黎与塔哥甘普引兵取金葭州，进攻绥德，破马蹄、克戎两寨"。卷119《木华黎传》记载："木华黎引兵由东胜州涉河，而西夏河西诸堡悉降。遵顼惧，遣监府塔海宴之，河南使塔哥甘普等以兵五万属焉"。

故疑"塔哥甘普"为一人之名，时任夏"河南使"，原文以"塔""甘"为姓，不妥。

咩氏

按：《续通志》作密氏。

《交聘表》：哀宗正大三年正月丁巳朔，夏遣精鼎瓯匦使武绍德、副仪增御史中丞咩元礼贺正旦。

《宋史·折德扆传》：折克行战葭芦川有功，擢知府州。大酋咩保吴良以万骑来蹑，克行度贼未度隘，纵击，大破之。

【补】

密氏，夏御史中丞密元礼。【《续通志·氏族略》】

【按】

"密"为"咩"之改译。

据汤开建《五代辽宋时期党项部落的分布》考证，"咩保吴良"中的

"咩保"与汉文姓氏中的"咩布"为同音异译,且出自"宁边寨咩保族"。

洼氏

《元史》:夏将洼普等攻金肃城,耶律高家奴等破之,洼普被创去,杀猥货、乙灵纪。

【按】

《辽史》卷20《兴宗纪》记载:"二月丁亥,夏将洼普、猥货、乙灵纪等来攻金肃城,南面林牙耶律高家奴等破之,洼普被创遁去,杀猥货、乙灵纪……丁酉,夏国洼普来降"。

同样的记载亦见于《辽史·西夏外纪》,故原文内容出自《辽史·兴宗纪》或《辽史·西夏外纪》,而非《元史》。

汤开建《张澍〈西夏姓氏录〉订误》提出,"洼"与下文"旺"氏为同一姓氏。

"洼"是否为姓氏,待考。

赏氏

《宋史》:西夏首领赏样丹。

【补】

唃厮啰使其舅赏样丹与厮敦立文法于离王族,谋内寇。【《宋史》卷258《曹玮传》】

三月,秦州曹玮言熟户郭厮敦、赏样丹皆大族,样丹辄作文法谋叛,厮敦密以告,约半月杀之,至是,果携样丹首来。【《宋史》卷492《吐蕃传》】

【按】

汤开建《张澍〈西夏姓氏录〉订误》提出:"查《宋史》赏样丹并无'西夏首领'之称。""赏样丹乃吐蕃部落人,非'西夏首领'"。

威赫氏

《辽史》:兴宗十九年正月,遣使问罪于夏,夏将旺布等攻之。肃城耶律高嘉努等破之,旺布被创遁去,杀威赫伊特绫结。五月,旺布来降。

【按】

有关"威赫氏"攻"金肃城"一事，《辽史》卷20《兴宗纪》与卷115《西夏外纪》中皆有记载，内容一致："二月丁亥，夏将洼普、猥货、乙灵纪等来攻金肃城，南面林牙耶律高家奴等破之，洼普被创遁去，杀猥货、乙灵纪……丁酉，夏国洼普来降"。《续通志·氏族略》则记为："辽兴宗十九年正月，遣使问罪于夏，夏将旺布等攻之肃城，耶律高嘉努等破之，旺布被创遁去，杀威赫伊特凌结。五月，旺布来降"。

原文与《续通志·氏族略》完全一致，与《辽史·兴宗纪》《辽史·西夏外纪》所记事件一致，人名相异。所以，原文当转录自《续通志·氏族略》而非《辽史》。

"旺布"即"洼普"之改译，"威赫伊特绫结"即"猥货乙灵结"之改译。另外，此"猥货乙灵纪"或作"猥货、乙灵纪"。

旺氏

《辽史》：夏将旺布，详见威赫氏。

【按】

"旺布"即"洼普"之改译，与"洼氏"重复罗列。"旺"是否姓氏，亦须再考。

汤开建《张澍〈西夏姓氏录〉订误》以"洼""旺"为姓氏，当商榷。

赏罗氏

《宋史》：环州种朴获夏赏罗鄂齐家属。

【按】

"环州种朴获夏赏罗鄂齐家属"事件，《宋史》卷486《夏国传下》记载："环州种朴徼赤羊川，获赏啰讹乞家属百五十余口，孳畜五千"。《续通志·氏族略》记载："赏罗氏，宋环州种朴获夏赏罗鄂齐尔家属"。

原文与《续通志·氏族略》完全一致，当自此转录，而非《宋史》。

美勒氏

按：一作妹勒氏。

《宋史》：折可适获夏监军美勒都辅。按："辅"一作"逋"，为折可适掩获。

【按】

《宋史》中无"美勒都辅"，而有"妹勒都逋"或"昧勒都逋"。

《宋史》卷486《夏国传下》记载："元符元年十二月，泾原折可适掩夏西寿统军嵬名阿埋、监军妹勒都逋，获之"①。

《宋史》卷253《折可适传》记载："嵬名阿埋、昧勒都逋，皆夏人桀黠用事者，诏可适密图之。会二酋以畜牧为名会境上，可适谍知之，遣兵夜往袭，并俘其族属三千人，遂取天都山"②。

"妹勒都逋"与"昧勒都逋"音近，且皆为折可适所获夏监军，所以，当即原文"美勒都辅"。

"美勒都辅"见于《续通志·氏族略》："美勒氏，宋折可适获夏监军美勒都辅。"

原文行文与《续通志·氏族略》相同，当自此转录，而非直接录自《宋史》。

"妹勒"同西夏文姓氏𘜶𗦸对应。

星多氏

《宋史》：夏右厢监军星多保忠。

【补】

（元丰四年十月）（李）宪营于天都山下，焚夏之南牟内殿并其馆库，追袭其统军仁多唛丁，败之，擒百人，遂班师。……崇宁三年，蔡京秉政，

---

① 西夏监军"妹勒都逋"亦见于《长编》卷500元符元年七月己酉条、卷504元符元年十二月壬辰条、卷505元符二年正月己酉条、卷506元符二年二月庚寅条、卷507元符二年三月己未条；《东都事略》卷127、卷128；《宋会要》兵8之33、兵17之6；《三朝北盟会编》卷60。

② 西夏监军"昧勒都逋"亦见于《东都事略》卷104《折可适传》；《宋会要》蕃夷6之37；《姑溪居士后集》卷20《折渭州墓志铭》。

使熙河王厚招夏国卓罗右厢监军仁多保忠，厚云："保忠虽有归意，而下无附者。"章数上，不听。京愈责厚急，乃遣弟诣保忠，许还，为夏之逻者所获，遂追保忠赴牙帐。厚以保忠纵不为所杀，亦不能复领军政，使得之，一匹夫耳，何益于事。京怒，必令金帛招致之。【《宋史》卷486《夏国传下》】

星多氏，夏右厢监军星多保忠。【《续通志·氏族略》】

【按】

查《宋史》无"星多保忠"，而有右厢监军"仁多保忠"。《宋史》卷486《夏国传下》记载："崇宁三年，蔡京秉政，使熙河王厚招夏国卓罗右厢监军仁多保忠"。

原文行文及写法与《续通志·氏族略》一致，所以，当录自《续通志·氏族略》，而非直接录自《宋史》。

如定氏

《宋史》：夏主兵马使如定多丹玛，又使宋议事官如定聿捨。

【按】

《宋史》卷485《夏国传上》记载："以钟鼎臣典文书，以成逋克成、赏都卧豁、如定多多马、窦惟吉主兵马……元昊亦遣如定聿捨、张延寿、杨守素继来"。

《续通志·氏族略》记载："如定氏，夏主兵马使如定多丹玛，又使宋议事如定聿捨"。

从行文与写法看，原文当转录自《续通志·氏族略》，而非《宋史》。

"如定"与西夏文姓氏𗁶𘜶对应。

聿氏

《宋史》：夏元昊臣聿捨，谅祚臣聿则庆。又有聿精、聿正进，聿正聿正常使宋。

【补】

元昊亦遣如定聿捨、张延寿、杨守素继来。【《宋史》卷485《夏国传上》】

嘉祐元年，母没藏氏薨，遣祖儒嵬多聿则、庆瑭及徐舜卿来告哀。【《宋

史》卷 485《夏国传上》，参见《长编》卷 184 仁宗嘉祐元年十二月甲子条】

八年七月，遣使丁掌嵬名谟铎、副使吕则陈聿精等来奠慰。【《宋史》卷 486《夏国传下》，参见《长编》卷 358 神宗元丰八年七月乙巳条】

十月，遣芭良嵬名济赖、升聂张聿正进助山陵礼物。【《宋史》卷 486《夏国传下》，参见《长编》卷 360 神宗元丰八年十月甲子条】

【按】

原文夏元昊臣"聿捨"当为"如定聿捨"。

原文"谅祚臣聿则庆"当为"嵬多聿则、庆瑭"之误。"庆瑭"，《西夏书事》卷 31 释为"蕃官名也"。

原文"聿精"为"陈聿精"之误。

原文"聿正进"为"张聿正进"之误，其中"进"非人名中字，句读误。

原文"聿正聿正常使宋"，当为"聿精聿正常使宋"之误。

"聿"为人名中一字，而非西夏姓氏。

汤开建《张澍〈西夏姓氏录〉订误》考：《西夏姓氏录》所列"聿氏"为西夏人名中用字，不为西夏之姓氏，"聿正常"不知所出。将"聿正常"作为人名，误。

呼氏

《宋史》：夏人呼珍来讲和。

【补】

夏人呼珍来讲和，吕整、景思义相继而行，夏人髡思义囚之，而城围者已浃旬矣。【《宋史》卷 486《夏国传下》】

呼氏，夏人呼珍。【《续通志·氏族略》】

【按】

"呼"是否为姓氏，待考。汤开建《张澍〈西夏姓氏录〉订误》认为源于"呼延"。

嵬氏

《宋史》：夏蕃部巡检嵬通，又进表使嵬崖祢。

【补】

（景祐元年）庆州柔远砦蕃部巡检嵬通攻破后桥诸堡，于是元昊称兵报仇……谨遣弩涉俄疾、你斯闷、卧普令济、嵬崖你奉表以闻。【《宋史》卷485《夏国传上》。参见《长编》卷115仁宗景祐元年七月甲寅条，其中"嵬通"作"嵬逋"】

【按】

"嵬通"，北宋庆州柔远砦蕃部巡检，非西夏蕃部，原文录为西夏姓氏，不妥。

"嵬崖祢"，《宋史》作"嵬崖你"。

又《续通志·氏族略》记载："嵬氏，夏蕃部巡检嵬通，又进表使嵬崖"。

通过比较，原文行文更接近于《续通志·氏族略》，故当自此转录。

另外，"嵬"是否为姓，待考。

鼎氏

《宋史》：夏使臣鼎利。

【补】

遣鼎利罔豫章来贺哲宗即位。【《宋史》卷486《夏国传下》】

【按】

《西夏书事》卷20记载："汉设各部尚书、侍郎、南北宣徽院使及中书学士等官，蕃增昂聂、昂星、谟箇、阿泥、芭良、鼎利、春约、映吴、祝能、广乐、丁努诸号。"

汤开建《张澍〈西夏姓氏录〉订误》依《宋史》及《西夏书事》记载，考证出"鼎利"为人名"罔豫章"的蕃号官名。

另外，《续通志·氏族略》记载："鼎氏，夏使臣鼎利。"故原文当转录自《续通志·氏族略》，而非《宋史》。

谟氏

《宋史》：夏使臣谟箇。

【补】

遣使谟箇咩迷乞遇来贡。【《宋史》卷486《夏国传下》】

【按】

汤开建《张澍〈西夏姓氏录〉订误》考证提出，"谟箇"为"咩迷乞遇"之蕃号官名。

"谟箇"又见于《续通志·氏族略》，即"谟氏，夏使臣谟箇"。

原文当转录自《续通志·氏族略》，而非《宋史》。

额氏

《宋史》：夏监军额博啰。

【按】

原文内容见于《续通志·氏族略》，即"额氏，夏监军额博啰。"原文当转录自此，而非《宋史》。

《宋史》卷486《夏国传下》记载："夏人千余骑来追，战却之，擒监军讹勃啰及首领泪丁讹遇"。[①] 其中的"监军讹勃啰"即"监军额博啰"，"额博"为"讹勃"之改译。

另外，史料中还有"讹勃遇"。《宋史》卷16《神宗纪》3记载："环庆经略司遣将与夏人战，破之，斩其统军嵬名妹精嵬、副统军讹勃遇"。《西夏书事》卷25中亦有"部酋讹勃哆"。故疑以"讹勃"为姓，而非"讹"。

慕氏

《宋史》：夏枢密使慕洧降金，后逃归，其弟慕濬。

【补】

（宣和四年）十月，环庆路统制慕洧叛，降于夏国。……夏枢密使慕洧弟慕濬谋反，伏诛。【《宋史》卷486《夏国传下》】

慕氏，夏枢密使慕洧弟慕濬。【《续通志·氏族略》】

【按】

据汤开建《张澍〈西夏姓氏录〉订误》考证提出，"慕洧"即"慕容

---

① 此内容亦见于《长编》卷513元符二年七月甲子条，标点本作"讹勃啰"，影印本作"额伯尔"。

洧"。"慕容洧"出自环州属羌慕家族，源于吐谷浑。

叶朗氏

《宋史》：夏将有叶朗罗里。

【按】

汤开建《张澍〈西夏姓氏录〉订误》通过《宋史》与《长编》互校，指出"拽浪"与"叶朗"为译音之异，故应同列一目。

查《宋史》中无"叶朗罗里"。

《续通志·氏族略》中有"叶朗罗里"，即："叶朗氏，夏人叶朗罗里。"

行文同原文一致。故原文当转录自《续通志·氏族略》，而非《宋史》，"叶朗"当为四库馆臣之译法。

铸督氏

《宋史》：夏大首领铸督延巴。

【补】

（淳化）五年，折平族大首领、护远州军铸督延巴率六谷诸族马千余匹来贡。【《宋史》卷 492《吐蕃传》】

【按】

汤开建《张澍〈西夏姓氏录〉订误》中指出："折平族出自《宋史》收《吐蕃传》中，可见，当为吐蕃部族，《夏录》却作夏大首领，当误。"

另外，"铸督延巴""率六谷诸族"，当隶属于吐蕃凉州六谷政权。

因此，"铸督延巴"当为凉州六谷政权下的吐蕃折平族大首领，臣属北宋，而非夏首领。

卫慕氏

《宋史》：夏国主李继迁母卫慕氏，宋封魏国太夫人。

【补】

寻遣弟继瑗来谢恩，授继瑗亳州防御使，封继迁母卫慕氏卫国太夫人，子德明为定难军节度行军司马。【《宋史》卷 485《夏国传上》】

【按】

《宋史》中封继迁母为"卫国太夫人"，原文记为"魏国太夫人"。另外，咸平年间，宋封李继迁为"夏州刺史、定难军节度、夏银绥宥静等州观察处置押蕃落等使"，原文以为"夏国主"，误。

《续通志·氏族略》有："卫慕氏，夏主李继迁母卫慕氏，宋封魏国太夫人。"

原文行文与《续通志·氏族略》一致，当转录自此，非而《宋史》。

"卫慕"与西夏文姓氏𗑠𘃡对应。

叶里氏

按：即野遇氏，亦即野利氏。

《宋史》：野利遇乞善用兵，元昊分山界战士之半付之，中国尤苦边患。庆历中，种世衡用间杀遇乞，元昊遂衰。

《宋史》：夏主德明母叶里氏，元昊妃亦叶里氏。又野里仁荣主蕃学，制夏国文字。一云：元昊自制蕃书，命仁荣演绎之，成书十二卷，字形体方整，分而书，颇重复，国人纪事用蕃书。又野利荣弟旺令。

【补】

初，世衡在青涧城，元昊未臣，其贵人野利刚浪崚、遇乞兄弟有材谋，皆号大王。亲信有事，边臣欲以谋间之。……庆历二年，鄜延经略使庞籍，两为保安军守刘拯书，赂蕃部破丑以达野利兄弟，而泾原路王沿、葛怀敏亦遣人持书及金宝以遗遇乞……世衡闻野利兄弟已诛，为文越境祭之。【《宋史》卷335《种世衡传》】

德明小字阿移，母曰顺成懿孝皇后野利氏，即位于枢前。……元昊自制蕃书，命仁荣演绎之，成书十二卷，字形体方正类八分，而书画颇重复，国人纪事用蕃书……元昊使文贵与王嵩以其臣旺荣、其弟旺令嵬名环、卧誉浄三人书议和。……元昊凡五娶……三曰宪成皇后野力氏。【《宋史》卷485《夏国传上》】

【按】

原文夏主德明母"叶里氏"、元昊妃"叶里氏"、主蕃学制夏国文字之"野里仁荣"，《宋史》分别作"野利氏""野力氏""野利仁荣"。

汤开建《〈宋史・夏国传〉人名标点勘误九则》考证，原文"野利荣弟旺令"当为"其臣旺荣、其弟旺令"之误读。其中"旺令"，"当为嵬名环之职"。①

"叶里氏"不见于《宋史》，而见于《续通志・氏族略》。即"叶里氏，夏主德明母叶里氏、夏主元昊妃叶里氏、又叶里仁荣主蕃学，制夏国文字"。故原文当转录自《续通志・氏族略》，而非《宋史》。

"野利"与"野遇"为两不同姓氏，原文按语误，详见"野遇氏"。

"野利"与西夏文姓氏𗼨𗲪对应。

屈怀氏

《宋史》：夏国主德明妃屈怀氏。按：《长编》有"屈怀氏生成嵬"。

【补】

德明娶三姓，卫慕氏生元昊，咩迷氏生成遇，讹藏屈怀氏生成嵬。

【《宋史》卷 485《夏国传上》】

【按】

《长编》卷 111 仁宗明道元年十一月壬辰条记载："夏王赵德明凡娶三姓，米母氏生元昊，咩迷氏生成遇讹藏，屈怀氏生成嵬"。

汤开建《张澍〈西夏姓氏录〉订误》依上文资料考证，"屈怀"当为西夏姓氏"讹藏屈怀"之部分。

《长编》卷 115 仁宗景祐元年十月丁卯条又记载："元昊复立讹藏屈嚷氏为兀泥。兀泥者，太后也。"

元昊所立太后，当为德明之妻，"讹藏屈嚷氏"与"讹藏屈怀"为同一人。"屈怀"为"讹藏屈怀"之部分，当无误。

另外，影印本《长编》中"讹藏屈嚷氏生成嵬"作"额藏渠怀氏生沁威"，而按语中明确指出："《长编》作屈怀氏生成嵬"，人名写法与清译本不同，不知何故。

原文行文与《续通志・氏族略》一致，即"屈怀氏，夏主德明妃屈怀氏"。当转录自《续通志・氏族略》，而非《宋史》。

《西夏书・官氏考》收录"讹藏屈怀"及"讹藏"。

---

① 　汤开建：《〈宋史・夏国传〉人名标点勘误九则》，《史学月刊》1982 年第 5 期。

密密氏

《宋史》：夏国主德明妃密密氏。又按：宋使密密乞。

【按】

"密密氏"不见于《宋史》，而见于《续通志·氏族略》，即"密密氏，夏主德明妃密密氏，又贡宋史密密乞遇"。①

故原文当转录自《续通志·氏族略》，而非《宋史》。另外，原文"又按宋使"当为"又贡宋使"之误。

《宋史》卷485《夏国传上》记载："德明娶三姓……咩迷氏生成遇。"②卷486《夏国传下》记载："遣使谟箇咩迷乞遇来贡。"其中的人名分别与"德明妃密密氏""密密乞"为同一人，"咩迷"即"密密"，"密密"出自《续通志·氏族略》，为"咩迷"之改译。

下文亦列有"咩迷氏"。

默藏氏

按：即没藏氏。

《宋史》：夏国主元昊妃默藏氏生谅祚。按：没藏氏本野利遇乞之妻。曩霄族遇乞、刚浪凌、城逋三家，后悔之。下令访遗口，得遇乞妻阎于三香家，后与之私通。野利氏觉之，不忍诛。遇乞妻乃出为尼，号没藏大师。曩霄死，伪号太后，生谅祚，政在没藏氏。

【按】

夏国主元昊妃"默藏氏"不见于《宋史》，而见于《续通志·氏族略》，即"默藏氏，夏主元昊妃默藏氏，生谅祚"。原文行文与《续通志·氏族略》完全一致，当转录自此。

有关生谅祚之妃，《宋史》卷486《夏国传下》记载："（元昊）凡五娶……二曰宣穆惠文皇后没藏氏，生谅祚。""没藏"即"默藏"。

有关元昊妃"没藏氏"，现标点本《长编》卷162仁宗庆历八年正月辛未条记载："会有告遇乞兄弟谋以宁令哥娶妇之夕作乱，曩霄遂族遇乞、刚浪

---

① "贡宋史"当为"贡宋使"之误。

② 此内容亦见于《长编》卷110仁宗明道元年十一月壬辰条。

凌、城逋等三家。既而野利氏诉，我兄弟无罪见杀，曩霄悔恨，下令访遗口，得遇乞妻阎于三香家。后与之私通，野利氏觉之，不忍诛，遇乞妻乃出为尼，号没藏大师。……既娠而曩霄死。……遂立没藏尼，伪号太后。……谅祚生，以毛惟昌、高怀正之妻更乳之，而政在没藏氏。"记载同原文按语完全一致，可能《长编》在当时除四库本外还有其他版本，或原文参考了其他史料。

"没藏"与西夏文姓氏𣅀𦁅对应。

摩益氏

《宋史》：夏国主元昊妃摩益氏。

【按】

"摩益氏"，不见于《宋史》，而见于《续通志·氏族略》，"摩益氏，夏主元昊妃摩益氏"。原文行文与《续通志·氏族略》相同，当转录自此。

《宋史》卷485《夏国传上》中记有元昊妃"曰妃没㖫氏"。

《宋史》中"没㖫"脱口字旁后，读音同"摩益"，《续通志·氏族略》中"摩益"当即"没㖫"脱口字旁后之改译。

据汤开建《张澍〈西夏姓氏录〉订误》考证，下文所录"没移氏"，即"摩益氏"。其中的"没移氏"实为"没㖫"之误。

西壁氏

《元史·太祖纪》：俘西夏太傅西壁氏。

【补】

克兀剌海城，俘其太傅西壁氏。……遣太傅讹答入中兴，招谕夏主，夏主纳请和。【《元史》卷1《太祖纪》】

【按】

"西壁"与西夏文姓氏𗼃𗼕对应，又译作"鲜卑"。

觅诺氏

《宋史》卷7《真宗纪》：祥符三年，以西凉州觅诺族瘴疫，赐药。

【补】

（大中祥符三年五月）壬午，以西凉府觅诺族瘴疫，赐药。【《宋史》卷

7《真宗纪》2】

【按】

汤开建《张澍〈西夏姓氏录〉订误》依《宋史》卷492《吐蕃传》中"西凉府觅诺族瘟疫,赐首领温逋药"及"西凉府既闻罗支遇害,乃率龛谷、兰州、宗哥、觅诺诸族攻者龙六族"等记载,考订出觅诺族为潘罗支政权下的吐蕃部族,不应纳入西夏姓氏当中。

克氏

《宋史》:元昊以克成赏主兵马。

【补】

以成逋、克成赏、都卧、�如定、多多马窦、惟吉主兵马。【《宋史》卷485《夏国传上》,参见《长编》卷120仁宗景祐四年十二月癸未条】

【按】

是否以"克"为姓,待考。

汤开建《张澍〈西夏姓氏录〉订误》提出,"如定"在西夏汉文本《杂字》中列为姓氏,据此,此句可断为:"成逋克成、赏都卧�、如定多多马、窦惟吉"。故"成逋""赏都""如定"为党项姓氏,而"克""�如""多多"均不应为西夏姓氏。

瞎氏

《宋史·仁宗纪》:西蕃瞎氈来贡。又,《神宗纪》:河州首领瞎药等来降。又,景思立趋武胜城,瞎药弃城遁。

【补】

(庆历六年)是岁,邈川首领唃厮啰、西蕃瞎毡、磨毡角、安化州蛮蒙光速等来贡。交阯献驯象十。道州部泷酋李石壁等降。【《宋史》卷11《仁宗纪》3】

十一月癸丑,河州首领瞎药等来降,以为内殿崇班,赐姓名包约。【《宋史》卷15《神宗纪》2】

(熙宁五年)闰七月,遣部将景思立、王存以泾原兵出南路,王韶由东谷径趋武胜,未至十余里,逢夏人战,遂至其城,瞎药弃城夜遁,大首领曲

撒四王阿南珂出奔，乃城武胜。【《宋史》卷486《夏国传下》，参见《长编》卷237神宗熙宁五年八月甲申条】

【按】

汤开建《张澍〈西夏姓氏录〉订误》中据《宋史》及《东都事略》记载，考"瞎毡"为河湟吐蕃唃厮啰之子，"瞎药"为吐蕃青唐族大首领，两者皆为吐蕃部落人。"瞎"多见于吐蕃人名的第一个字，非姓氏。

另外，"景思立趋武胜城，瞎药弃城遁"出自《宋史·夏国传》，非《宋史·神宗纪》。

撒逋氏

《宋史》：西夏折平族首领撒逋渴为顺州刺史。

【补】

（景德三年）仍以折平族首领撒逋渴为顺州刺史。【《宋史》卷492《吐蕃传》，参见《长编》卷63真宗景德三年五月戊辰条】

【按】

汤开建《张澍〈西夏姓氏录〉订误》中指出，折平族前的"西夏"二字为作者所加，"折平族"出自《宋史·吐蕃传》，不应纳入西夏姓氏之中。

药氏

《宋史·王君万传》：君万略地，忽一骑跃出，矛将及，君万侧身避之，回击斩其首，乃羌酋药厮逋。

【补】

王师定武胜，首领药厮逋邀劫于阗贡物，帅师讨焉。君万出南山，履险略地。羌潜伏山谷间，忽一骑路出，横矛将及，君万亟侧身避之，回首奋击，斩以殉。其众惊号，相率听命，所斩乃药厮逋也。【《宋史》卷350《王君万传》】

【按】

汤开建《张澍〈西夏姓氏录〉订误》中据《宋史》记载指出，"药厮逋"当为武胜军一带的吐蕃部族首领，不应列入西夏姓氏中。

约啰氏

《宋史·交聘表》：夏侍御史约啰特默格。

列传有崇义军节度使约啰特伯。

【按】

《宋史》无《交聘表》，"约啰特默格"及"约啰特伯"亦不知出处。

谔氏

《宋史》：西夏武节大夫谔德臣。

【按】

《宋史》中无"西夏武节大夫谔德臣"。《续通志·氏族略》中谔氏条下有"夏武节大夫谔德中"。疑原文"谔德臣"为"谔德中"之误，依《续通志·氏族略》而录。

《金史》卷62《交聘表》有"武节大夫卧德忠"。"卧德忠"即"谔德中"。"谔"，"卧"之改译。

客藏氏

《姓氏辨证》：李元昊子谅祚，其母客藏氏为尼。又大臣客藏鄂特彭专政，又女妻谅祚，谅祚杀鄂特及其女。

按：谅祚母，一作没藏氏，又作讹藏氏。《氏族略》：元昊子宁令受纳没藏讹庞之妹，生谅祚。按《宋史》：元昊为子宁令受娶没藏讹庞之妹，闻其美，自娶之，生谅祚也。一云：元昊子宁令受娶野利氏，闻其美，自娶之。其说差互如此。

【按】

《宋史》卷485《夏国传上》记载："（元昊）凡五娶……二曰宣穆惠文皇后没藏氏，生谅祚。"又《宋史》卷486《夏国传下》记载："两岔，河名也，母曰宣穆惠文皇后没藏氏，从元昊出猎，至此而生谅祚，遂名焉。""嘉祐元年，母没藏氏薨。"【《宋史》卷486《夏国传下》】

故元昊所娶且生谅祚者为"没藏氏"，《姓氏辨证》作"客藏氏"。"客藏"，"没藏"之异译，原文重复罗列。

《长编》卷162仁宗庆历八年正月辛未条记载："没藏，大族也，讹庞为之长。谅祚生，以毛惟昌、高怀正之妻更乳之，而政在没藏氏。"

故原文中"又大臣客藏鄂特彭专政"中的"客藏鄂特彭"，即没藏氏之兄"没藏讹庞"的异译。

"没藏"与"讹藏"为两不同姓氏，原文按语"没藏氏又作讹藏氏"，误。

元昊为宁令哥娶而后自娶之"没移氏"非"没藏氏"，且出自《长编》而非《宋史》。《长编》卷162仁宗庆历八年正月辛未条记载："曩霄凡七娶……七曰没移氏，初，欲纳为宁令哥妻，曩霄见其美，自取之，号为新皇后。"

"元昊子宁令受娶野利氏，闻其美，自娶之"，不知出处。

汤开建《张澍〈西夏姓氏录〉订误》中考证："没藏"，清译本中作"额藏"，《古今姓氏书辨证》中作"密藏"，三者应同列一目。查清译本亦作"密藏"。

革氏

《宋史》：夏国兰会正钤革瓦娘以部落来降。

【补】

（元符二年）五月，夏兰会正钤辖革瓦娘以部落来降，授内殿崇班。【《宋史》卷486《夏国传下》】

【按】

"革瓦娘"显然是人名的音译，以"革"为姓，误。

握氏

《宋史》：夏首领握散。

【补】

（至道）二年四月，折平族首领握散上言，部落为李继迁所侵，愿会兵灵州以备讨击，赐币以答之。【《宋史》卷492《吐蕃传》】

【按】

汤开建《张澍〈西夏姓氏录〉订误》指出，"握散"为"折平族"首领，并非"西夏首领"，折平族为吐蕃部族，故"握散"不应列入西夏姓氏。

没细氏

《松漠纪闻》夏国贺金正表末云：大使武功郎没细好德、副使宣德郎李膺。①

【按】

“没细”与西夏文姓氏𗞞𗉠对应。

汤开建《张澍〈西夏姓氏录〉订误》考证，姓氏“没细”出自丰州“没细族”。

圣氏

《宋史》：罗支遣官圣腊来贡。

【补】

罗支又遣蕃官吴福圣腊来贡，表言感朝廷恩信，愤继迁倔强，已集骑兵六万，乞会王师收复灵州。……又以吴福圣腊为安远将军，次首领兀佐等七人为怀化将军。【《宋史》卷492《吐蕃传》；参见《长编》卷63真宗咸平六年二月己卯条；《宋会要》方域21之17】

【按】

“圣腊”实则“吴福圣腊”，且为凉州六谷吐蕃部，受宋册封，非西夏官员。“圣”为人名用字，非姓氏。汤开建《张澍〈西夏姓氏录〉订误》已考证出原文“将一人分作两人误录其姓”。

映氏

《宋史》：夏大使映吴。

【补】

元祐二年三月，夏遣大使映吴嵬名谕密、副使广乐毛示聿等诣太皇太后进驼、马以谢奠慰。【《宋史》卷486《夏国传下》】

【按】

汤开建《张澍〈西夏姓氏录〉订误》提出：“映吴”“广乐”为西夏使臣的蕃号官名，原文以官名为姓氏，误。

① 【校】据《松漠纪闻》，“李膺”为“季膺”之误。

渴氏

《宋史》：宋以仪州延蒙八部都首领渴哥领化州刺史。

【补】

（咸平）二年，以仪州延蒙八部都首领渴哥领化州刺史。【《宋史》卷492《吐蕃传》】

【按】

汤开建《张澍〈西夏姓氏录〉订误》指出，"渴哥"之事，收入《宋史·吐蕃传》中，是吐蕃部族，不应列入西夏姓氏中。

透氏

《宋史》：宋以夏首领透逼为怀化郎将。

【补】

（咸平）二年，以仪州延蒙八部都首领渴哥领化州刺史，首领透逼等为怀化郎将。【《宋史》卷492《吐蕃传》】

【按】

"透逼"当为"透逼"之误。

另外，汤开建《张澍〈西夏姓氏录〉订误》指出，"透逼"为"延蒙八部"都首领，而不是西夏首领。吐蕃"延蒙八部"出自《宋史·吐蕃传》，所以，"透逼"为吐蕃部族人，不应列入西夏姓氏中。

妙氏

《宋史》：渭州言，妙延家率熟嵬等族千余帐万七千口款塞。

【补】

（景德三年）渭州言妙娥、延家、熟嵬等族率三千余帐、万七千余口及羊马数万款塞内附。【《宋史》卷492《吐蕃传》】

【按】

汤开建《张澍〈西夏姓氏录〉订误》已考证出原文两处讹误。"渭州言妙娥、延家、熟嵬等族"，原文录为"妙延家率熟嵬等族"；"妙娥"为一吐蕃部族，不应列入西夏姓氏中。

介氏

《宋史》：夏臣有介分。

【按】

《宋史》中无夏臣"介分"，此人名亦未见于其他文献。

汤开建《张澍〈西夏姓氏录〉订误》提出，"介分"可能是"令分"之误录。①

泪丁氏

《宋史》：种朴禽夏首领泪丁讹遇。

【补】

环州种朴徼赤羊川，获赏啰讹乞家属百五十余口，孳畜五千。夏人千余骑来追，战却之，擒监军讹勃啰及首领泪丁讹遇。【《宋史》卷486《夏国传下》；参见《长编》卷513元符二年七月甲子条；《宋会要》兵8之35】

韩玉氏

《书史会要》：韩玉伦都，字克庄，西夏人，官至山南廉访使，以文章事业著，书迹亦佳。

【补】

《书史会要》：斡玉伦都，字克庄，西夏人，官至山南廉访使，以文章事业著，书迹亦佳。

【按】

《蒙兀儿史记》卷154《色目氏族上》记载："斡玉伦徒，字克庄，工部侍郎，预修《宋史》。"

"斡玉伦徒"，原文误录为"韩玉伦都"。

另外，西夏有宰相"斡道冲"，"斡玉伦徒"之先祖，故当为"斡氏"，而非"斡玉氏"。

---

① 《宋史》卷486《夏国传下》有："十月，遂克米脂，降守将令分讹遇"。

散氏

《宋史》：西夏人散入昌。

【补】

（元丰六年六月）遣使谟箇咩迷乞遇来贡，表曰："夏国累得西蕃木征王子书……西蕃再遣使散八昌郡、丹星等到国，称南朝语言计会，但当遣使赍表，自令引赴南朝。"【《宋史》卷 486《夏国传下》；参见《长编》卷 350 神宗元丰七年十一月甲辰条】

【按】

"散八昌郡"，原文误录为"散入昌"。

汤开建《张澍〈西夏姓氏录〉订误》考证："散八昌郡"，为吐蕃人，非西夏人。

弩涉氏

《宋史》：元昊臣弩涉俄疾。

【补】

谨遣弩涉俄疾、你斯闷、卧普令济、嵬崖妳奉表以闻。【《宋史》卷 485《夏国传上》；参见《长编》卷 123 仁宗宝元二年正月辛亥条】

【按】

"弩涉俄疾"，应该是音译人名，以人名首字为姓，误。

哩鼎氏

《宋史》：西夏首领哩鼎阿裕尔。

【按】

《宋史》中无"西夏首领哩鼎阿裕尔"。

《续通志·氏族略》记载："哩鼎氏，夏首领哩鼎阿裕尔"。原文当转录自《续通志·氏族略》，而非《宋史》。

你氏

《宋史》：元昊臣你斯闷。

《金史》赤盏合喜生擒夏将你思丁。

【补】

谨遣弩涉俄疾、你斯闷、卧普令济、嵬崖妳奉表以闻。【《宋史》卷 485《夏国传上》，参见《长编》卷 123 仁宗宝元二年正月辛亥条】

讯知夏大将你思丁、兀名二人谋，以为巩帅府所在，巩既下，则临洮、积石、河、洮诸城不攻自破，故先及巩，且构宋统制程信等将兵四万来攻。【《金史》卷 113《赤盏合喜传》】

【按】

"你思丁"出自《金史·赤盏合喜传》。

"你思"与"你斯"，读音相近，且皆为姓名之首，疑为姓氏。原文以"你"为姓，疑误。

鬼氏

《宋史》：西夏鬼章，种师道破禽之。

【补】

（姚兕）与种谊合兵讨鬼章于洮州，破六逋宗城，夜断浮桥，援兵不得度，遂擒鬼章。【《宋史》卷 349《姚兕传》】

【按】

汤开建《张澍〈西夏姓氏录〉订误》提出，"鬼章"为吐蕃将，非西夏人，并考证出擒鬼章者为"种谊"，非"种师道"。

青氏

《游师雄传》：西夏将青宜结与鬼章素号黠桀，又有青宜可。

【补】

吐蕃寇边，其酋鬼章青宜结乘间胁羌构夏人为乱。【《宋史》卷 332《游师雄传》】

青宜可者，吐蕃之种也……上以青宜可为叠州副都总管，加广威将军。【《金史》卷 98《完颜纲传》】

【按】

《长编》卷 323 元丰五年二月癸酉条有"青宜结鬼章止称鬼章"之语；卷 285 神宗熙宁十年十一月庚午条有"以西蕃邈川首领董毡、都首领青宜结鬼章为廓州刺史”；卷 404 神宗元祐二年八月丁未条有“生擒西蕃大首领鬼章青宜结”。

汤开建《张澍〈西夏姓氏录〉订误》依上文资料考证出“青宜结鬼章”为一人，且为吐蕃大首领。

“青宜可”见于《金史》，为附金吐蕃部族，非西夏人。

心牟氏

《宋史》：鬼章使子结呃龊入寇，心牟钦毡、温鸡心不肯从，诏以二人为团使。

【补】

鬼章又使其子结呃龊入寇，心牟钦毡、温溪心不肯从，诏以二人为团练使。【《宋史》卷 492《吐蕃传》】

【按】

汤开建《张澍〈西夏姓氏录〉订误》认为：“心牟钦毡，乃青唐大酋，可见为吐蕃部落人无疑，不应收入西夏姓氏之中”。

另外，《宋史·吐蕃传》之“温溪心”，原文录为“温鸡心”，不知依何版本而录。

青唐氏

《宋史》：吐蕃之种，入贡首领唃厮啰始居鄯州，后徙青唐，为青唐氏。

【补】

明道初……厮啰集兵杀通奇，徙居青唐。……厮啰居鄯州，西有临谷城通青海，高昌诸国商人皆趋鄯州贸卖，以故富强。【《宋史》卷 492《吐蕃传》】

【按】

《宋史》卷 60《地理志》西宁州条记载：“唐置鄯州，理湟水县，上元间没于吐蕃，号青唐城。”卷 87《地理志》记载：“西宁州，旧青唐城。元符二年，陇拶降，建为鄯州。”《长编》卷 175 仁宗皇祐五年闰七月己丑条记载：“青唐族最强，据其盐井，日获利可市马八匹。”

汤开建《张澍〈西夏姓氏录〉订误》依上文史料考证出，"鄯州"即"青唐"，且未见以居地"青唐"为姓氏之记载。有"青唐族"，为吐蕃大族。

旺氏

《涑水纪闻》：元昊妻之兄弟旺荣及刚朗凌分将左右厢兵用事。

【补】

元昊使其妻之兄弟旺荣及刚朗凌分将左右厢后用事。【《涑水纪闻》卷9】

【按】

《涑水纪闻》卷10记载："野利旺荣、天都王刚朗凌者，皆元昊妻之昆弟也，与元昊族人嵬名山等四人为谟宁令，其掌军国之政，而刚朗凌勇健有智谋，尤用事"。另外，《长编》卷138仁宗庆历二年十二月乙丑条记载："元昊之贵臣野利刚浪凌、遇乞兄弟，皆有材谋，伪号大王……刚浪凌即旺荣也。"

汤开建《张澍〈西夏姓氏录〉订误》依上文史料，考证出"旺荣"即"野利旺荣"，为"野利氏"，"旺荣"为人名中用字。

另外，"刚浪凌"为"野利旺荣"之音译。

昂氏

《宋史》：西夏西南都统昂星。

【补】

夏西南都统昂星嵬名济逌移书刘昌祚。【《宋史》卷486卷《夏国传》】

【按】

原文"昂星"当为"昂星"之误。

汤开建《张澍〈西夏姓氏录〉订误》指出："昂（或作昂）星是嵬名济逌的蕃号官名"。

《续通志·氏族略》有"昂氏，夏西南都统昂星"，其行文与原文完全一致，原文当转录自此。

咩迷氏

《宋史》：夏臣咩迷乞遇生成遇。

【补】

遣使谟箇咩迷乞遇来贡。【《宋史》卷 486 卷《夏国传》】

德明娶三姓……咩迷氏生成遇。【《宋史》卷 485 卷《夏国传》】

【按】

"咩迷乞遇"者夏臣，"生成遇"者德明妃"咩迷氏"，原文误。

"咩迷乞遇"即前文"密密"目下"密密乞遇"，"咩迷氏"即"密密氏"。

汤开建《张澍〈西夏姓氏录〉订误》中考证："咩迷""咩铭""密密"为音转，应归入一目。其中的"咩铭"当商榷。

咩布氏

《金史》：夏武功大夫咩布归道贺金万春节。①

【按】

"咩布氏"前文已有，此处重复。

讹氏　令氏

《宋史·真宗纪》：夏国监军讹勃啰，又谅祚幼，养于讹庞，讹庞专国政。又，《刘昌祚传》：克米脂，降守将令分讹遇。

【补】

知环州种朴获夏国监军讹勃啰。【《宋史》卷 18《哲宗纪》】

【按】

"讹勃啰"出自《宋史·哲宗纪》，原文作出自《宋史·真宗纪》，误。

"又谅祚幼，养于讹庞，讹庞专国政"，出自《宋史·夏国传》，原文作出自《宋史·真宗纪》，误。

《宋史》卷 485《夏国传上》记载："（元昊）凡五娶……二曰宣穆惠文皇后没藏氏，生谅祚。"另外，《长编》卷 162 仁宗庆历八年正月辛未条记载："没藏，大族也，讹庞为之长。谅祚生，以毛惟昌、高怀正之妻更乳之，而政在没藏氏。"

---

① 【校】据《金史》卷 61《交聘表中》，"咩布归道"为"咩布师道"之误。

"讹庞"者谅祚舅"没藏讹庞",姓"没藏",非"讹氏"。汤开建《张
澍〈西夏姓氏录〉订误》考证,"讹庞"乃"没藏讹庞"之名,非以"讹"
为姓。

"令分讹遇"出自《宋史·夏国传》,原文作出自《刘昌祚传》,误。

另外,《宋史》卷335《种世衡传》记载:"夏兵八万来援,谔御之无
定川,伏兵发,断其首尾,大破之,降守将令介讹遇。"《长编》卷317神
宗元丰四年十月丁巳条亦作"令介",《凉州重修护国寺感通塔碑》中有西
夏姓氏"令介"。

故"令分"当为"令介"之误,且"令介"为姓氏,原文以"令"为
姓氏,误。

故,"讹""令"皆为人名中用字,非姓氏。

"令介"与西夏文姓氏 𗙴𗏹 对应。

多多氏

《宋史》:元昊以多多马定主兵马。

【补】

以成逋克成、赏都卧𦡗、如定多多马、窦惟吉主兵马。① 【《宋史》卷
485《夏国传上》,参见《长编》卷120仁宗景祐四年十二月癸未条】

【按】

主兵马者"多多马窦",原文作"多多马定",误。

汤开建《张澍〈西夏姓氏录〉订误》将此句断为:"成逋克成、赏都卧
𦡗、如定多多马、窦惟吉",故"成逋""赏都""如定"为党项姓氏,而
"克""𦡗如""多多"均不应为西夏姓氏。

"如定",西夏姓氏,见于西夏汉文《杂字·番姓名》,其后的"多多"
二字应为人名。原文以人名中用字为姓氏,误。

啰哆氏

按:《续通志》作罗伊氏。

---

① 此内容亦见于《长编》卷120仁宗景祐四年十二月癸未条。

《金史》：西夏武节大夫啰哆思忠贺金天寿节。按：又有啰哆守忠。

【补】

泰和七年八月甲辰朔，夏武节大夫啰哆思忠、宣德郎安礼贺天寿节。
【《金史》卷 62《交聘表》】

承安二年八月戊戌，夏武节大夫啰哆守忠、宣德郎王彦国贺天寿节。
【《金史》卷 62《交聘表》】

罗伊氏，夏武节大夫罗伊守忠、罗伊思忠。【《续通志·氏族略》】

【按】

《金史》中有夏武节大夫"啰哆守忠""啰哆思忠"，原文录为"啰哆"，
上文已列"啰哆氏"。

《续通志·氏族略》中"罗伊"为"啰哆"之改译。

"啰哆"与西夏文姓氏𗁮𘌝对应。

磨氏

《宋史》：夏首领磨壁。

【按】

《宋史》中未见夏首领磨壁。

汤开建《张澍〈西夏姓氏录〉订误》考证："'磨壁'实为'龛谷懒家
族首领尊毡磨壁余龙'，《夏录》文将一人作数人，实误。且'尊毡磨壁余
龙'也不是夏首领，而是龛谷懒家族首领，属于吐蕃西凉府政权，故不应
列入西夏姓氏"。

茄罗氏

兀赃氏

成王氏

《宋史》：蕃官茄罗氏、兀赃氏、成王氏三族归顺献马。

【补】

镇戎军上言，先叛去蕃官茄罗、兀赃、成王等三族及都移军主率属归

顺，请献马赎罪，特诏宥之。【《宋史》卷 492《吐蕃传》】

【按】

汤开建《张澍〈西夏姓氏录〉订误》指出，"茄罗、兀赃、成王"为三吐蕃族名，不应收入西夏姓氏当中。

《宋史》卷 491《党项传》记载："先叛去熟魏族酋长茄罗、兀赃、成王等三族应诏抚谕，各率属来归。"故"茄罗""兀赃""成王"亦有可能为党项熟魏族酋长名。

芭氏

《宋史》：西夏臣芭良。

【补】

遣芭良崖名济赖、升聂张聿正进助山陵礼物。【《宋史》卷 486《夏国传下》】

【按】

汤开建《张澍〈西夏姓氏录〉订误》指出："芭良和升聂是西夏使臣的蕃号官名"。"芭良""升聂"，详见"鼎氏"条。

《续通志·氏族略》中有"芭氏，夏人芭良"。原文当转录自《续通志·氏族略》，而非《宋史》。

乩氏

《宋史·真宗纪》：咸平六年李继迁寇洪德砦，蕃将官乩豁庆击走之。

【补】

咸平六年四月，李继迁寇洪德砦，蕃官庆香、乩豁庆击走之。【《宋史》卷 7《真宗纪》；参见《宋史》卷 491《党项传》】

【按】

"乩豁庆"亦见于《长编》卷 54 真宗咸平六年四月乙丑条："李继迁入寇，蕃官庆香、乩豁庆等族相与角斗。……庆香等虑其不便生熟户，亟止之，自帅北族转战，继迁遂败。以庆香领顺州刺史、本族都首领，乩豁庆领罗州刺史，余迁秩有差。"

《宋史》卷 491《党项传》中有"熟仓族乩遇"，《长编》卷 87 真宗大中祥符九年五月乙卯条中有"骨咩族蕃官乿唱"。皆以"乿"为人名开头，但限于资料，尚不能确定"乿"为姓氏或党项人名中常用字。

夦如氏

《宋史》：元昊以夦如定主兵马。

【补】

以成逋克成、赏都卧夦、如定多多马、窦惟吉主兵马。【《宋史》卷485《夏国传上》；参见《长编》卷120仁宗景祐四年十二月癸未条】

【按】

汤开建《张澍〈西夏姓氏录〉订误》提出，"克"不能为西夏姓氏，详见"克氏"条。

招氏

《宋史》：银州羌部招跋遇来诉赋苛虐。按：宜为拓跋。

【补】

银州羌部拓跋遇来诉本州赋役苛虐，乞移居内地，诏令各守族帐。【《宋史》卷491《党项传》；参见《长编》卷23太宗太平兴国七年十二月辛亥条】

【按】

"拓跋遇"，《宋史》作"拓跋遇"，原文录为"招跋遇"，误。

又有按语"宜为拓跋"。故可推测，"招跋遇"当不是误录，而是依某本而录。

尊氏

《宋史》：夏国首领尊毡。

【补】

渭州言龛谷、懒家族首领尊毡磨壁余龙及便嘱等献名马，愿率所部助讨不附者。【《宋史》卷492《吐蕃传》】

【按】

据汤开建《张澍〈西夏姓氏录〉订误》考证，"尊毡"系"尊毡磨壁余龙"，《西夏姓氏录》误作"尊毡""磨壁""余龙"三人，且"尊"不是姓，而是吐蕃语僧人之意。

鸡氏

《宋史》：青唐族有鸡啰明。

【按】

汤开建《张澍〈西夏姓氏录〉订误》考：《宋史》中无"鸡啰明"，而且，青唐族乃吐蕃一大部族，不应纳入西夏姓氏中。

疑此"鸡啰明"为"瞎药鸡啰"之误，吐蕃青唐族首领，非西夏人。《宋史》卷492《吐蕃传》记载："瞎毡死，木征不能自立，青唐族酋瞎药鸡啰及僧鹿遵迎之居洮州，欲立以服洮岷叠宕、武胜军诸羌"。

仁氏

《宋史》：李德明遣牙将仁勖奉誓表，请藏盟府。

【按】

汤开建《张澍〈西夏姓氏录〉订误》考：西夏有"仁多氏"，有人名"刘仁勖"，《西夏姓氏录》将"仁"列为姓氏，误。

此处"仁勖"当为"刘仁勖"。《宋史》卷485《夏国传上》记载："（景德）三年，复遣牙将刘仁勖奉誓表请藏盟府，且言父有遗命"。

宋"景德三年"当为西夏"德明"遵父命向宋请盟之时，所以此处与原文所记为同一事件。"仁"，"刘仁勖"名中用字，原文以为姓氏，误。

兀氏

《金史·赤盏合喜传》：生禽夏将刘打甲玉等，讯知你思丁、兀名二人谋，以为巩帅府所在，巩既下，则临洮、积石、河、洮诸城不攻自破，故先攻巩。

【补】

生擒夏将刘打、甲玉等，讯知夏大将你思丁、兀名二人谋，以为巩帅府所在，巩既下则临洮、积石、河、洮诸城不攻自破，故先及巩，且构宋统制程信等将兵四万来攻。【《金史》卷113《赤盏合喜传》】

【按】

"兀氏"在其他人名中未见，是否为姓氏，待考。

甲氏

【按】"兀氏"条下有"甲玉"，"甲氏"在其他人名中未见，是否为姓氏，待考。

米母氏

索氏

都罗氏

咩迷氏

野利氏

没移氏

一作没啰氏。

耶律氏

《续资治通鉴长编》云：曩霄凡七娶：一曰米母氏，舅女也，生一子，以貌类他人，杀之。二曰索氏。始曩霄攻猫牛城，传者以为战没，索氏喜，日调音乐，及曩霄还，惧而自杀。三曰都罗氏，早死。四曰咩迷氏，生子阿理，谋杀曩霄，为卧香乞所告，沉于河，杀咩迷氏于王亭镇。五曰野遇氏，遇乞从女也。顾长有智谋，曩霄畏之，戴金起云冠，令他人不得冠。生三子，曰宁明、宁令、薛埋。后复纳没移皆山之女，营天都山以居之。六曰耶律氏。七曰没移氏，初，欲纳宁令哥为妻，见其美，自取之，号为新皇后。

按：李焘《长编》云夏王德明妻米母氏生元昊，咩迷氏生成遇。

【补】

春正月辛未，夏国主曩霄卒。曩霄凡七娶：一曰米母氏，舅女也，生一子，以貌类他人，杀之。二曰索氏。始，曩霄攻猫牛城，传者以为战没，索氏喜，日调音乐，及曩霄还，惧而自杀。三曰都罗氏，蚤死。四曰咩迷氏，生子阿理，谋杀曩霄，为卧香乞所告，沉于河，杀咩迷氏于王亭镇。五曰野利氏，遇乞从女也，颀长，有智谋，曩霄畏之，戴金起云冠，令他人不得冠。生三子，曰宁明，喜方术，从道士路修篁学辟谷，气忤而死。次宁令哥，曩霄以貌类己，特爱之，以为太子。次薛埋，蚤死。后复纳没移皆山女，营天都山以居之。……六曰耶律氏。七曰没移氏，初，欲纳为宁令哥妻，曩霄见其美，自取之，号为新皇后。

【按】

都罗氏"蚤死"，原文作"早死"，误。

"五曰野利氏"，原文作"五曰野遇氏"，误。

"宁令哥"，原文作"宁令"，误。

"天都山"，原文作"天都"，误。

《宋史》卷485记载："德明娶三姓，卫慕氏生元昊"。则元昊母"卫慕氏"当与"舅女"同姓，故"卫慕"与"米母"为同一姓氏。前文有"卫慕氏"。

"卫慕"与西夏文姓氏𗼨𗽇对应。

"都罗"又译为"都啰"，与西夏文𗑱𗆐对应。

"咩迷氏"，上文已列。

上文"叶里氏"即此"野利氏"，与西夏文𗒹𘓺对应。

"没移氏"即"没嚟氏"，上文"摩益氏"即此姓氏之改译，与西夏文𘃛𘓺对应。

原文中人名与现通行的中华书局标点本一致，与四库本相去甚远，不知依何版本。

西夏姓氏录

　　此就介侯先生手稿移录。张氏原稿，法国伯希和教授得之关中故家，今携归法京。据介侯先生自记，谓附辽金元之后，是尚有辽金元姓氏录，今不知尚有传本否。宣统元年冬上虞罗振玉记。

参考文献

古籍文献与史料

李焘：《续资治通鉴长编》，中华书局，2004

脱脱：《宋史》，中华书局，1990

脱脱：《辽史》，中华书局，1983

脱脱：《金史》，中华书局，1975

王偁：《东都事略》，见赵铁寒编《宋史资料萃编》，文海出版社，1979

曾巩：《隆平集》，见赵铁寒编《宋史资料萃编》，文海出版社，1967

徐松：《宋会要辑稿》，中华书局影印本，1957

周光培：《宋代笔记小说》，河北教育出版社，1995

邓名世：《古今姓氏考辨》，江西人民出版社，2006

张澍：《西夏姓氏录》，《雪堂丛刻》，1915

周春：《西夏官氏考》，《续修四库全书》，上海古籍出版社，2013

俄罗斯科学院东方研究所圣彼得堡分所、中国社会科学院民族研究所、上海古籍出版社：《俄藏黑水城文献》，上海古籍出版社，1996～2013

宁夏大学西夏学研究中心、国家图书馆、甘肃省古籍文献整理编译中心：《中国藏西夏文献》，甘肃人民出版社、敦煌文艺出版社，2007

内蒙古自治区考古研究所、宁夏大学、甘肃省古籍文献整理编译中心：《中国藏黑水城汉文文献》，国家图书馆出版社，2008

沙知、吴芳思：《斯坦因第三次中亚考古所获汉文文献（非佛经部分）》，上

海辞书出版社，2005

西北第二民族学院、英国国家图书馆、上海古籍出版社：《英藏黑水城文献》，上海古籍出版社，2005

西北第二民族学院、上海古籍出版社：《法藏敦煌西夏文献》，上海古籍出版社，2007

俄罗斯科学出版社东方文学部、上海古籍出版社：《俄藏敦煌文献》，上海古籍出版社，2004

李范文：《西夏陵墓出土残碑粹编》，宁夏人民出版社，1984

韩荫晟：《党项与西夏资料汇编》，宁夏人民出版社，2000

龚世俊等：《西夏书事校证》，甘肃文化出版社，1995

研究著作

史金波、白滨、黄振华：《文海研究》，中国社会科学出版社，1984

李范文：《同音研究》，宁夏人民出版社，1986

韩小忙：《〈同音文海宝韵合编〉整理与研究》，中国社会科学出版社，2008

韩小忙：《〈同音背隐音义〉整理与研究》，中国社会科学出版社，2011

史金波、聂鸿音、白滨译：《天盛改旧新定律令》，法律出版社，1998

史金波、黄振华、聂鸿音：《类林研究》，宁夏人民出版社，1993

克恰诺夫、李范文、罗矛昆：《圣立义海研究》，宁夏人民出版社，1995

林英津：《夏译〈孙子兵法〉研究》，中研院史语所单刊之28，1994

罗福颐：《西夏官印汇考》，宁夏人民出版社，1982

周叔迦：《馆藏西夏文经典目录》，国立北平图书馆馆刊第四卷第三号，西夏文专号，1932

王静如：《西夏研究》第1辑，中研院史语所单行甲种之八，1932

王静如：《西夏研究》第2辑，中研院史语所单行甲种之八，1933

王静如：《西夏研究》第3辑，中研院史语所单行甲种之八，1933

李范文：《夏汉字典》，中国社会科学出版社，2008

陈炳应：《西夏文物研究》，宁夏人民出版社，1985

史金波：《西夏文化》，吉林教育出版社，1986

汤开建：《党项西夏史探微》，允晨文化实业股份有限公司，2005

吴天墀：《西夏史稿》，广西师范大学出版社，2006

史金波：《西夏社会》，上海人民出版社，2007

纳日碧力弋：《姓名论》，社会科学文献出版社，2002

张联芳：《中国人的姓名》，中国社会科学出版社，1992

陈连庆：《中国古代少数民族姓氏研究》，吉林文史出版社，1993

袁义达、杜若甫：《中华姓氏大辞典》，教育科学出版社，1996

姚薇元：《北朝胡姓考》，中华书局，2007

马戎：《民族与社会发展》，民族出版社，2001

陈彭年：《钜宋广韵》，上海古籍出版社，1998

丁声树：《古今字音对照表》，中华书局，1981

唐作藩：《音韵学教程》，北京大学出版社，1987

李范文：《宋代西北方音——〈番汉合时掌中珠〉对音研究》，中国社会科学出版社，1994

李范文：《西夏语比较研究》，宁夏人民出版社，1999

李锡厚、白滨、周峰：《辽西夏金史研究》，福建人民出版社，2005

杜建录：《党项西夏文献研究》，中华书局，2011

研究论文

李范文：《西夏文〈杂字〉研究》，《西北民族研究》1997年第2期

史金波、聂鸿音：《西夏文本〈碎金〉研究》，《宁夏大学学报》1995年第2期

史金波：《西夏官印姓氏考》，《中国民族古文字研究》第2辑，天津古籍出版社，1993

史金波：《西夏党项人的亲属称谓和婚姻》，《民族研究》1992年第1期

史金波、白滨：《莫高窟榆林窟西夏文题记研究》，《考古学报》1982年第3期

史金波：《〈西夏译经图〉解》，《文献》1979年第1期

史金波：《西夏农业租税考——西夏文农业租税文书译释》，《历史研究》

2005 年第 1 期

史金波：《黑水城出土西夏文卖地契研究》，《历史研究》2002 年第 2 期

史金波：《西夏户籍初探——4 件西夏文草书户籍文书译释研究》，《民族研究》2004 年第 5 期

史金波：《西夏军抄文书初释》，见聂鸿音、孙伯君编《中国多文字时代的历史文献研究》，社会科学文献出版社，2010

史金波：《国家图书馆藏西夏文社会文书残页考》，《文献》，2004 年第 2 期

聂鸿音：《西夏文〈天下共乐歌〉和〈劝世歌〉考释》，《宁夏社会科学》2000 年第 3 期

黄振华：《西夏天盛二十二年卖地文契考释》，见白滨编《西夏史论文集》，宁夏人民出版社，1984

史金波：《〈甘肃武威出土的西夏文考释〉质释》，《考古》1974 年第 6 期

史金波：《西夏文〈过去庄严劫千佛名经〉发愿文译证》，《世界宗教研究》1981 年第 1 期

史金波：《西夏文〈金光明最胜王经〉序跋考》，《世界宗教研究》1983 年第 3 期

史金波、白滨：《明代西夏文经卷和石幢初探》，《考古学报》1977 年第 1 期

孙伯君：《西夏番姓译正》，《民族研究》2009 年第 5 期

龚煌城：《十二世纪末汉语的西北方音（声母部分）》，见李范文编《西夏研究》，中国社会科学出版社，2008 年第 8 期

龚煌城：《十二世纪末汉语的西北方音（韵尾问题）》，见李范文编《西夏研究》，中国社会科学出版社，2008 年第 8 期

龚煌城：《西夏韵书〈同音〉第九类声母的拟测》，见李范文编《西夏研究》，中国社会科学出版社，2008 年第 8 期

龚煌城：《西夏语的浊塞音与浊塞擦音》，见李范文编《西夏研究》，中国社会科学出版社，2008 年第 8 期

龚煌城：《〈类林〉西夏文译本汉夏对音字研究》，见李范文编《西夏研究》，中国社会科学出版社，2008 年第 8 期

汤开建：《张澍〈西夏姓氏录〉订误》，《兰州大学学报》1982 年第 4 期

李范文：《西夏姓氏新录》，《宁夏文史》第 7 辑，宁夏人民出版社

汤开建:《党项西夏史探微》上篇，允晨文化实业股份有限公司，2005

汤开建:《党项源流新证》,《宁夏社会科学》1996 年第 1 期

汤开建:《隋唐时期党项部落迁徙考》,《暨南学报》1994 年第 1 期

汤开建:《五代宋辽时期党项部落的分布》,《西北民族研究》1993 年第 1 期

外文资料

Е. И. Кычанов. *Каталог тангутских буддийских памятников* . Киото：Университет Киото, 1999

后 记

　　西夏姓名资料分布极其零散，又涉及汉文、西夏文、西夏语音、中古西北方音等多方面问题，没有导师的精心指导、同事的无私相助、家人的默默支持，尤其是史金波先生的指导和帮助，也就没有今天成书的文章，在此呈上我真挚的谢意。

　　本书是在我的博士学位论文《西夏姓氏考论》的基础上完成的。论文成型首先得益于我的导师——宁夏大学西夏学研究院院长杜建录教授的精心指导，文章从选题、资料搜集、结构到具体的行文论述，无不凝结着导师的心血。2006 年，他指导我申请到了教育部古籍整理项目《张澍〈西夏姓氏录〉校补》，并以此为基础申请到了教育部人文社会科学青年基金项目，同时让我参与学院课题"党项与西夏资料索引工程"中"宗族"及"人物"部分的统稿校证工作，借此机会和条件，解决了基本的资料问题以及一些重要篇章的思路。文稿写作及修改之际，正值学院行政、学位点、学科建设等工作紧张开展之时，作为行政领导及学科负责人的杜老师异常繁忙，但仍多次修正论文结构，还就材料的应用、考证论述方法提出范例，这一切都是我的论文能如期完成的重要条件。老师的培养教导之恩永不能忘。

　　也要感谢我的同事，他们精于专业、治学严谨、真诚、热心，是我的良师益友。胡玉冰教授就史料的处理、校勘给予了认真的指导，并在学术规范方面提出了诚恳的意见。彭向前博士、段玉泉博士、杨浣博士、潘洁博士、许伟伟博士、王培培博士等不止一次就文稿中的问题提出修改意见，并耐心解释、指点，使文章不断完善。文中所引 Кычанов 的 *Каталог тангутских буддийских памятников*、夏译《孟子》、夏译《类林》中的材料分别为段玉泉博士、彭向前博士、王培培博士提供，这是他们多年来的辛苦成果，在我需要之时都慷慨相赠。资料室的杜曼玲老师、邱刚老师在我查资料时尽可能地提供了方便。

也要感谢我的家人，每在沮丧与低落时，总能感到来自家人的理解与关心，他们给了我温馨的家，也给了我前进的动力。

在这里尤其要感谢的是史金波先生。在我的博士学位论文成稿之际，恰遇先生在我院举办西夏文研修班，我的论文也因此有幸被呈送给先生。能得如此学识之前辈指正，内心再忐忑，也是荣耀之事。更幸运的是，先生看完后，鼓励我对人名部分也开展一些研究，将研究范围由姓氏扩充至姓名。可由于资料查阅、西夏文草书识别等困难，一段时间内，研究几乎停顿。先生得知后，将尚未出版的《西夏经济文书研究》书稿从北京送过来，这才使情况有所转变。

回首而望，导师、同事、史金波先生皆已倾心相助，本书中所存在的问题，或研究不充分之处，实为本人学识所限，今后亦会倍加努力，以更好的成果答谢诸位老师、朋友。

佟建荣

2015 年 7 月 14 日

图书在版编目（CIP）数据

西夏姓名研究／佟建荣著．—北京：社会科学文献
出版社，2015.12（2025.2 重印）
（西夏文献文物研究丛书）
ISBN 978-7-5097-7963-7

Ⅰ.①西…　Ⅱ.①佟…　Ⅲ.①姓名-研究-中国-西夏
Ⅳ.①K810.2

中国版本图书馆 CIP 数据核字（2015）第 194547 号

· 西夏文献文物研究丛书 ·

西夏姓名研究

著　　者／佟建荣

出 版 人／冀祥德
项目统筹／宋月华　李建廷
责任编辑／马续辉　周志宽
责任印制／王京美

出　　版／社会科学文献出版社 · 人文分社（010）59367215
　　　　　地址：北京市北三环中路甲 29 号院华龙大厦　邮编：100029
　　　　　网址：www.ssap.com.cn
发　　行／社会科学文献出版社（010）59367028
印　　装／唐山玺诚印务有限公司

规　　格／开　本：787mm×1092mm　1/16
　　　　　印　张：17.25　字　数：280 千字
版　　次／2015 年 12 月第 1 版　2025 年 2 月第 2 次印刷
书　　号／ISBN 978-7-5097-7963-7
定　　价／89.00 元

读者服务电话：4008918866